LIDERANÇA:
A VIRTUDE ESTÁ NO MEIO

Actual Editora
Conjuntura Actual Editora, S.A.
Rua Luciano Cordeiro, n.º 123-1.º Esq.
1069-157 Lisboa
Portugal

Tel.: (+351) 21 3190243
Fax: (+351) 21 3190249
www.actualeditora.com

www.businesspublishersroundtable.com

Copyright: © 2011 Arménio Rego, Miguel Pina e Cunha

Edição: Actual Editora – Novembro 2011
Todos os direitos para a publicação desta obra em Portugal reservados para Conjuntura Actual Editora, S.A.

Design da capa: FBA
Paginação: MJA
Impressão: Papelmunde, SMG, Lda.

Depósito legal: 337103/11

Biblioteca Nacional de Portugal – Catalogação na Publicação

REGO, Arménio, e outro

Liderança. A virtude está no meio
ISBN 978-989-694-024-9

I – CUNHA, Miguel Pina e

CDU 005
     316

Nenhuma parte deste livro pode ser utilizada ou reproduzida, no todo ou em parte, por qualquer processo mecânico, fotográfico, electrónico ou de gravação, para uso público ou privado (além do uso legal como breve citação em artigos e críticas) sem autorização prévia, por escrito, da editora.

Vendas especiais:
Os livros da Actual Editora estão disponíveis com desconto para compras de maior volume por parte de empresas, associações, universidades e outras entidades interessadas. Edições especiais, incluindo capa personalizada, podem ser-nos encomendadas. Para mais informações, entre em contacto connosco.

ARMÉNIO REGO
MIGUEL PINA E CUNHA

LIDERANÇA:
A VIRTUDE ESTÁ NO MEIO

Para o Tomás e a Janinha,
que sejam virtuosamente felizes.
AR

Aos meus virtuosos pais
MPC

ÍNDICE

INTRODUÇÃO 19

QUEBRANDO TABUS 21

Apelos de longa data. 21

A média dourada 23

Seja um líder realista, seja virtuoso 25

Virtudes, poder, mercado e bem comum 27

Num mundo de incertezas, as virtudes atuam como âncora 28

Edificar negócios positivos é difícil. 30

Os quatro tipos de virtudes em torno dos quais o livro está organizado 32

Clarificando a classificação das virtudes 34

Virtudes e vícios em todos os líderes. 35

A virtude pratica-se e pode desenvolver-se 36

Compreenda-se a si próprio 37

PARTE I
EU, VIGOROSO

CAPÍTULO 1

PERSEVERANÇA: ENERGIA DE MARATONISTA 41

A energia que supera a inteligência ou o *pedigree* académico 41

Perseverança = persistência x resiliência 43

Líderes persistentemente tenazes. 43

Porque a perseverança releva na liderança. 44

Entre a indolência e a obstinação 45

A perseverança precisa da companhia de outras virtudes. 46

Dez mil horas. 48

Autoavaliação. 49

Questionário de perseverança. 49

LIDERANÇA

CAPÍTULO 2
AUTOCONFIANÇA:
UM CARBURANTE DA EFICÁCIA........................ 51
Homens com três metros de altura.......................... 51
Sou capaz – logo, também tu és?.......................... 53
Promovendo a autoconfiança dos liderados.................. 55
Promovendo a autoconfiança própria........................ 56
Entre o sentido de fraqueza e o excesso de autoconfiança.......... 57
Quatro notas finais...................................... 58
Autoavaliação.. 60
Questionário de autoconfiança............................ 60

CAPÍTULO 3
CORAGEM:
A VIRTUDE DIFÍCIL ENERGIZANDO A AÇÃO SENSATA..... 63
A coragem não é a ausência de medo – nem obstinação........... 63
A coragem requer discernimento.......................... 65
A coragem também requer vitalidade, humildade e integridade..... 66
Os benefícios da coragem................................ 67
Nem tudo ao mar, nem tudo à terra........................ 68
Mais coragem, menos imagem............................ 69
Autoavaliação.. 70
Questionário da coragem................................ 70

CAPÍTULO 4
OTIMISMO:
POR TRÁS DAS NUVENS, HÁ SEMPRE SOL................. 73
Liderança que suscita energia e entusiasmo.................... 74
O otimismo e os seus efeitos............................. 75
A importância do otimismo dos líderes...................... 76
Promovendo o otimismo................................. 77
ABCDE... 79
O efeito Pollyanna – e o risco de o elixir se tornar tóxico.......... 81
Autoavaliação.. 84
Questionário de otimismo................................ 84

CAPÍTULO 5

VITALIDADE:

MENS SANA IN CORPORE SANO 85

O vigor defronte os desafios 85

Energia virtuosa 87

Nutrindo a vitalidade 88

Evitando extremos 90

Autoavaliação 91

Questionário da vitalidade 91

PARTE II

EU, APAIXONADO

CAPÍTULO 6

VOCAÇÃO E PAIXÃO:

ENERGIAS POSITIVAS QUE MOBILIZAM O ENTUSIASMO ... 95

Uma poderosa força motriz 96

Enamoramento, entusiasmo, perseverança e propósito 97

Nem tudo o que luz é oiro 99

A virtude está no meio 100

Autoavaliação 101

Questionário de paixão. 101

CAPÍTULO 7

CURIOSIDADE E AMOR PELA APRENDIZAGEM:

ENERGIZADORES DA DESCOBERTA E DA SABEDORIA. 103

Um carburante da mente, da criatividade e da capacidade decisória .. 103

Líderes curiosos e amantes da aprendizagem. 104

Por que razão a curiosidade e o amor pela aprendizagem nutrem

a eficácia dos líderes 106

A paixão pela aprendizagem, na prática 107

A curiosidade matou o gato 108

Conta, peso e medida. 109

Autoavaliação 110

Questionário de curiosidade e amor pela aprendizagem 110

CAPÍTULO 8

GRATIDÃO:
O INVESTIMENTO QUE NÃO CUSTA DINHEIRO
E GERA BEM-ESTAR 111

Contar carneiros ou pensar nas graças da vida? 111
A gratidão, a frugalidade e a generosidade 113
Líderes gratos são mais eficazes? 114
Os malefícios da ingratidão 115
No meio está a virtude 116
Obrigado!. 117
Autoavaliação 117
Questionário de gratidão 117

CAPÍTULO 9

PROPÓSITO E TRANSCENDÊNCIA:
UM RUMO COM SIGNIFICADO 119

Em prol de nobres propósitos. 120
Nem tudo o que luz é oiro 122
Os efeitos do trabalho com significado 123
Com os pés assentes na terra. 124
Autoavaliação 125
Questionário do propósito e transcendência 125

CAPÍTULO 10

HUMOR:
ANTÍDOTO PARA A CAIXA DE PANDORA? 127

Exemplos de humor e sucesso. 127
O humor não é apenas bom remédio – é também energia 129
O humor como energia dos líderes. 130
Entre o tédio e a inconveniência. 131
Engraçados *versus* engraçadinhos 132
Autoavaliação. 132
Questionário de humor 132

A VIRTUDE ESTÁ NO MEIO

PARTE III
EU, TEMPERADO

CAPÍTULO 11
PRUDÊNCIA:
A FORÇA COM TINO, A SABEDORIA PRÁTICA............. 137
Tino nas ações e nas palavras 137
Prudência em ação 139
Imprudências de má memória 140
Benefícios da liderança prudente 141
Entre o insosso e o salgado 143
Casando a prudência com outras virtudes.................. 143
Autoavaliação.. 144
Questionário de prudência.............................. 144

CAPÍTULO 12
HONESTIDADE E INTEGRIDADE:
OS ALICERCES DAS RESTANTES ENERGIAS 147
Pias declarações ocultando más práticas 147
Resistir *versus* cair na tentação de que toda a gente faz isso 149
Por que razão a integridade dos líderes é importante............ 151
A integridade é contagiante 152
Vencendo más teorias que pugnam pela ética do póquer.......... 153
Gerir organizações é mais difícil do que ensinar ética 153
As impurezas da pureza 155
Autoavaliação.. 156
Questionário de integridade............................. 156

CAPÍTULO 13
TEMPERANÇA:
UM ANTÍDOTO PARA O VENENO DO PODER............. 159
O poder é afrodisíaco? 159
O poder envenena?.................................... 160
O músculo da temperança e as suas consequências............. 161
A importância da temperança dos líderes num mundo mediatizado .. 162
Efeitos da liderança temperada.......................... 163

Os riscos da liderança intemperada. 164

Sair antes que a festa acabe 165

Ma non troppo... 165

Autoavaliação 166

Questionário de temperança. 166

CAPÍTULO 14

PERDÃO:

O PURIFICADOR DE TOXINAS 169

Roubar = fazer favores a amigos ... anónimos!? 169

Perdoar não é esquecer 171

Liderança que perdoa 172

Liderança vingativa 173

Perdoar, mas não ser tonto 174

Autoavaliação 175

Questionário de perdão 175

CAPÍTULO 15

HUMILDADE:

APRENDENDO E MELHORANDO,

COM OS PÉS ASSENTES NA TERRA 177

Joias invisíveis 178

«Humbição»! 179

Exemplos bem sucedidos 180

Benefícios da humildade dos líderes 181

Aprendendo com os erros. 182

A humildade na arena internacional/global. 183

A humildade sustentando uma declaração de ignorância
com efeitos positivos sobre o desempenho. 184

A humildade como fonte de vantagem competitiva 186

Os efeitos perversos do orgulho arrogante 186

Não há bela sem senão 187

Os pés assentes na terra 188

Autoavaliação 189

Questionário de humildade 189

A VIRTUDE ESTÁ NO MEIO

PARTE IV
EU, SER SOCIAL E CIDADÃO

CAPÍTULO 16
HUMANIDADE:
ALL WE NEED IS LOVE 193

Apreciar lavadores de pratos 193

Afeição e humanidade como virtudes dos líderes 194

Liderar com humanidade 197

Os riscos da desumanidade 198

A humanidade como marca da organização 198

Nem excesso de testosterona nem de progesterona 199

Mudar de paradigma para criar organizações mais saudáveis 201

Humanidade e sensatez 201

Autoavaliação 202

Questionário de afeição e humanidade 202

CAPÍTULO 17
JUSTIÇA: ENERGIA POSITIVA QUE MOBILIZA
O ENTUSIASMO E A IMPLEMENTAÇÃO DA ESTRATÉGIA ... 205

Rouquidões combatendo injustiças 205

Os efeitos da justiça nas organizações 206

As rosas e o pão 207

A importância das rosas – envolver, explicar e clarificar expectativas .. 208

A justiça como virtude dos líderes 210

O necessário realismo 211

Justiça e poder 211

Se a casa do meu vizinho está a arder... 212

A justiça como fonte de energia positiva 213

Autoavaliação 213

Questionário de justiça 213

CAPÍTULO 18
INTELIGÊNCIA SOCIAL: SINTONIZANDO E GERINDO
O TERRENO SOCIAL E DAS EMOÇÕES 215

Inteligência emocional, ou a falta dela, em ação 215

LIDERANÇA

Combinado a gestão de si próprio, das emoções
e dos relacionamentos sociais. 218
A inteligência social e a eficácia dos líderes 219
Bases neurológicas da inteligência social 221
Aprender a desenvolver a inteligência social 222
Inteligência social em diferentes contextos 222
Tudo o que é de mais é moléstia. 223
Autoavaliação. 224
Questionário de inteligência social 224

CAPÍTULO 19
AUTENTICIDADE:
NUTRIENTE DA CONFIANÇA 227
Concursos de autenticidade 227
O que é a autenticidade 228
Quatro pontos prévios 229
De onde provém a autenticidade?. 231
Liderança autêntica e eficácia 231
Autenticidade com senso 232
Autoavaliação. 233
Questionário de autenticidade 233

POSFÁCIO 235

LITERATURA CONSULTADA PARA CADA CAPÍTULO. 239

A QUEM SE DESTINA ESTE LIVRO

Este livro destina-se a líderes e chefias de todos os níveis hierárquicos, atuando em todos os tipos de organizações e setores. Líderes de empresas, de organizações sem fins lucrativos, da administração pública, de clubes e organizações desportivas, de forças políticas e cívicas – todos poderão beneficiar com a leitura da obra.

O livro é igualmente útil para leitores que estão a encetar a vida profissional e pretendem assumir funções de liderança. Lendo-o, poderão fazer uma autoanálise mais apurada de forças e fraquezas próprias. Poderão também compreender como podem desenvolver, através da prática e da experiência, as virtudes necessárias a uma liderança potencialmente eficaz a longo prazo.

Estudantes de gestão, de economia, de direito, de engenharia, ou estudantes simplesmente desejosos de virem a exercer funções de liderança, também poderão beneficiar com a leitura do livro. Naturalmente, as virtudes são cruciais em casa, na família, na sociedade, entre amigos e no trabalho. Por conseguinte, o livro pode ser lido com proveito por qualquer leitor.

INTRODUÇÃO

QUEBRANDO TABUS

APELOS DE LONGA DATA

Donald Keough, ex-CEO da Coca-Cola Company, num livro sobre *os mandamentos dos falhanços nos negócios*, escreveu que, «para preservar a confiança pública no nosso sistema capitalista, é necessário que seja gerido por homens e mulheres honrados e decentes». Warren Buffett afirmou algo semelhante quando defendeu que «podemos dar-nos ao luxo de perder dinheiro, mas não podemos perder a nossa reputação». Clive Boddy, num artigo publicado no *Journal of Business Ethics,* em 2011, alertou que, «talvez mais agora do que nunca, o mundo precisa de líderes empresariais com consciência. Não necessita de psicopatas empresariais». Bill George, ex-CEO da Medtronic e agora professor em Harvard, lamentou os efeitos perversos que a liderança desonesta gerou sobre as sociedades e o próprio capitalismo – e apontou a necessidade de se promover a liderança autêntica e virtuosa. Peter Drucker escreveu, em *The Practice of Management*, um livro publicado em 1954:

> A gestão não deve nomear um indivíduo que considere a inteligência mais importante do que a integridade. Esta é uma atitude imatura. (…) [Se um gestor] for alguém sem caráter e sem integridade – por mais conhecedor, brilhante e bem sucedido que possa ser –, acabará por se tornar um destruidor. Destrói as pessoas, o mais valioso recurso de qualquer organização. Destrói o espírito dessa organização. E destrói a sua capacidade de realização. (…) Um gestor que não possuir estas qualidades de caráter – por mais simpático, prestável e amigável, por mas competente ou brilhante que possa ser – é um perigo e deve ser considerado indigno e incapaz de ser um

gestor. Poderia argumentar-se que todas as ocupações – médico, advogado, merceeiro – exigem integridade. Mas há uma diferença. O gestor vive com as pessoas que dirige, decide qual é o seu trabalho, orienta-as para que possam executar os seus serviços, avalia-as e, frequentemente, decide sobre o seu futuro.

Por todo o lado se escutam apelos à prática da liderança honesta e virtuosa – que permita pôr cobro aos escândalos da vida económica, empresarial e política, e gerar melhorias no bem comum. Frequentemente, estes apelos têm *caído em saco roto*. Num mundo hipercompetitivo, quando a falta de escrúpulos vence, é difícil pregar as virtudes da liderança virtuosa. Acresce que a natureza humana é complexa. Os seres humanos são capazes do *melhor* e do *pior*. É mais fácil sucumbir às *tentações* inerentes à natureza humana do que praticar a virtude! E, no entanto, as virtudes são críticas para as empresas e para a sociedade. Como escreveu João Carlos Espada, da Universidade Católica Portuguesa:

> As virtudes morais são essenciais para a sustentação da liberdade. Sem autocontrolo, sem capacidade de diferir a gratificação, sem atenção à sorte do outro, a liberdade é ameaçada pela desconfiança mútua, pela indiferença, pela crueldade. A prazo, a anomia, ou ausência de regras de conduta partilhadas, dará lugar à insegurança coletiva e esta à descrença na liberdade.

Este livro pretende facultar um guia *realista* sobre como as boas virtudes podem ser colocadas ao serviço da liderança eficaz e do bem comum. Não é um *almanaque* de receitas, mas antes um compêndio de linhas de orientação e reflexões que podem ajudar os líderes a serem mais bem sucedidos e felizes, as organizações a serem mais eficazes, e a comunidade humana a experimentar mais elevado bem-estar. Não promete facilidades – antes sugere que a prática das virtudes requer sacrifício, para que melhores resultados no longo prazo sejam alcançados.

Naturalmente, é necessário começar por clarificar o significado do termo *virtude*, o que faremos seguidamente. O termo não tem sido muito *sexy* no terreno competitivo e *viril* das economias e das organizações. Durante os anos *loucos* que antecederam a crise financeira mundial, falar de virtudes no meio empresarial significava *pregar no deserto* – e levava a acusações de ingenuidade, irrealismo ou ilusão. É tempo de regressar ao essencial.

A MÉDIA DOURADA

O termo latino *virtus* significa *força* ou *excelência*. As virtudes são *hábitos, desejos e ações que geram bem pessoal e social.* São disposições ou inclinações dos indivíduos, orientadas para fazer o *bem*, e que se aperfeiçoam com o hábito. Declarações e boas intenções não bastam – as virtudes apenas existem se forem praticadas.

A expressão *a virtude está no meio* é frequentemente mal interpretada, desconhecendo-se a sua génese em Aristóteles e a sua presença noutras correntes filosóficas. A conotação *filosófica* e *religiosa* do termo também tem gerado resistências. Infelizmente, quase nunca se reconhece a enorme valia *prática* das virtudes para o exercício eficaz da liderança. Este livro socorre-se de numerosos exemplos e argumentos para mostrar que a *média dourada* (uma expressão alternativa para representar a noção de virtude) é realmente crucial para líderes que pretendem ser eficazes, bem sucedidos, (mais) felizes, promotores do desenvolvimento económico e construtores do bem comum.

Sejamos claros: a virtude *está no meio*, não porque represente *mediania*, mas porque simboliza o ponto mais *alto* entre dois extremos *baixos* (veja figura seguinte). Por exemplo, a coragem representa o ponto alto entre os extremos da cobardia e da audácia imprudente/louca. A cobardia é perversa para um líder. Mas o excesso de *coragem* não é uma virtude. Antes é um vício que pode levar o líder a dar um passo adiante… quando tem o precipício pela frente. A generosidade é o ponto alto entre ser avaro *versus* ser estroina ou perdulário. A perseverança representa o meio-termo entre a preguiça e a teimosia obstinada. A criatividade é a média dourada entre a obtusidade e a fantasia. A gentileza situa-se entre a indiferença fria e a sentimentalidade lamechas. A modéstia ou humildade representa o ponto alto entre os extremos baixos da arrogância pomposa e da automortificação inútil. A prudência emerge entre os extremos da imprudência irresponsável e da aversão ao risco paralisante.

A tese deste livro, fundamentada em numerosos exemplos, é a de que os líderes que praticam a *média dourada* são mais eficazes e felizes, e são melhores promotores do desenvolvimento económico e social e do bem comum. Tal como uma boa alimentação, um bom líder não é insosso nem salgado. Tem sal q.b.! Também não é acre nem excessivamente doce. Tem açúcar q.b.! Tem vinagre q.b.!

A virtude é o ponto mais alto entre dois extremos

Vício		Virtude		Vício
Preguiça; indolência; desistência "à primeira"	←	1. Perseverança	→	Obstinação
Sentimento de inutilidade, "pequenez" ou incapacidade	←	2. Autoconfiança	→	Grandiosidade; arrogância; imodéstia
Cobardia	←	3. Coragem	→	Audácia imprudente/louca
"Tudo de mal me acontece"	←	4. Otimismo	→	"Tudo é um mar de rosas"
Inatividade; marasmo; lentidão de espírito	←	5. Vitalidade	→	Desassossego; agitação; irrequietude
"É só um emprego"	←	6. Paixão/vocação	→	Paixão cega, irrealista, obstinada
Desinteresse; apatia	←	7. Curiosidade e amor pela aprendizagem	→	Inconveniência; aventureirismo perigoso; ingenuidade
Ingratidão	←	8. Gratidão	→	Excessivo sentido de "dívida para com tudo e todos"
Vazio interior; desnorte	←	9. Propósito e transcendência	→	Proselitismo indevido; "estar fora deste mundo"; irrealismo
Azedume; tédio; amargura	←	10. Humor	→	Inconveniência; bobice; "engraçadinho"
Imprudência; descuido; irresponsabilidade	←	11. Prudência	→	Timidez; aversão ao risco
Desonestidade; embuste; fraude	←	12. Integridade	→	Inflexibilidade; incapacidade para compromissos morais; "santinho"

Vício	Virtude	Vício
Intemperança; impulsividade; libertinagem; luxúria	← 13. Temperança →	Excessiva rigidez; incapacidade para fruir das coisas boas da vida
Espírito de vingança; crueldade; "olho por olho, dente por dente"	← 14. Perdão →	Abusado por tudo e por todos (ou: hipócrita; beato; fingido)
Imodéstia; grandiosidade; arrogância; gabarolice; soberba	← 15. Humildade →	Automortificação; apoucamento pessoal
Frieza; indiferença; despeito; ódio; egoísmo	← 16. Humanidade →	Sentimentalidade lamechas; paternalismo; intrusividade
Injustiça; favoritismo; parcialidade; iniquidade	← 17. Justiça →	Equidade excessiva; justiça irrealista
"Burrice" social e emocional; auto-ilusão	← 18. Inteligência social →	Manipulação emocional; conduta camaleónica "escorregadia"
Falsidade; "camuflagem"; artificialidade	← 19. Autenticidade →	Transparência insensata; franqueza imprudente

SEJA UM LÍDER REALISTA, SEJA VIRTUOSO

Se o leitor tem dúvidas sobre a importância das virtudes para o eficaz exercício da liderança, comece por pensar nas consequências adversas da sua ausência. Pense nos escândalos empresariais ocorridos nos últimos anos em várias empresas portuguesas e multinacionais. Reflita sobre os efeitos perversos que a ausência de virtudes acarretou para as empresas, os próprios líderes, os clientes e a comunidade.

Se este livro tivesse sido publicado há uma década, muitos leitores considerar-nos-iam, porventura, ingénuos. Acusar-nos-iam de sermos alienígenas num mundo competitivo. Foram precisas crises e escândalos económicos, financeiros e empresariais em várias partes do mundo para se compreender que, afinal, arredar as virtudes da prática da liderança é pouco sensato. Na aldeia global, com meios de comunicação social atentos, e com redes sociais vigorosamente sedentas de informação *quente*, as condutas viciosas

LIDERANÇA

podem gerar efeitos traumáticos sobre a reputação e o desempenho dos líderes e das suas organizações. Quantas organizações outrora lucrativas e divinizadas no altar da fama se afundaram num ápice? Quantos líderes caíram em desgraça ao serem colhidos na malha dos vícios que foram tecendo ao longo de anos? Quantos líderes se suicidaram ou sofreram problemas graves de saúde na sequência de condenações a que foram submetidos?

Pense o leitor em Bernard Madoff, condenado a 150 anos de prisão devido a um esquema Ponzi. Um dos seus filhos, Mark, suicidou-se. Antes, a esposa de Mark havia pedido à justiça para trocar o seu apelido e o dos seus filhos, alegando que a família sofria ameaças e humilhações pelo escândalo gerado pelo sogro. O leitor gostaria de estar na *pele* de Dominique Strauss--Kahn (DSK), mesmo depois de a justiça americana não ter avançado para a acusação contra a sua alegada intemperança? Admita mesmo que, contra todos os prognósticos, e após grande reviravolta social, política e mediática, DSK acabará por ser eleito presidente da República Francesa – algo que as sondagens anteriores ao escândalo apontavam como muito verosímil! Terão *valido a pena* as alegadas intemperanças do ex-homem forte do FMI? José António Saraiva escreveu, no *Sol*, que «o ex-director-geral do FMI era um homem poderoso, a quem se exigia uma conduta à altura da importância do cargo». E acrescentou que, se o episódio de Manhattan foi uma cilada, então DSK «caiu nela muito facilmente. E, ao fazê-lo, mostrou uma natureza volúvel, uma grande dificuldade de controlo, provavelmente uma mente doentia, incompatível com a mais alta magistratura do Estado».

Os exemplos abundam. Jeffrey Skilling, antigo presidente executivo da *Enron*, foi condenado a 24 anos e quatro meses de prisão pelo seu envolvimento no colapso de uma das maiores empresas do setor energético dos EUA. Kenneth Lay, também CEO da Enron, igualmente considerado culpado, acabou por falecer de ataque cardíaco em 2006, três meses e meio antes da sentença. Bernie Ebbers, CEO da WorldCom, foi condenado a 25 anos de prisão por fraudes contabilísticas de milhares de milhões de dólares. O outrora invejado e elogiado presidente do Banesto, Mário Conde, foi condenado a 20 anos de prisão por fraude financeira.

Casos portugueses não faltarão para demonstrar o efeito nocivo que a escassez de virtudes gera nas empresas, no país e nos próprios líderes. Mas, como autores, precisamos de ser cautos ao apontar nomes e condutas! A justiça é lenta e a condenação de hoje pode redundar em perdão amanhã

– uma demonstração clara de que os agentes do sistema judicial português também carecem de virtudes (veja capítulo 3).

O leitor mais avisado perguntar-se-á por que, até agora, nos temos limitado a exemplificar os efeitos perversos dos *vícios*, sem apresentar os efeitos positivos das *virtudes*. A questão é pertinente e virtuosa. Deixamos a resposta para os capítulos subsequentes. Naturalmente, os escândalos têm mais projeção mediática do que as práticas de liderança virtuosa. Um medicamento que salva a vida a uma centena de pessoas tem menos *pedigree mediático* do que outro que mata cinquenta. Todos conhecemos os efeitos perversos gerados pelos vícios dos líderes. Mas são escassas as parangonas sobre os efeitos positivos das virtudes. Este livro mostra que é necessário ir além da espuma diária da turbulência mediática. Por trás de grandes feitos, há frequentemente grandes virtudes – não necessariamente heróis. Na génese de grandes mudanças no percurso das organizações, das sociedades e dos líderes, estão frequentemente virtudes. Nem sempre são visíveis ou mediaticamente propaladas – mas existem!

VIRTUDES, PODER, MERCADO E BEM COMUM

Dito isto, importa clarificar o seguinte: as organizações são espaços de poder, e os líderes que negligenciam essa realidade rapidamente verão o *chão a fugir-lhes debaixo dos pés*. Ser virtuoso não significa ignorar essa realidade. Pelo contrário – ser virtuoso requer sabedoria e sagacidade para actuar devidamente nas redes de poder das organizações. Por conseguinte, caro leitor, não pretendemos iludi-lo. O poder é um *combustível* crucial das organizações e da liderança. Jeffrey Pfeffer, professor em Stanford, asseverou, na obra *Power*:

> Se quer fazer o bem – no sistema educativo, no serviço público, no tratamento do cancro da mama, ou ao serviço dos acionistas – necessita de ter poder.

O poder dos líderes sem virtudes é frágil, pelo menos no longo prazo. As virtudes sem poder também são menos capazes de produzir o bem. Ser um líder virtuoso é usar devidamente o poder – e não cometer abusos de poder. Ademais, as ações virtuosas aumentam os *recursos* de poder, ao passo que as ações viciosas tendem a destruir o poder – como os exemplos antes expostos, e outros apresentados no resto do livro, demonstram. As virtudes de Mandela (como a coragem, a perseverança, a prudência e a humildade) constituíram alicerces do seu poder. Sem virtudes como a coragem e a temperança, Anne Mulcahy não teria tido *poder* para salvar a Xerox e levar a cabo uma das mais extraordinárias recuperações da história empresarial. Contrariamente, a crise financeira mundial emergente em 2008 resulta, em medida considerável, de vícios como a ganância, a imprudência, a intemperança e a desonestidade. O excesso de otimismo também tem culpas no cartório.

Importa acrescentar: as virtudes são importantes para o correto funcionamento do mercado e para a sobrevivência do capitalismo. Sem regras e sem virtudes dos seus agentes, o mercado transforma-se numa *selva*, com prejuízo para os líderes, as organizações, a economia e o bem comum. Tal como argumentado por Adam Smith e Hayek, os negócios não florescem a menos que os participantes denotem qualidades como a honestidade, a diligência e a conscienciosidade perante os agentes desse mesmo mercado.

NUM MUNDO DE INCERTEZAS, AS VIRTUDES ATUAM COMO ÂNCORA

Compreende-se melhor a relevância das virtudes para a liderança quando se atenta num facto indesmentível, embora nem sempre consciencializado: os líderes atuam num mundo recheado de incertezas. Não sabem com exatidão como reagirão os seus clientes, fornecedores, parceiros, financiadores, governos, comunidades e demais *stakeholders*. Frequentemente, deparam-se com problemas cuja natureza não é clara. Não lhes é possível determinar, com precisão, o modo mais apropriado de resolver problemas e alcançar objetivos. Aliás, nem sempre esses objetivos são claros para eles próprios. E os objetivos que são claros hoje podem ser alvo de reformulação amanhã. Em suma: liderar é uma aventura de destino incerto e caminho complexo. Contrariamente às promessas de *gurus encartados*, receita alguma permite determinar com clareza os melhores métodos de liderar. Todos os livros e profetas que apontam receitas infalíveis para o sucesso padecem de um *pecado original*: ignoram a realidade.

Naturalmente, todos gostamos de histórias bem contadas, ainda que falaciosas ou meras lendas. Muitos líderes preferem acreditar em *varinhas de condão* ou em receitas milagrosas que alegadamente lhes permitem alcançar o sucesso. Mas a realidade é mais mundana. Percy Barnevik, líder da ABB, foi considerado brilhante quando a empresa obteve bons resultados. Mas o mesmo Barnevik, adotando o mesmo estilo de sempre, foi considerado responsável pela crise que a empresa posteriormente enfrentou. John Sculley foi CEO da Apple, entre 1983 e 1993. Durante estes anos, a empresa experimentou um período de grande sucesso e um período de fracasso. A revista *Newsweek* colocou a questão: «De campeão a pateta?» John Kay, reputado economista e jornalista, comentou o caso do seguinte modo, no livro *Obliquity*:

> Como pôde um homem ter sido tão certo e tão errado? A análise da revista não notou a resposta óbvia – nem o sucesso nem o fracasso da Apple têm muito a ver com Sculley, um burocrata empresarial que subiu e desceu a montanha russa da alta tecnologia.

Treinadores tomados como *fantásticos* acabam, pouco tempo depois, escorraçados quando os resultados são mais modestos. A explicação é simples: embora seja mais agradável e cómodo imaginar o líder como super--herói capaz de colocar a organização ou a equipa na senda do sucesso, as ações de liderança são fortalecidas ou enfraquecidas por inúmeros fatores que estão fora do seu alcance ou controlo.

São os líderes irrelevantes para o sucesso das equipas e das organizações? A resposta deste livro é: *Não, desde que dotados de virtudes e forças psicológicas como a coragem, a humildade, a perseverança, a integridade, a prudência, a curiosidade, a vitalidade, a autoconfiança e a paixão.* Serão estas virtudes a via infalível para o sucesso? A resposta é: *Não. Estas virtudes e forças apenas aumentam a probabilidade de, no médio e longo prazo, os líderes serem mais eficazes e obterem melhores resultados.* As virtudes e forças impedem o fracasso? *Não! Apenas diminuem os riscos de o fracasso ocorrer.* Quais as razões pelas quais alguns líderes são bem sucedidos? A resposta aponta para quatro fatores:

- Alguns líderes atuam num contexto que lhes é favorável, obtendo assim bons resultados. Ao alcançarem bons resultados, adquirem uma aura de sucesso.
- Outros são suficientemente sagazes para procurarem contextos favoráveis e evitarem os problemáticos. Em vez de atuarem para criarem equipas bem sucedidas, associam-se a equipas de mérito.
- Outros líderes denotam fortes competências de gestão de impressões, fazendo alarde do que lhes é mais conveniente para a sua imagem. Mesmo quando as suas empresas são mal sucedidas e o seu mandato é pautado pelo fracasso, conseguem transmitir a ideia de que a responsabilidade não lhes cabe e que, sem a sua ação, os resultados seriam ainda mais negativos.
- Outros líderes têm consciência das suas limitações. Têm a humildade de reconhecer os fatores que não conseguem controlar. Socorrem-se das suas forças para alcançar o sucesso. Atuam com perseverança e virtuosamente para, no médio e longo prazo, alcançarem o melhor resultado possível. Nem sempre são estrelas mediáticas – mas são pérolas de grande valia para as suas organizações.

Este livro não desconsidera os três primeiros fatores, mas concede prevalência ao último. Não promete *receitas*. Mas mostra como os líderes dotados de virtudes estão mais capacitados para alcançar o sucesso (o seu e o das suas equipas e organizações) e gerar progresso económico e social. Considera, ainda, que líderes virtuosos podem ter vidas de trabalho mais significativas para si próprios e para os outros – e que, desse modo, podem alcançar maior *felicidade*, não apenas material, mas também emocional e social. Em suma: os líderes virtuosos podem ser mais felizes, promover a felicidade dos indivíduos e o progresso da sociedade, ao mesmo tempo que fomentam o desempenho das suas organizações.

EDIFICAR NEGÓCIOS POSITIVOS É DIFÍCIL

O capitalismo atual vive numa encruzilhada, necessitando de se reinventar, de tal modo que as organizações sustentáveis (tanto do ponto de vista ambiental como social) sejam a norma e não a exceção. É imperioso que o *norte* das organizações e da sua liderança seja o progresso dos indivíduos e das sociedades. Naturalmente, não advogamos que as organizações sejam geridas como *paraísos celestiais*, dos quais a negatividade está ausente e para os quais os resultados económico-financeiros são secundários. É uma verdade indesmentível que, sem resultados e sem eficiência, a sobrevivência das organizações é colocada em risco – e a felicidade esvai-se! O que sugerimos, pois, é que as organizações sejam geridas e lideradas de modo *virtuoso*, tendo em vista a conciliação de três grandes desígnios: o desenvolvimento/realização dos indivíduos, o sucesso das organizações e o bem comum.

Martin Seligman, o *pai* da psicologia positiva, uma figura de prestígio mundial no domínio do *florescimento* dos indivíduos e das organizações, e inspirador do movimento dos estudos organizacionais positivos, preconizou a necessidade de as escolas de negócios promoverem cursos de *negócios positivos* – em vez de simplesmente ministrarem cursos de ética e responsabilidade social. Do seu ponto de vista, se pretendemos que os estudantes destas escolas (e as organizações que venham a liderar) floresçam, devemos ensinar-lhes não apenas a serem bem sucedidos, mas também a fazerem algo com significado e entusiasmante, e a cultivarem relacionamentos interpessoais positivos e saudáveis. No livro *Flourishing*, escreveu:

> Se queremos que os nossos estudantes floresçam, devemos ensinar-lhes que as empresas positivas e os indivíduos que nelas trabalham devem cultivar o significado, o empenhamento, as emoções positivas, os relacionamentos positivos assim como a procura do lucro. Nesta perspetiva, o novo ponto de partida para a empresa positiva é o lucro … mais o significado … mais as emoções positivas … mais o empenhamento … mais os relacionamentos humanos positivos.

Também Csikszentmihalyi, professor na *Claremont Graduate University*, mundialmente reconhecido pelo estudo das razões que levam as pessoas a experimentar *flow* (isto é, *encantamento* e total imersão na realização do trabalho), argumentou no livro *Good Business*:

- As organizações não têm de ser territórios de escravidão, antes podem ser espaços de respeito, dignidade e florescimento.

- Muitas empresas são bem sucedidas na combinação do que é bom para os lucros, para os humanos e para a sociedade como um todo.
- Os negócios são pouco valiosos se não contribuírem para o bem comum e para a realização dos humanos.

Sejamos claros: ser virtuoso é difícil. É necessário estar preparado para fazer sacrifícios e lidar com adversidades. Frequentemente, é necessário tomar decisões impopulares e desagradáveis. Ignorar esta realidade é muito pouco virtuoso. A vida social e organizacional é composta de positividade e negatividade! O nosso argumento é: a liderança virtuosa está mais capacitada para fazer a gestão apropriada dessa realidade.

OS QUATRO TIPOS DE VIRTUDES EM TORNO DOS QUAIS O LIVRO ESTÁ ORGANIZADO

É neste quadro que o livro se insere. Para além deste capítulo introdutório, e do posfácio, integra quatro partes, cada uma contendo vários capítulos. Cada capítulo é um pequeno texto destinado a refletir sobre uma dada virtude ou força. Cada texto pode ser lido autonomamente, em cerca de 5-10 minutos. O leitor pode consultar o *menu* e escolher a virtude que pretende compreender, sem necessidade de se *servir* de outras virtudes. Naturalmente, todas as virtudes são relevantes. Mas isso não requer que sejam *digeridas* num mesmo momento ou com uma dada sequência.

Cada texto/capítulo discute o significado da virtude, apresenta exemplos de ações de líderes que revelaram essa virtude e discute os efeitos positivos dessa virtude e os efeitos negativos da sua ausência. Explica ainda como o excesso de uma dada força deixa de ser uma virtude, antes se transformando num *vício* ou *defeito*. Cada capítulo contempla ainda um questionário de autoavaliação que permite ao leitor compreender em que grau é dotado ou não da virtude em causa (veja secção posterior deste texto introdutório).

Como foi referido, os capítulos estão organizados em quatro partes, cujo conteúdo está sumariado no quadro seguinte. A primeira parte debruça-se sobre as virtudes que representam o *Eu, vigoroso*: perseverança, autoconfiança, coragem, otimismo e vitalidade. Estas virtudes são forças interiores que facultam a estamina e a *garra* necessárias para que os líderes enfrentem adversidades, desafios e oportunidades. A segunda parte engloba as virtudes do *Eu, apaixonado*: vocação e paixão, curiosidade e amor pela aprendizagem, gratidão, propósito e transcendência, e humor. Estas virtudes representam a energia emocional dedicada a algo que tende a ser exterior aos líderes, que os transcende. A terceira parte (*Eu, temperado*) abarca forças que permitem ao líder controlar sensata e devidamente os seus impulsos: prudência, integridade, temperança, perdão e humildade. A quarta parte mostra a relevância das virtudes que refletem o *Eu, ser social e cidadão*: humanidade, justiça, inteligência social e autenticidade. Estas forças refletem o grau em que o líder atua como *cidadão* da comunidade humana e demonstra capacidade de compreender e respeitar os outros – como seres humanos e não apenas como meros recursos.

As quatro partes que compõem o livro

Partes	Virtudes/forças	Significado
Parte I – Eu, vigoroso	1. Perseverança	«Sou persistente na prossecução dos meus objetivos».
	2. Autoconfiança	«Acredito que sou capaz de alcançar os meus objetivos».
	3. Coragem	«Não esmoreço nem me deixo acobardar perante os obstáculos e adversidades. Faço o que tem de ser feito».
	4. Otimismo	«Espero o melhor da vida, considerando que por trás das nuvens há sempre sol».
	5. Vitalidade	«Sou ativo e vivo a vida com entusiasmo».
Parte II – Eu, apaixonado	6. Vocação e paixão	«Sou apaixonado pelo que faço. Esta é a minha vocação».
	7. Curiosidade e amor pela aprendizagem	«Sou curioso e apaixonado pelo conhecimento».
	8. Gratidão	«Sou apaixonado pelas *graças* da vida, mesmo quando as coisas não correm à minha feição».
	9. Propósito e transcendência	«Sou apaixonado pela minha missão».
	10. Humor	«Sou apaixonado pelo lado divertido da vida, apesar das adversidades».

Parte III – Eu, temperado	11. Prudência	«Prezo a sensatez, pondero as consequências das minhas ações e palavras».
	12. Integridade	«Sou honesto, apesar das tentações».
	13. Temperança	«Controlo os meus apetites e impulsos».
	14. Perdão	«Controlo os meus desejos de vingança».
	15. Humildade	«Tenho consciência das minhas limitações e evito alardear os meus êxitos, reais ou fantasiosos».
Parte IV – Eu, ser social e cidadão	16. Humanidade	«Prezo os meus semelhantes como seres social e emocionalmente válidos. *Amo* os outros, designadamente os meus colaboradores.»
	17. Justiça	«Respeito os outros, procuro ser justo com todas as pessoas»,
	18. Inteligência social	«Compreendo e sei gerir as minhas emoções e as dos outros, assim como os relacionamentos interpessoais. Possuo empatia».
	19. Autenticidade	«Sou transparente e autêntico, comigo próprio e na relação com os outros».

CLARIFICANDO A CLASSIFICAÇÃO DAS VIRTUDES

A classificação referida não é *canónica*. Destina-se a facilitar a compreensão do leitor. Por exemplo, a paixão/vocação e a autoconfiança não costumam ser inseridas em classificações de virtudes. Todavia, são *forças psicológicas* que, se moderadas, poderão ajudar os líderes a exercerem mais eficazmente a sua função e a realizarem trabalho com mais significado para as suas vidas. A autenticidade é uma característica que engloba diversas forças ou virtudes (*e.g.*, integridade, bravura, inteligência social, sabedoria), pelo que poderia ser removida de uma análise autónoma. Todavia, a sua inclusão permite explicar o seu valor de um modo que não seria possível se considerássemos as suas componentes separadamente.

A VIRTUDE ESTÁ NO MEIO

Algumas virtudes poderiam caber noutras categorias. Por exemplo, a vocação/paixão poderia ser englobada na categoria *Eu, vigoroso*. A gratidão poderia ser inserida na categoria *Eu, ser social e cidadão*. Outras arrumações também seriam aceitáveis, como o leitor poderá constatar no livro que é complementar deste que tem em mãos: *Virtues in leaders: Contemporary challenge for global managers* (em coautoria com Stewart Clegg). Em qualquer caso, a arrumação aqui apresentada ajuda a leitor a organizar a sua compreensão da matéria de modo simples e claro.

Acrescente-se que usamos persistentemente o termo *virtude* por razões de simplificação. Em bom rigor, poderíamos distinguir os termos *virtude* e *força do caráter*. As virtudes são, segundo Peterson e Seligman, «características nucleares valorizadas pelos filósofos morais e pelos pensadores religiosos: sabedoria/discernimento, coragem, humanidade, justiça, temperança e transcendência». As forças do caráter são as vias distintivas através das quais as virtudes se manifestam. Por exemplo, segundo esses autores, a virtude da coragem manifesta-se através de forças como a integridade, a persistência, a bravura e a vitalidade.

Cremos, todavia, que o recurso sistemático ao termo *virtude* não fere o rigor da análise e compagina-se melhor com os propósitos deste livro. Os leitores que pretendam aprofundar o tema podem consultar o livro de Peterson e Seligman, intitulado *Character strengths and virtues: A handbook and classification*. O nosso livro *Virtues in leaders: contemporary challenge for global managers*, já referido, é também uma ajuda para quem pretende aplicar essa precisão terminológica ao contexto da liderança.

VIRTUDES E VÍCIOS
EM TODOS OS LÍDERES

Ao longo do livro, recorremos a inúmeros exemplos de ações e omissões adotadas por diversos líderes. Duas notas clarificadoras são necessárias. Primeira: de quando em vez, baseamo-nos em declarações dos próprios líderes. Naturalmente, é preciso interpretar as declarações dos humanos com precaução. Entre as prédicas e as ações, a distância pode ser substancial. Por vezes, as *belas* declarações são pouco mais do que atos de *gestão de impressões* destinados a seduzir destinatários. Kenneth Lay havia declarado, antes do colapso da Enron (veja o livro *Good Business*):

> Eu era e sou um crente convicto de que uma das coisas mais satisfatórias da vida é criar um ambiente organizacional fortemente ético e moral, no qual todos os indivíduos tenham possibilidade e sejam encorajados a realizar o potencial que Deus lhes concedeu.

Outras vezes, genuínas declarações são contrariadas pela dura realidade dos negócios – ou pelas tentações que os negócios permitem concretizar. Nada impede, finalmente, que declarações bem intencionadas sejam meros exercícios de autoengano ou auto-ilusão. Quem mente a si próprio talvez não compreenda que está a faltar à verdade! Estaria Kenneth Lay a enganar--se a si próprio?

Segunda nota: não pretendemos significar que os líderes referidos são virtuosos ou viciosos. Apenas sugerimos que esses líderes fizeram demonstrações de uma virtude ou de um vício. O facto de um líder ter cometido um *pecado* ou *pecadilho* não significa que seja desprovido de virtuosidade. E o facto de um líder ter praticado uma virtude não significa que seja globalmente virtuoso. Líderes virtuosos cometem erros. E líderes pouco virtuosos podem adotar práticas virtuosas.

Os líderes, como todos os humanos, são seres imperfeitos. Não é possível ser-se excelente em todas as virtudes, todo o tempo. Afirmar o contrário pode satisfazer o desejo de quem pretende cultivar uma imagem de *santinho*, mas não é nada virtuoso! É antes sinal de uma enorme fraqueza. Na imperfeição, também há beleza e virtude. O que aqui se preconiza é, pois, uma caminhada na senda da excelência, uma aproximação virtuosa ao que é desejável dentro das fronteiras do que é possível.

A VIRTUDE PRATICA-SE E PODE DESENVOLVER-SE

As virtudes praticam-se e podem ser desenvolvidas. Para se ser virtuoso, é preciso praticar – não apenas revelar boas intenções, fazer grandes preleções ou *pregar bonitos sermões*. Se o leitor pretende desenvolver virtudes, o único caminho é adotar as condutas apropriadas. O percurso não está facilitado. O contexto organizacional é pejado de dificuldades, de competição, de jogo mais ou menos limpo ou sujo. Liderar requer, frequentemente, compromissos morais. É com a prática, recorrente e persistente, que se pode aprender a ser virtuoso. É-se corajoso mostrando coragem. É-se prudente adotando ações e decisões prudentes. É-se curioso, sendo-o! É-se íntegro dando mostras de integridade nos momentos em que seria mais cómodo *fechar os olhos*. O virtuoso genuíno é o indivíduo cujas virtudes se tornam a sua *segunda natureza* – adota atos virtuosos porque o desejo de praticar as virtudes integra o seu *software* mental, emocional e relacional.

COMPREENDA-SE A SI PRÓPRIO

Começar uma caminhada de desenvolvimento pessoal requer, antes de mais, a compreensão de si próprio. Para estimular esse autoconhecimento, inserimos um questionário de autoavaliação no final de cada capítulo. Cada questionário contém três tipos de afirmações/perguntas. O primeiro tipo procura representar a virtude/força. O segundo reflete a carência da mesma. O terceiro representa o seu *excesso*. Desejavelmente, o leitor deverá responder afirmativamente às perguntas do primeiro tipo e negativamente às do segundo e terceiro tipos.

Para uma melhor compreensão de si próprio, sugerimos ao leitor que convide outras pessoas (*e.g.*, seus colaboradores, colegas, superiores, familiares, amigos) a descreveram-no. Para o efeito, socorra-se dos questionários apresentados no *website* da editora (http://www.actualeditora.com/). Compare a sua autodescrição com a descrição que os outros fazem de si.

PARTE I
EU, VIGOROSO

CAPÍTULO 1

PERSEVERANÇA: ENERGIA DE MARATONISTA

«Não sou assim tão inteligente, apenas me dedico aos meus problemas durante mais tempo.»

Einstein (citado em Sutton, 2010, p. 20).

«Há uma qualidade pessoal que é partilhada pelos líderes mais proeminentes em qualquer domínio: determinação.»

Duckworth, Peterson, Matthews e Kelly (2007, p. 1087).

«Dois homens olhavam através das grades da prisão. Um via lodo, o outro via estrelas.»

Keough (2008, p. 158).

A ENERGIA QUE SUPERA A INTELIGÊNCIA OU O *PEDIGREE* ACADÉMICO

LULA DA SILVA, metalúrgico, trigésimo quinto Presidente da República do Brasil, foi considerado uma das pessoas mais influentes do mundo (por publicações como *Newsweek, Forbes, Financial Times, Le Monde, El Pais, Time*). No *Fórum Económico Global* de 2010, foi galardoado como Estadista Global. Contrariamente a muitos líderes que alegam ter realizado sacrifícios para exercer a função, afirmou, uma semana antes de deixar o cargo, que fora «gostoso de mais» governar o Brasil. O *gosto* não surpreende se atendermos à determinação e perseverança que marcam toda a sua vida pessoal, sindical e política. Eis uma marca de água da sua perseverança: foi eleito Presidente após ter sido derrotado em 1989, 1994 e 1998. O próprio referiu, no início do mandato, em preleção feita e aplaudida na London School of Economics, a sua «determinação em mudar o Brasil», segundo a revista *The Economist* (julho de 2003).

François Mitterrand foi eleito Presidente de França, em 1981, após ter sido derrotado em 1965 e 1974. Abraham Lincoln, 16.º presidente dos EUA, deveu parte substancial do seu sucesso à determinação e à ambição. Nelson Mandela dedicou toda a vida à *sua* causa, o que lhe custou quase três dezenas de anos na prisão, mas não o impediu de ser eleito Presidente da África do Sul. Durão Barroso disse, enquanto líder do PSD: «Sei que vou ser primeiro-ministro, só não sei quando.» Sá Carneiro, Amaro da Costa e Álvaro Cunhal foram igualmente reconhecidos pela sua determinação e perseverança.

Mário Soares é outro dos epítomes da determinação e perseverança (assim como da vitalidade; veja capítulo 5), tendo ganho as eleições para a Presidência da República (1986) com sondagens que, no início da campanha, lhe atribuíam 8% dos votos. Assim fez jus ao discurso proferido por Thomas Edison (1847-1931), o *génio* inventor e empresário: «A nossa maior fraqueza reside na desistência. O modo mais seguro de alcançar o sucesso consiste em tentar sempre uma vez mais.» Atribui-se a Edison o célebre aforismo segundo o qual «o génio consiste em um por cento de inspiração e noventa e nove por cento de transpiração» (*Harper's Magazine*, setembro de 1932).

Alex Fergusson, treinador do Manchester United, é hoje um líder de valia incontestável. Ao serviço do clube inglês, alcançou um palmarés invejável, tanto ao nível desportivo como financeiro. Todavia, o início de carreira no clube foi muito modesto. Decorreram quatro anos até à conquista do primeiro troféu (Taça de Inglaterra, 1990). E, nesse período, teve de resistir às críticas da imprensa, aos apupos do público e à vontade do presidente do clube, «que já pusera uma cruz sobre o seu nome», segundo o *Expresso* de 12 de fevereiro de 2011. Foi a perseverança e a resiliência que o capacitaram para vencer as adversidades e prosseguir na senda dos bons resultados. Naturalmente, a sua perseverança só deu frutos porque lhe foi concedida a oportunidade de pô-la em prática – lição que pode ser útil para o mundo empresarial!

PERSEVERANÇA = PERSISTÊNCIA × RESILIÊNCIA

A perseverança representa um misto de persistência e resiliência. É a capacidade de manter a determinação em prol de objetivos, durante longos períodos de tempo, mesmo quando os reveses e obstáculos são significativos. É tão ou mais importante do que a inteligência ou o *pedigree* académico. Indivíduos com elevadas inteligência e habilitações podem ser mal sucedidos se não forem perseverantes e resilientes. E indivíduos com inteligência e habilitações *normais* podem ser muito bem sucedidos se forem perseverantes, determinados e resilientes.

Malcom Gladwell, no livro *Outliers*, mostra enfaticamente por que, em comparações internacionais, alguns países (asiáticos) obtêm melhores pontuações nas competências de matemática dos estudantes. Eis a razão: nesses países existe uma cultura de perseverança, que leva os seus estudantes a persistirem, trabalhando incessantemente longas horas na aprendizagem da disciplina. Num país em que a matemática emerge com um *papão*, e no qual muitos pais e alunos consideram que a raiz do mal está na escassez de vocação dos alunos, seria conveniente atender aos resultados destas investigações. Naturalmente, é necessário que os líderes políticos (e, claro, os líderes parentais/maternais) sejam, eles próprios, mais perseverantes na divulgação da mensagem: *é necessário esforço continuado e perseverança na prossecução do sucesso.*

LÍDERES PERSISTENTEMENTE TENAZES

A perseverança não é apenas crucial na liderança política e desportiva. É-o, também, na liderança empresarial. Alguns autores sugerem que esta qualidade é partilhada pelos líderes mais proeminentes em todos os domínios. Jill Barad, ex-CEO da Mattel (empresa reconhecida pelo seu produto mais emblemático, a boneca Barbie), usava de quando em vez um *pin* com um abelhão, alegando inspirar-se nesse animal para *procurar o impossível.* Howard Schultz, líder da Starbucks, confirma a tese. Aos sete anos, foi confrontado com um acidente do pai e a consequente perda do emprego e dos benefícios de saúde para a família. As dificuldades marcaram-no profundamente. A vontade de escapar a um destino de fracasso e os sonhos então formados haveriam de conduzi-lo à edificação de uma multinacional reputada. Antes da Starbucks, Schultz trabalhara em várias organizações, incluindo a Xerox, que abandonou porque desejava encontrar um lugar «onde pudesse ser ele próprio». As marcas da sua experiência levaram-no a criar uma «empresa com alma», tendo-se empenhado em construir o género de empresa em que o seu pai jamais tivera a oportunidade de trabalhar, na qual as pessoas fossem respeitadas.

O exemplo de Daniel Vasella, CEO da Novartis, é igualmente paradigmático. O seu vigor emergiu de circunstâncias vividas desde tenra idade, incluindo várias doenças (asma, tuberculose, meningite), o afastamento dos pais e a morte prematura de familiares. Quanto tinha 20 anos, cursou medicina. Após concluir o curso, foi rejeitado para um lugar na Universidade de Zurique, devido à sua juventude. Abordou um responsável da divisão farmacêutica da Sandoz, que lhe facultou a oportunidade de trabalhar na filial norte-americana. Poucos anos depois, quando a Sandoz se fundiu com a Ciba-Geigy (dando origem à Novartis), foi nomeado CEO, apesar da sua idade e pouca experiência.

PORQUE A PERSEVERANÇA RELEVA NA LIDERANÇA

Os líderes perseverantes prosseguem objetivos ambiciosos e não desistem de fazer o que tem de ser feito. Esforçam-se para acabar o que iniciaram. São diligentes e trabalham seriamente em prol de objetivos de longo prazo. Não procrastinam. Procuram caminhos alternativos para resolver problemas e aproveitar oportunidades, quando os anteriores se revelam inacessíveis. Não se satisfazem com os sucessos e os louros de hoje e de ontem – antes continuam a esforçar-se para ganhar a *maratona*, mudando as práticas e adaptando-se quando necessário. Sabem que os sucessos de outrora não garantem o sucesso futuro. Tadashi Yanai, CEO da Fast Retailing, avisou a sua equipa de que fazer a mesma coisa ano após ano é sinónimo de ficar para trás. *Deite fora o seu sucesso num dia* – eis o título de um seu livro, sugerindo a necessidade de as empresas se reinventarem constantemente.

Os líderes perseverantes são tenazes em situações de crise e/ou quando é necessário levar a cabo processos de mudança. Adotam a perspetiva segundo a qual *o que não me mata torna-me mais forte*. Em momentos problemáticos, conseguem *transformar o veneno em remédio*, isto é, as crises em oportunidades. Algumas empresas vítimas dos atentados de 11 de setembro encontraram na catástrofe o vigor suficiente para se tornarem mais produtivas e conferirem significado ao trabalho das pessoas envolvidas.

Também alguns líderes militares transformaram traumas medonhos em fatores estimuladores do crescimento individual. Rhonda Cornum, brigadeiro-general das forças armadas americanas, médica e piloto aérea, prisioneira de guerra do exército de Saddam Hussein, sexualmente agredida e brutalmente tratada, caracterizou do seguinte modo a experiência de vida posterior ao trauma:

- Sentiu-se mais preparada para atuar como médica e cirurgiã.
- Sentiu-me mais capaz de atuar como líder e comandante.
- Passou a apreciar mais a família, tornando-se melhor mãe e esposa.
- Descobriu a vertente espiritual da vida.
- Aprendeu a definir mais proficuamente as prioridades na sua vida, designadamente no que concerne à vida familiar.

Os líderes perseverantes transmitem determinação e alento aos colaboradores, e desenvolvem-lhes a autoconfiança. Orientados por líderes perseverantes, os colaboradores sentem-se mais capazes de alcançar objetivos. Desenvolvem mais confiança no líder, empenham-se mais no trabalho e são mais produtivos. Ao contrário, as pessoas podem baixar os braços se sentem que o líder não é capaz de trabalhar arduamente e com determinação.

ENTRE A INDOLÊNCIA E A OBSTINAÇÃO

A perseverança representa o meio-termo entre dois extremos. Num extremo, está a indolência, a preguiça e a hesitação. No outro extremo, situa-se a obstinação e a teimosia. Naturalmente, a indolência e a hesitação tornam o líder incapaz de prosseguir metas ambiciosas, levando-o a desistir facilmente perante adversidades e obstáculos. Mas o *excesso* de perseverança também é perverso para o líder e para os seus interlocutores. A perseverança pode tornar-se compulsiva e transformar o líder num *workaholic* inveterado, que não dispõe de tempo para a vida pessoal e familiar, prejudicando a sua saúde física e mental.

Um líder obstinado não pondera devidamente os obstáculos que podem opor-se às suas pretensões. Pode pressionar a equipa para prosseguir objetivos inviáveis. Pode tornar-se incapaz de reconhecer o fracasso, acabando por reincidir em más decisões, prejudicando assim os interesses e a reputação da organização. Pode tornar-se inflexível, persistindo em receitas que funcionaram bem no passado, mas não se adequam às circunstâncias atuais. Bennis, Goleman e Biederman referiram que «a teimosia e a estupidez são gémeas».

A Digital Equipment Corporation (DEC) padeceu de *excesso* de perseverança quando era a segunda maior empresa do mundo no setor dos computadores. Segundo Donald Keough, ex-CEO da Coca-Cola Company, o que derrubou a empresa foi a convicção dos seus responsáveis de que estavam na posse da abordagem correta, e a recusa em adaptarem-se à nova estrutura do setor.

A PERSEVERANÇA PRECISA DA COMPANHIA DE OUTRAS VIRTUDES

O exposto ajuda a explicar por que a perseverança necessita da companhia de outras virtudes, como a prudência, a integridade, a coragem e a humildade. A prudência ajuda o líder a compreender as consequências das ações e decisões, permitindo-lhe abandonar um rumo de ação que se revela inviável. A integridade ajuda-o a persistir em objetivos eticamente aceitáveis e a adotar procedimentos honestos para alcançá-los, rejeitando finalidades e meios moralmente inadequados. Sem ética, as energias da perseverança podem ser colocadas ao serviço de finalidades e processos moralmente questionáveis. Quantos líderes são *perseverantemente* desonestos e nefastos para as suas organizações?

A coragem também é necessária para abandonar projetos inviáveis. É difícil a um líder abandonar um projeto com o qual se comprometeu publicamente e para o qual canalizou amplos recursos e arregimentou outras pessoas e entidades. É precisamente nessas circunstâncias que a coragem para assumir o fracasso e abandonar o projeto é crucial. A coragem e a perseverança denotam características comuns, mas não são a mesma virtude.

Embora a coragem possa tornar o líder mais perseverante, a perseverança pode existir sem coragem. Por exemplo, um líder pode ser perseverante num dado curso de ação ou decisão, não porque seja especialmente corajoso, mas porque é obstinado na defesa da sua imagem e dos seus auto-interesses. Ademais, em determinados casos, é preciso ser corajoso e humilde para reconhecer o fracasso e abandonar um dado projeto ou decisão – sem receio de *perder a face* ou de ser penalizado.

A paixão pode também ser um importante carburante da perseverança. As pessoas apaixonadas pelo que fazem tendem a ser mais persistentes. Donald Keough exprimiu-se do seguinte modo:

O velho provérbio "Diz-me o que amas e dir-te-ei quem és", é verdadeiro. (…) Um componente essencial da felicidade no mundo dos negócios é a capacidade de encontrar algo de que se goste, e então encontrar modo de levá-lo a cabo. Para se ter sucesso, é necessário ter uma fortemente autêntica vontade de se levantar da cama e ir trabalhar.

A vitalidade (veja capítulo 5) é outra força crucial num líder, podendo nutrir a perseverança. Um líder sem vitalidade pode sentir-se incapaz de colocar em ação a sua perseverança e força de vontade. Por exemplo, o CEO da Pfizer, Jeffrey Kindler, demitiu-se em dezembro de 2010, citando a fadiga como razão. A vitalidade permite ao líder fazer longas viagens e trabalhar durante longas horas. Ajuda-o a comunicar com entusiasmo e a fomentar a perseverança entre os colaboradores. Anne Mulcahy deve à sua vitalidade parte do seu sucesso na recuperação perseverante da então moribunda Xerox.

Paradoxalmente, o perdão (veja capítulo 14) pode também ser um facilitador da perseverança *positiva*. Rob Summers era uma estrela do basebol americano. Em 2006, semanas após ajudar a sua equipa a ganhar um campeonato universitário, foi apanhado por um carro desgovernado, que lhe esmagou a parte inferior do corpo e o deixou paraplégico. Sobreviveu, mas os médicos disseram-lhe que jamais poderia voltar a andar. Com uma enorme força de vontade e resiliência, resolveu mostrar que o prognóstico era *errado*. E, com a ajuda da ciência, deu em 2011 os primeiros passos. Em entrevista concedida ao *Expresso*, em 28 de maio de 2011, o jornalista perguntou-lhe se gostava de saber quem fora o condutor (ainda foragido) que o atropelou. Respondeu: «Sem dúvida, mas não por uma questão de raiva. Com o tempo, percebi que para melhorar teria de adotar uma atitude mais positiva. Tinha de aprender a desculpar e a esquecer.» Pense o leitor como um líder pode aplicar positivamente a sua perseverança se souber perdoar – em vez de ficar a ruminar no passado e a procurar *vingança* sobre os *ofensores*.

DEZ MIL HORAS

A perseverança é uma qualidade crucial nos líderes. Sem ela, a inteligência e as qualificações académicas podem ser subaproveitadas. Indivíduos moderadamente inteligentes e com modestas qualificações podem ser bem sucedidos se estiverem dotados dessa estamina que lhes permite trabalhar com persistente tenacidade, ao longo de anos, apesar das adversidades e obstáculos. Em grande medida, esta é a tese subjacente à regra das *dez mil horas*, sugerida pelo famigerado Malcom Gladwell, acolhido entusiasticamente em Portugal, numa conferência realizada em fevereiro de 2011. A regra sugere que, para se ser bem sucedido, é necessário despender pelo menos três horas por dia, durante uma década, numa dada atividade. É isso que caracteriza os mais destacados atletas, empreendedores, músicos e cientistas. Proeminências como Bill Gates, Steve Jobs e os Beatles destacaram-se porque trabalharam incessantemente na atividade pela qual se deixaram inebriar. Naturalmente, o seu sucesso foi facilitado pelas condições e oportunidades com que se depararam. Mas numerosos *competidores* fruíram das mesmas oportunidades sem terem obtido o mesmo sucesso. O leitor é perseverante? Ou considera que dez mil horas representam excessivo tempo para se receber louros?

AUTOAVALIAÇÃO
Questionário de perseverança

Perguntas que merecem resposta afirmativa	S/N
• Sou capaz de me dedicar intensamente a objetivos cujo alcance pode demorar anos?	
• Sou persistente na prossecução dos objetivos (meus e da equipa), mesmo perante obstáculos e adversidades?	
• Acabo o que começo?	
• Sou corajoso/a perante as adversidades?	
• Tenho alcançado metas que demoraram anos a prosseguir?	
• Para alcançar objetivos, procuro caminhos alternativos quando os anteriores se revelam inacessíveis?	
• Raramente baixo os braços?	

Perguntas que merecem resposta negativa	S/N
• Se não alcanço um objetivo rapidamente, desisto e oriento-me para outro?	
• Mudo, regularmente, os meus objetivos?	
• Começo com entusiasmo as minhas atividades, mas rapidamente perco interesse nas mesmas?	
• Tenho dificuldade em manter o foco em projetos que demoram muito tempo?	
• Deito-me à sombra dos sucessos passados?	
• Deixo-me abalar pelos fracassos?	
• Por vezes, baixo os braços?	
• Sou uma pessoa hesitante?	

Perguntas que também merecem resposta negativa	S/N
• Sou incapaz de desistir de um projeto com o qual me comprometi, mesmo quando tudo indica que posso fracassar?	
• Sou de tal modo obstinado/a nos meus objetivos que não disponho de tempo para a vida pessoal e familiar?	
• A minha determinação leva-me a subvalorizar os obstáculos que podem opor-se às minhas pretensões?	
• Sou excessivamente teimoso/a?	

CAPÍTULO 2

AUTOCONFIANÇA: UM CARBURANTE DA EFICÁCIA

> «Tive o prazer (...) de trabalhar com muitos líderes empresariais ao longo da minha carreira, quer internamente quer no exterior. Os mais fortes tinham autoconfiança em grandes quantidades. Os líderes sabem que não são desprovidos de força, não são fatalistas. Acreditam que podem alcançar um bom resultado em qualquer situação.»
>
> Dominic D'Alessandro (2008), Presidente e CEO da Manulife Financial, em discurso proferido em Toronto aquando da receção do *Ivey Business Leader Award.*

> «A liderança é, por definição, um processo de influência. (...) A autoconfiança do líder induz os liderados a acreditarem na capacidade do líder e na direção que este define.»
>
> Hollenbeck e Hall (2004, p. 261).

> «Não é a falta de autoconfiança que resulta da dificuldade; é a dificuldade que resulta da falta de autoconfiança.»
>
> Séneca (citado em Chang, 2006, p. 147)

HOMENS COM TRÊS METROS DE ALTURA

APRECIEM OU NÃO JOSÉ MOURINHO, poucos leitores duvidarão de que o *Special One* tem uma autoconfiança a toda a prova – ou, pelo menos, assim parece demonstrá-lo. Esse é, porventura, um dos seus principais atributos, que claramente contagia os jogadores. Num documentário televisivo (SIC,

25 de novembro de 2010), eis o que Frank Lampard descreveu quando Mourinho se abeirou dele no balneário e lhe afirmou que ele era o melhor jogador do mundo:

> Eu não era o melhor jogador do mundo, nessa altura, mas disse: "A sério?". "Acho que és o melhor jogador do mundo", disse ele. "Mas precisas de ganhar medalhas, tens de ter troféus como o Zidane e os outros". Saí do balneário e senti-me com três metros de altura. Senti-me uma pessoa muito diferente e acho que foi muito ... Eu não era o melhor, foi um momento psicológico, mas ele fez com que me sentisse especial, instantaneamente, e esse foi o momento preciso em que pensei: Este homem vai levar-me onde eu quero chegar.

Mais: Mourinho escolhe alguns colaboradores igualmente autoconfiantes. André Villas-Boas terá um dia dito a Mourinho, então seu chefe no Chelsea: «Quando eu for treinador principal, vou ser melhor que vocês todos juntos.» Aparentemente, a afirmação terá deixado alguns membros da equipa técnica com os nervos em franja, mas não Mourinho.

Jan Carlzon, ex-CEO da Scandinavian Airline Systems, referiu, a propósito da autoconfiança dos líderes:

> As pessoas não nascem autoconfiantes. (…) A autoconfiança vem do sucesso da experiência e do ambiente organizacional. O papel mais importante dos líderes é instilar confiança nas pessoas. Devem desafiá-los a tomar riscos e responsabilidade. Devem apoiá-los quando cometem erros.

Ed Pilkington, jornalista do *Guardian*, pronunciou-se do seguinte modo acerca de Steve Jobs, fundador e ex-CEO da Apple:

> Milhões de palavras e uma biblioteca repleta de livros têm sido dedicadas a tentar compreender como Steve Jobs conseguiu isso [transformar uma empresa de garagem num gigante tecnológico internacional]. Mas duas características prevalecem sobre todas as outras. Primeiro (…), tudo o que Jobs faz está imbuído de absoluta autoconfiança. Segundo, é obsessivo com a Apple e os seus produtos, nos quais se envolve com um nível de detalhe virtualmente inaudito entre outros CEO.

Clarifique-se que a autoconfiança não deve ser confundida com autoestima. A autoconfiança baseia-se no julgamento das *capacidades* próprias, enquanto a autoestima assenta na noção do *valor* próprio. Um líder autoconfiante acredita nas suas capacidades de alcançar os objetivos, enquanto um líder com elevada autoestima gosta de si próprio. Naturalmente, os dois atributos podem estar associados, mas não devem ser equiparados. Para se ser autoconfiante, não basta gostar de si próprio. E, para deter elevada autoestima, não basta possuir elevada autoconfiança. Um líder pode estar absolutamente convicto das suas capacidades de levar a equipa a alcançar objetivos ambiciosos – e, apesar disso, não gostar de si próprio. Por conseguinte, pode necessitar de psicoterapia, mas não de *coaching* que lhe permita desenvolver autoconfiança!

SOU CAPAZ – LOGO, TAMBÉM TU ÉS?

A autoconfiança pode ser descrita, simplesmente, como a convicção de que *sou capaz*. É a crença das pessoas na sua capacidade de organizarem e levarem a cabo as atividades necessárias para alcançarem objetivos. As pessoas mais autoconfiantes acreditam nas suas capacidades de ação e intervenção, tomam iniciativa, escolhem objetivos desafiantes, desenvolvem elevada motivação e esforços para serem bem sucedidas no alcance desses objetivos, e são perseverantes perante os obstáculos. As investigações são claras: as pessoas com maior autoconfiança (mas não excessivamente autoconfiantes!) são mais felizes no trabalho, são mais criativas e alcançam níveis mais elevados de desempenho.

Fórmula da autoconfiança

O nível de autoconfiança de um líder resulta da diferença entre (1) as capacidades que o mesmo perceciona deter e (2) os requisitos da tarefa ou desafio que tem em mãos. Ou seja:

Autoconfiança
=
Capacidade percecionada (*as minhas capacidades*)
–
Requisitos da tarefa ou desafio (*o que esta atividade exige de mim*)

Os líderes autoconfiantes podem desenvolver a autoconfiança dos colaboradores, promovendo assim o desempenho individual e a eficácia da equipa. Ao observarem a autoconfiança dos seus líderes, os liderados ficam também mais confiantes. Ao sentirem que o líder acredita neles, os desafia e lhes transmite elevadas expectativas de desempenho, os colaboradores empenham-se e tentam corresponder às expectativas. Este efeito pode ser especialmente relevante em momentos críticos para a organização. Em tais ocasiões, é frequentemente necessário que o líder faça sacrifícios em prol da organização, cativando assim os liderados para também realizarem esforços adicionais. Se o líder for desprovido de autoconfiança, é provável que os liderados não acreditem na possibilidade de os sacrifícios virem a surtir bons efeitos. Ao contrário, se os colaboradores percecionarem que o líder acredita nas suas capacidades para *levar o barco a bom porto*, é mais provável que se dediquem ao árduo empreendimento.

Sublinhe-se, porém, que nem todos os líderes autoconfiantes desenvolvem a autoconfiança dos colaboradores. Alguns líderes narcisistas, com ego especialmente insuflado, fazem questão de *apequenar* os seus colaboradores, incluindo (ou sobretudo!) os mais competentes e empenhados. Com o decurso do tempo, os liderados acabam por se empenhar menos no trabalho ou abandonar a organização. Ao contrário, os líderes autoconfiantes virtuosos suscitam maior autoconfiança nos colaboradores. Esta autoconfiança impele os colaboradores a serem mais bem sucedidos. Ao obterem sucesso, tornam-se mais autoconfiantes e, por essa via, nutrem a própria autoconfiança dos líderes (pergunte-se o leitor: Mourinho fica mais confiante depois de ver a sua equipa vencer ou perder?). E assim sucessivamente, numa espiral de positividade benéfica para os liderados, os líderes e a equipa ou organização. Parafraseando o adágio: *o sucesso gera sucesso*.

PROMOVENDO A AUTOCONFIANÇA DOS LIDERADOS

Líderes autoconfiantes virtuosos podem desenvolver a autoconfiança dos colaboradores através de vários modos:

- Em primeiro lugar, através do exemplo. Ao observarem como um líder autoconfiante atua e obtém bons resultados, os liderados compreendem que as suas próprias ambições também são concretizáveis.
- O líder deve conceder oportunidades aos colaboradores para que exerçam atividades em que sejam bem sucedidos. Ao serem eficazes, os colaboradores desenvolvem maior autoconfiança.
- O líder deve criar condições para que os colaboradores trabalhem em função de objetivos *ambiciosos*, mas igualmente alcançáveis, realistas, específicos e calendarizados. Caso contrário, esses objetivos não são mobilizadores. Por exemplo, colaborador algum fica entusiasmado com a procura de um objetivo longínquo que considera inalcançável.
- O líder pode atuar como *coach* e/ou mentor dos seus colaboradores. Pode também disponibilizar-lhes mentoria e *coaching* levados a cabo por outras pessoas na organização ou especialistas externos. Pode ainda criar condições para que a formação e o desenvolvimento sejam um *modo de vida* da organização. Quando isso acontece, os colaboradores sentem-se mais capacitados para lidar com os obstáculos, os desafios e as oportunidades.
- No quotidiano organizacional, o líder pode facultar *feedback* positivo aos colaboradores, proporcionando-lhes elogios e outras recompensas (simbólicas e/ou materiais) quando apresentam bons desempenhos. Um simples mas genuíno *obrigado* (veja capítulo 8) pode ser um poderoso motivador, com a vantagem adicional de o seu custo material ser nulo!
- O líder pode ajudar um colaborador a medir o respetivo sucesso em termos de automelhoria, mais do que em termos absolutos. Deste modo, o colaborador vai adquirindo consciência de que tem potencial de melhoria – em vez de simplesmente esmorecer por verificar que se encontra em posição inferior a outros. A lição é: ajude os colaboradores a melhorarem o respetivo potencial, em vez de os *massacrar* com comparações que os deixam desmotivados.

- O líder pode ajudar os liderados a prestarem atenção a outras pessoas que foram bem sucedidas. Uma das mensagens que Mourinho acabou por transmitir a Lampard foi a de que poderia seguir o exemplo de Zidane e outros jogadores premiados!
- O líder pode ajudar os seus colaboradores a explorarem as respetivas áreas de paixão ou vocação. É mais provável que, trabalhando com propósito, se sintam capazes de prosseguir a paixão.

PROMOVENDO A AUTOCONFIANÇA PRÓPRIA

Naturalmente, um líder pode ver a sua autoconfiança reforçada se os seus próprios líderes atuarem devidamente para com ele. Todavia, esperar por ações superiores para desenvolver a autoconfiança pode não ser o caminho mais recomendável para um líder proativo e enérgico. Eis algumas sugestões mais apropriadas:

- Aponte para metas ambiciosas, mas realistas. A prossecução de objetivos irrealistas produz fracassos – e estes ferem a autoconfiança, pelo menos se começarem a ser frequentes.
- Não tema os riscos e coloque-se em situações que lhe permitam esticar as suas capacidades. Não esqueça: a ameaça está nos olhos do observador.
- Observe como procedem os líderes exemplares, autoconfiantes e bem sucedidos. Aprenda com eles.
- Procure constantemente desenvolver as suas competências e capacidades, incluindo através de *coaching* e mentoria. Se não fizer do seu desenvolvimento pessoal um lema de ação, está condenado a fracassar.
- Alguns contextos organizacionais são perniciosos para o desenvolvimento de um líder. E vencer o *status quo* pode ser inviável. Se for esse o seu caso, pode ser mais apropriado demandar outras organizações. Um treinador vencedor também precisa de equipas vencedoras!

A VIRTUDE ESTÁ NO MEIO

ENTRE O SENTIDO DE FRAQUEZA
E O EXCESSO DE AUTOCONFIANÇA

A autoconfiança não costuma ser considerada uma *virtude*. Em bom rigor filosófico, não o é. Mas não pode deixar de ser considerada uma qualidade que, se bem gerida e aplicada, pode surtir efeitos extraordinários no próprio e nos outros. Tal como ocorre com os restantes atributos abordados neste livro, a autoconfiança virtuosa é a que *está no meio*. Um líder pouco autoconfiante desenvolve objetivos modestos e pouco ambiciosos, e tende a fracassar. Mas o excesso de autoconfiança também pode ser fortemente perverso, podendo conduzir a decisões imprudentemente arriscadas (veja capítulo 11). Quando um líder propõe e prossegue objetivos ambiciosos pouco razoáveis, há riscos de canalizar recursos excessivos para tais objetivos. Consequentemente, a saúde económico-financeira da organização pode ser lesada. Ademais, os colaboradores esmorecem e formam imagens menos positivas acerca do líder. Consequentemente, a credibilidade do líder decai – gerando quebra de relações de confiança e menor empenhamento dos liderados no trabalho.

O excesso de autoconfiança pode também destruir a perseverança. Convicto de que os seus elevados atributos se refletirão em sucesso, o líder pode baixar o nível de esforço e, assim, fracassar. Pense o leitor no que sucede frequentemente às equipas que entram no terreno de jogo já convictas de que a vitória está garantida! Excessiva autoconfiança poderá ainda levar o líder a enveredar por atividades excessivamente arriscadas, a subestimar os riscos dessas ações, e a negligenciar o potencial de contra-ataque dos seus inimigos e adversários. Algo desse teor terá ocorrido com Robert Murdoch, descrito como um «grande mau homem» pela revista *The Economist* e pelo *Financial Times*, em julho de 2011. O excesso de autoconfiança poderá tê-lo conduzido a um certo sentido de impunidade relativamente a práticas jornalísticas menos recomendáveis em alguns periódicos do seu império. Os resultados desta combinação explosiva de excesso de autoconfiança com imprudência são conhecidos: encerramento de jornais, perda de reputação empresarial e individual, e problemas de natureza política, policial e judicial.

Para ser virtuosa, a autoconfiança não deve ser excessiva e deve ser complementada com humildade, prudência e integridade. Sem estas outras virtudes, os líderes serão menos capazes de aprender com os erros, poderão enveredar por empreendimentos fantasistas ou megalómanos, subestimarão os *inimigos* e os adversários, e resistirão a abandonar projetos inviáveis com os quais se comprometeram.

QUATRO NOTAS FINAIS

Quatro últimas notas de precisão são necessárias. Primeira: a autoconfiança é um atributo multifacetado. Quando nos referimos a um líder autoconfiante, designamos alguém que, nas várias facetas da sua atividade como líder, tem confiança nas suas capacidades. Todavia, um líder pode ser autoconfiante em determinadas matérias e não noutras. Por exemplo, alguns líderes são autoconfiantes para exercer a generalidade das funções, mas não o são relativamente à comunicação em público ou à negociação com interlocutores *problemáticos*. Nestes casos, convirá desenvolver essas competências (*e.g.*, através de *coaching* ou outras ações de desenvolvimento) para que a autoconfiança seja incrementada. Se, porém, o líder sentir que não tem real talento para algumas dessas atividades, pode ser mais conveniente delegar a incumbência em colaboradores mais eficazes. Os líderes são, como todos os humanos, incompletos. Os líderes mais eficazes não são necessariamente os que possuem mais forças, mas antes os que complementam as suas forças e fraquezas com as forças dos outros (incluindo dos colaboradores). São incompletos e sabem que o são!

Segunda nota: o facto de um líder denotar fraca autoconfiança numa dada matéria não é necessariamente um obstáculo à sua eficácia. Problemático é ser desprovido de uma competência, atributo ou força *realmente pertinente para o desempenho*. Se um líder detém pouca autoconfiança em matéria secundária para o seu desempenho, porquê preocupar-se? O facto de Mourinho ter sido um jogador mediano não o impediu de ser considerado o melhor treinador do mundo. O facto de Richard Branson ser disléxico e de ter abandonado os estudos (desistiu da escola aos 16 anos) não o impediu de fundar e liderar a bem sucedida Virgin.

Terceira nota: o desenvolvimento da autoconfiança virtuosa recomenda capacidade de autocompreensão, incluindo a capacidade para compreender as próprias limitações. O ex-CEO da Adobe, Bruce Chizen, experimentou

A VIRTUDE ESTÁ NO MEIO

insegurança por não ser engenheiro, algo aparentemente crucial para liderar uma empresa tecnológica. Todavia, quando reconheceu os seus talentos empresariais e de *marketing*, e quando compreendeu que poderia aprender engenharia, a sua *alma* mudou:

> Compreendi-me suficientemente bem para saber o que não sabia, mas também percebi que sabia o suficiente para me sentir confortável. Esta consciência ajudou-me a encontrar uma efetiva autoconfiança.

Quarta nota: o desenvolvimento da autoconfiança pode requerer esforços de *representação*. Quando indagado sobre como se deve liderar quando não se está seguro do caminho que a empresa deve tomar, Andy Grove, ex-CEO da Intel, respondeu:

> Bem, parte disso é autodisciplina e parte é aparência. E a aparência torna-se realidade. Aparência no sentido em que nos enchemos a nós próprios e fazemos melhor cara em coisas que começamos a sentir. Após algum tempo, se agirmos com confiança, tornamo-nos mais autoconfiantes. Deste modo, a aparência torna-se menos aparência.

Ou seja, quando atuamos como se estivéssemos autoconfiantes, os nossos interlocutores convencem-se de que somos autoconfiantes. Ao captarmos esse sinal provindo dos interlocutores, acabamos por ficar efetivamente mais autoconfiantes. A representação pode ainda surtir um efeito adicional, eventualmente perverso – ou não! Alguém que diz disparates de modo erudito e com grande convicção pode levar os interlocutores a sentirem-se ignorantes! O comediante Charlie Varon foi uma vez convidado pela California Medical Association para fazer uma intervenção humorística num seminário para médicos e juristas. Reinventou-se como Albin Avgher, doutorado e especialista no genoma humano. E fez uma exposição apoiada em brilhante parafernália estatística. Muitos membros da audiência consideraram alguns factos desprovidos de sentido – mas a representação foi de tal modo eficaz que atribuíram essa interpretação à própria ignorância e não aos erros do comediante. Ou seja: o que mais convence é a convicção.

Como se sente o leitor? A sua autoconfiança está debilitada? Se for o caso, lembre-se de que as pessoas não podem desenvolver autoconfiança.

A sua autoconfiança não tem limites? Bem, nesse caso convirá colocar os pés na terra. Caso contrário, quanto maior a escalada, maior a queda. Recorde: a virtude está no meio.

AUTOAVALIAÇÃO
Questionário de autoconfiança

Perguntas que merecem resposta afirmativa	S/N
• Acredito que posso ser um líder eficaz na maioria das equipas com que trabalho?	
• Acredito na minha capacidade de influenciar um grupo?	
• Sinto-me capaz de mobilizar outras pessoas para trabalharem em prol dos objetivos do grupo?	
• Acredito na minha capacidade de tomar decisões que afetam a vida de outras pessoas?	
• Acredito que sou capaz de levar a minha equipa (e outras pessoas com as quais me relaciono como líder) a trabalhar para ultrapassar obstáculos e adversidades?	
• Acredito que sou capaz de definir uma direção energizadora para a minha equipa?	
• Acredito que sou capaz de obter o apoio genuíno da minha equipa para levar a cabo iniciativas?	
• Acredito sou capaz de levar a minha equipa a fazer o que tem de ser feito?	
• Acredito que sou capaz de encontrar soluções para os problemas?	
• Acredito que sou capaz de aproveitar as oportunidades que permitam à equipa ser bem sucedida?	
• Acredito que sou credível junto dos meus colaboradores (e outras pessoas com as quais me relaciono como líder)?	
• Sou convincente no modo como comunico com os meus colaboradores (e outras pessoas com as quais me relaciono como líder)?	
Perguntas que merecem resposta negativa	**S/N**
• Tenho pouca confiança nas minhas capacidades como líder?	
• Escolho e defino objetivos modestos porque receio fracassar?	
• Quando começo a enfrentar alguns obstáculos, desisto de prosseguir os objetivos que me propus?	
• Sinto que os meus colaboradores não acreditam nas minhas capacidades como líder, e isso deixa-me desmotivado?	

- Vejo problemas e ameaças onde outros líderes veem oportunidades?

- Sinto que não sou capaz de mobilizar a minha equipa para a prossecução dos objetivos?

Perguntas que também merecem resposta negativa	S/N

- Tenho uma imagem de mim como líder quase inabalável (*i.e.*, positiva e imbatível)?

- Habitualmente, sinto que tenho razão nas minhas decisões de liderança? Portanto, quando os resultados não são bons à primeira, repito a decisão?

- Acredito que o meu sucesso como líder apenas pode ser impedido por circunstâncias fortuitas ou por maldades de outras pessoas?

- Sou de tal modo convicto nas minhas capacidades que negligencio os obstáculos e riscos?

- A minha autoconfiança como líder não tem limites?

CAPÍTULO 3

CORAGEM: A VIRTUDE DIFÍCIL ENERGIZANDO A AÇÃO SENSATA

«A mais admirável das virtudes humanas – a coragem.»
J. F. Kennedy (1956, p. 1).

«A coragem envolve cinco propriedades: (1) o indivíduo tem a liberdade de escolher ou não a ação, ou seja, não é coagido; (2) a ação incorpora riscos de dano para o indivíduo; (3) o indivíduo considera o risco razoável e a ação justificável (ou seja, não é imprudente); (4) o objetivo prosseguido é valoroso; (5) o indivíduo age cuidadosamente, apesar do medo.»
Kilmann *et al.* (2010).

A CORAGEM NÃO É A AUSÊNCIA DE MEDO – NEM OBSTINAÇÃO

DECORRIA A CAMPANHA PARA AS ELEIÇÕES PRESIDENCIAIS, em 1994. Nelson Mandela viajava, num pequeno avião, para KwaZulu/Natal. Quando um dos motores da aeronave avariou, Mandela continuou a ler calmamente o seu jornal, contribuindo assim para tranquilizar os passageiros que tinham ficado em pânico. Todavia, já em terra firme, confidenciou: «Que medo que eu tive lá em cima.» Durante toda a sua vida, especialmente nos momentos que antecederam a sua prisão e durante o tempo de cárcere em Robben Island, Mandela experimentou medo. Tal como o próprio afirmou, a ausência de medo seria irracional – ou, mesmo, soberba ou altivez. Mas o medo jamais o impediu de prosseguir o seu meritório desígnio de libertar a África do Sul do jugo do *apartheid* e aí instituir um regime democrático e civilizado.

A coragem, ou bravura, não representa a ausência de medo, mas a capacidade de superá-lo e inspirar outros a superá-lo. Tal como Plutarco afirmou, «a coragem consiste não em correr riscos sem medo, mas em atuar resolutamente em prol de uma causa justa». Mark Twain afinou pelo mesmo diapasão: «A coragem é a resistência perante o medo, o domínio sobre o medo, não a ausência do medo.» Martin Luther King também afirmou (em *Strength to Love*):

> A coragem enfrenta o medo e, dessa forma, domina-o. A cobardia reprime o medo e, desse modo, é dominada por ele. (…). Devemos construir diques de coragem para conter as correntes do medo.

A coragem é uma virtude crucial em qualquer indivíduo (Lance Armstrong venceu seis Volta à França em bicicleta depois de ter enfrentado um cancro) e ajuda as organizações a sustentarem elevados níveis de desempenho. Por maioria de razão, a coragem é uma qualidade especialmente importante nos líderes. Está no âmago de uma boa liderança. Uma cuidadosa análise da ação de Mandela mostra que a prossecução da sua *missão* requereu uma espécie muito particular de coragem. Os seus atos de valentia foram acompanhados de integridade, sensatez, capacidade de perdoar, férrea disciplina (física, mental e emocional) e disponibilidade para fazer compromissos com os adversários, em prol do desígnio maior. Alguns compromissos impeliram correligionários seus a acusarem-no de traição. Mas Mandela não se deixou manietar por essas acusações e prosseguiu corajosamente o seu desígnio libertador.

Diferentemente – porventura por temperamento pessoal, ou pelas circunstâncias trágicas da vida –, Winnie Mandela revelou uma coragem *problemática*. Ao contrário de Nelson Mandela (que deu a James Gregory, seu guarda prisional ao longo de anos, um lugar na tribuna de honra aquando da tomada de posse como Presidente), Winnie desenvolveu uma amargura que haveria de conduzir ao divórcio do casal. Eis como Hagemann, biógrafo de Nelson Mandela, se referiu à mulher do (então) prisioneiro mais famoso do mundo:

> Os líderes do ANC no exílio tinham noção das suas fraquezas. Era conhecida por ser extremamente obstinada, recusar-se-ia a aceitar ordens e só o faria se as considerasse boas e corretas. Era inquestionavelmente corajosa, mas não raras vezes a sua coragem mostrou-se ilimitadamente provocadora. Não recusava qualquer combate com as autoridades e as oportunidades para tal eram muitas. Gostava de manifestar a sua vontade de resistir, mesmo em situações em que uma maior contenção poderia ter mais sucesso. Com os seus modos provocadores, ela poder-se-ia tornar igualmente um risco para os outros.

A CORAGEM REQUER DISCERNIMENTO

Por conseguinte, importa entender a coragem à luz de uma perspetiva ponderada – nem sempre presente quando o tema é abordado a propósito dos líderes. Um indivíduo corajoso dispõe-se a tomar riscos, mas com discernimento, e não irrefletidamente. A coragem também requer que o objetivo prosseguido seja valoroso (*e.g.*, um homicida não pode ser considerado *corajoso*). Quando um líder tem a *coragem* de avançar intrepidamente para uma fusão ou aquisição, ou para a destruição de milhares de postos de trabalho, sem avaliar sensatamente as consequências para a empresa e para os restantes *stakeholders*, não é verdadeira coragem que está a revelar – mas imprudência, insensatez, obstinação ou teimosia. A *coragem* que aparentemente suportou muitas decisões conducentes à crise financeira dos últimos anos não pode ser considerada virtuosa.

A coragem é uma força moral ou mental que permite perseverar perante os perigos e a adversidade, tendo em vista fins meritórios. É a tendência para prosseguir voluntariamente finalidades valorosas, apesar do medo ou risco. Implica a consideração dos riscos. Caso contrário, não estamos perante alguém corajoso, mas antes inconsciente, irresponsável ou néscio. A coragem não requer, necessariamente, atos de grande impacto social ou mediático. De facto, muitos líderes corajosos atuam calma e discretamente, nos bastidores, em prol de objetivos valiosos. Para ser genuinamente vir-

LIDERANÇA

tuosa e gerar bons resultados, a bravura necessita de ser complementada com prudência, sensatez e integridade. Paradoxalmente, a humildade pode também ser um grande facilitador da coragem virtuosa, como revela à saciedade a vida de Mandela.

A CORAGEM TAMBÉM REQUER VITALIDADE, HUMILDADE E INTEGRIDADE

Coragem e vitalidade (assim como humildade para assumir desconhecimento de algumas matérias e pedir ajuda; veja capítulos 3, 5 e 15) também marcaram o mandato de Anne Mulcahy ao leme da Xerox. Herdando o comando de uma empresa moribunda, trabalhou incansavelmente para salvá-la, viajando por todo o mundo para transmitir a verdade (incluindo a desagradável, como o fecho de unidades) aos empregados, e enfrentando os conselhos de quem lhe sugeria recorrer às leis da insolvência para reorganizar a empresa. Em 2006, os lucros da Xerox excederam mil milhões de dólares. Em 2008, Mulcahy foi eleita, pela revista *Chief Executive Magazine*, como CEO do ano.

Foi também a coragem que permitiu a James Burke, CEO da Johnson & Johnson, lidar com a contaminação criminosa do *Tylenol* com cianeto, em 1982. Várias pessoas morreram, e o incidente afetou seriamente a reputação da empresa, cuja quota de mercado decaiu de 35% para 6%. Embora a empresa não fosse responsável pela ocorrência, e o envenenamento estivesse circunscrito a uma área restrita, Burke disponibilizou-se para atender os meios de comunicação social, revelou honestidade perante todos os *stakeholders* e decidiu retirar do mercado 31 milhões de frascos, incorrendo a empresa em prejuízos de mais de 100 milhões de dólares. É provável que as decisões de Burke tenham sido também alimentadas pela sua *astúcia* social, ao compreender que as perdas resultantes da retirada do produto do mercado seriam inferiores às geradas pela perda de reputação da empresa no longo prazo. Mas diversos investigadores argumentam que a sua coragem e integridade desempenharam um papel importante.

Exemplo de coragem foi, também, Darwin Smith. Dois meses após ter assumido as funções de CEO da Kimberley-Clark, foi-lhe diagnosticado cancro. Os médicos não lhe auguravam mais do que um ano de vida.

Quando informou o conselho de administração, disse-lhes que não planeava morrer cedo. Viveu mais 25 anos, vinte dos quais como CEO. Vida mais curta teve Sá Carneiro, um político reconhecidamente (por seguidores e adversários) corajoso, tanto física como moralmente.

Com liderança corajosamente ética, muitos escândalos empresariais ocorridos nos últimos anos não teriam, porventura, ocorrido. Sem coragem, quebra-se a confiança. Sem confiança, desmoronam-se os negócios. Como pode confiar-se numa empresa cujos líderes não são corajosamente honestos? A coragem é a virtude que possibilita e fortalece todas as outras virtudes. Como pode algum líder ser íntegro se não for corajoso? Como pode persistir na tentativa de realizar um negócio difícil se não estiver munido de bravura? Como pode manter energias próprias e mobilizar as dos seus colaboradores, em tempos críticos, se for vacilante, cobarde ou *mole*?

OS BENEFÍCIOS DA CORAGEM

Os líderes corajosos fazem o que é necessário e correto fazer, apesar dos custos, perigos e ameaças. Respeitam o medo, mas não se deixam manietar pelo mesmo. Confrontam o *status quo* quando tal é necessário para restaurar a justiça e outros valores relevantes. Desafiam a autoridade (*e.g.*, denunciando atos corruptos) quando necessário para proteger a organização, os seus colaboradores, ou mesmo clientes. Perseveram perante obstáculos, fracassos e adversidades, em prol de objetivos valiosos. Não procrastinam. Assumem a responsabilidade pelos seus erros e aprendem com os mesmos. Não negam os problemas – antes os encaram com vigor e focalizam-se na raiz dos mesmos. Promovem o conflito construtivo que permite enfrentar problemas e encontrar melhores soluções para enfrentá-los. Adotam compromissos morais quando enfrentam dilemas que requerem a procura do *menor dos males*. São íntegros e honestos, mesmo quando lhes seria mais cómodo ou benéfico atuarem de modo distinto. São prudentemente valentes. Prezam a dignidade. Revelam vitalidade física e mental.

Daqui decorrem diversos potenciais efeitos positivos. Os líderes corajosos promovem a coragem dos liderados e de outros observadores. Protegem a organização de potenciais fraudes/ilicitudes e de consequentes danos sobre a reputação da mesma. Elevam a consciência moral e a conduta ética da organização, tornando os colaboradores mais propensos a recusarem condutas eticamente inaceitáveis. Previnem problemas com clientes e criam condições para a satisfação dos mesmos. Rodeiam-se de quem lhes diz a verdade, mesmo a desconfortável – o que lhes permite tomarem melhores decisões. Acolhem com valentia as manifestações de discordância provindas dos seus interlocutores, em vez de *matarem o mensageiro da má notícia* e de enveredarem por decisões precipitadas ou pobremente informadas. Honram compromissos. Promovem a confiança no interior da organização. Consequentemente, os seus colaboradores (a) experimentam sentimentos de maior segurança psicológica para inovar e correr riscos, e (b) desenvolvem maior empenhamento no trabalho e na organização. Líderes corajosos também reforçam os laços de confiança entre a organização e os seus interlocutores externos (*e.g.*, clientes, fornecedores, financiadores, autoridades governamentais).

NEM TUDO AO MAR, NEM TUDO À TERRA

A coragem é uma virtude *difícil*. Contrariar interesses ilegítimos pode acarretar dissabores. Honrar compromissos pode gerar perdas pessoais. Atos corajosos tendem a colidir com o *status quo*, com as *ditaduras* da maioria ou com orientações hierárquicas superiores – daqui podendo resultar prejuízos pessoais e *insónias*. Atos de coragem podem suscitar a admiração de muitos, mas o ódio de muitos mais. Podem quebrar relacionamentos interpessoais que geram sofrimento pessoal e danos nos fluxos de comunicação e coordenação.

Em contextos corruptos e/ou onde o Estado de Direito é periclitante, a coragem pode mesmo fazer perigar a vida do próprio líder. Maria José Morgado, procuradora-geral adjunta do Ministério Público, deu conta desse risco a propósito do assassinato da juíza brasileira Patrícia Acioli, em 11 de agosto de 2011. A sua crónica no *Expresso*, em 3 de setembro de 2011, intitulava-se *O coeficiente de coragem*, e sublinhava a importância da coragem dos juízes, indubitavelmente líderes nos seus tribunais, mas também na comunidade. Para além da coragem, a magistrada aludia às virtudes da paixão/vocação, do propósito (o sentido de missão) e da integridade. Eis uma súmula da sua tese:

O coeficiente de coragem inclui: sentido de protecção da liberdade e da segurança alheia ainda que com prejuízo da nossa. Liberdade moral para decidir por causa das pessoas e em função das pessoas, sem as temer e sem temer o poder de estruturas externas, sejam elas quais e quem forem. Conhecer a vida e o mundo e saber que a justiça não é de papel, mas de sangue, suor e lágrimas. Proteger os fracos e não vacilar perante os mais fortes. Nunca temer as consequências pessoais de uma decisão ou sentença.

Naturalmente, a coragem deve ser exercida com ponderação. Tal como ocorre com as restantes virtudes, está situada entre dois extremos: a cobardia e a imprudência intrépida. Excessos de *coragem* podem levar um líder a negligenciar os riscos de uma decisão. Podem conduzi-lo a desvalorizar sinais que recomendam prudência. Podem torná-lo obstinado e incapaz de aprender com o erro cometido. Podem impeli-lo a persistir em investimentos e ações inviáveis, prejudicando assim os interesses e a reputação da organização. O excesso de vitalidade pode levar um líder corajoso a envolver-se numa quantidade excessiva de projetos e a trabalhar excessivamente, assim causando danos na sua vida pessoal e/ou familiar.

MAIS CORAGEM, MENOS IMAGEM

A coragem não é uma virtude apenas relevante para momentos heroicos. Atos de coragem são necessários, quotidianamente, nas organizações. Caso contrário, emerge um clima de *paz podre* que afetará negativamente a empresa, pelo menos no médio ou longo prazo. Se os *pequenos* atos de coragem não forem diariamente promovidos, o que ocorrerá quando for necessário enfrentar corajosamente grandes e complexas empreitadas (sejam elas morais ou estritamente empresariais)? Os líderes, através do seu exemplo, são figuras especialmente relevantes na promoção da coragem e dos climas organizacionais corajosos. A coragem representa o *músculo* emocional e moral que permite enfrentar dificuldades e prosseguir novas e ambiciosas missões. Sendo contagiosa, a coragem dos líderes pode ter enorme impacto na vida organizacional.

Não terá sido por acaso que J. F. Kennedy, com grandes e sérias maleitas na sua saúde, escreveu *Profiles of Courage*. Não terão sido também inocentes os seus esforços de campanha sistematicamente alicerçados numa imagem de (pelo menos, pretensa) coragem. Naturalmente, a coragem não se alardeia. Pratica-se! Quando Kennedy recusou distanciar-se publicamente de McCarthy (o pai da *caça às bruxas*, ou *terror vermelho*, ocorrida entre 1950 e 1956), os seus detratores não deixaram de sugerir que Kennedy deveria ter mostrado *menos imagem e mais coragem*.

E o leitor: como interpreta a sua organização? Os atos de coragem imperam, ou prevalece o medo de colidir com o *status quo*, de contrariar a opinião dominante, de assumir riscos e erros, e de encarar e afirmar a verdade? O leitor considera-se corajoso? Não fique preocupado se não tiver essa autoimagem. A maior parte das pessoas corajosas não se encara como tal, antes vê os seus atos de coragem como normais e inerentes à sua função. O que sentiria o leitor se o seu próprio líder se vangloriasse de atos corajosos?

AUTOAVALIAÇÃO
Questionário da coragem

Perguntas que merecem resposta afirmativa	S/N
• Decido de acordo com o que considero correto, lícito e justo?	
• Afirmo e defendo corajosamente os melhores interesses da organização, mesmo quando enfrento discordâncias?	
• Desafio o modo habitual de fazer as coisas, quando sinto que há modos mais eficazes de levá-las a cabo?	
• Defendo os meus pontos de vista, mesmo que contrários aos dos meus amigos?	
• Tenho alguém a quem confidencio os meus dilemas éticos e junto de quem procuro ajuda para tomar decisões corretas?	
• Disponho de tempo para refletir?	
• Sou prudente, mas não medroso/a?	
• Sou determinado/a em fazer o que tem de ser feito, mesmo quando tenho medo?	
• Sou determinado/a, mas não imprudente?	
• Quando falho, tento uma e outra vez?	
• Sou persistente na procura de objetivos de longo prazo?	

- Sou o/a primeiro/a a *dar o corpo ao manifesto* para prosseguir objetivos valorosos e moralmente corretos?

Perguntas que merecem resposta negativa	S/N
• Sou vulnerável às pressões e opiniões de pessoas mais poderosas?	
• Receio ser impopular por tomar decisões difíceis?	
• Costumo adiar a tomada de decisões difíceis?	
• Desisto quando não sou bem sucedido?	
• Por regra, estou satisfeito/a com o *status quo* e nada faço para mudá-lo?	
• Não gosto de sair da minha zona de conforto?	
• Evito expor as minhas opiniões e convicções se sinto que isso me pode prejudicar?	

Perguntas que também merecem resposta negativa	S/N
• Sou obstinado e, por vezes, menosprezo as consequências das decisões?	
• Adiro facilmente a *modas de gestão*, sem ponderar o seu real valor e as suas consequências éticas?	
• Sou excessivamente arrojado/a?	
• As pessoas consideram que sou excessivamente atrevido/a?	
• Nunca tenho medo?	

CAPÍTULO 4

OTIMISMO: POR TRÁS DAS NUVENS, HÁ SEMPRE SOL

«Mantenha positivos os seus pensamentos, porque os seus pensamentos tornam-se nas suas palavras. Mantenha positivas as suas palavras, porque as suas palavras tornam-se nos seus comportamentos. Mantenha positivos os seus comportamentos, porque os seus comportamentos tornam-se os seus hábitos. Mantenha positivos os seus hábitos, porque os seus hábitos tornam-se os seus valores. Mantenha positivos os seus valores, porque os seus valores tornam-se o seu destino.»

Mahatma Gandhi (citado em Chang, 2006, p. 537).

«O otimismo é a fé que conduz ao sucesso. Nada pode ser feito sem esperança e confiança.»

Hellen Keller, escritora, conferencista e ativista social
(citada em Chang, 2006, p. 537).

«Encontrar o equilíbrio correto entre o otimismo saudável e a ilusão é mais difícil do que se poderia imaginar, tanto para os indivíduos como para as instituições.»

Webber (2008, p. 30; p. 36)

LIDERANÇA

LIDERANÇA QUE SUSCITA
ENERGIA E ENTUSIASMO

Quando Steve Jobs renunciou ao lugar de CEO da Apple, o seu sucessor, Tim Cook, terá afirmado que partilhava do otimismo de Jobs quanto ao futuro brilhante da empresa (*Público*, 25 de agosto de 2011). Jobs tem sido descrito como um otimista crente na capacidade de cumprir os seus sonhos. Mário Soares é considerado, e considera-se, um otimista – mesmo quando se pronuncia sobre a «Triste Europa» (*Público*, 15 de março de 2011). Winston Churchill afirmou que a grande diferença entre os otimistas e os pessimistas é que enquanto os pessimistas veem dificuldades em toda a oportunidade, os otimistas veem oportunidades nas dificuldades. E alegou que a sua opção recaía sobre o otimismo, pois de nada valeria ser pessimista.

Bill Gates é também reconhecido pelo seu otimismo. A agência noticiosa *Reuters*, em 9 de julho de 2010, referia que o multimilionário (agora sobretudo dedicado à Fundação Bill & Melinda Gates) estava *otimista* acerca do futuro, embora temperasse esse otimismo com um catálogo de obstáculos às melhorias na educação, cuidados de saúde e política energética – o que sugere um nível de otimismo *realista*, uma postura seguramente mais recomendável do que o otimismo quixotesco e irrealista. Quando um líder sénior da Microsoft foi indagado acerca do modo como reter talentos, retorquiu (segundo um artigo de Suzanne Peterson e seus colaboradores, publicado na *Organizational Dynamics*):

> É realmente simples. Se mantemos as pessoas entusiasmadas acerca do futuro e não permitimos que os desafios as deitem abaixo, temos boas possibilidades de mantê-las como parte da nossa família para a vida.

Warren Bennis, um pioneiro e reputado estudioso e consultor no domínio da liderança, num artigo intitulado *The leadership advantage*, afirmou que todos os líderes exemplares que conhecera denotavam um elevado nível de otimismo, o qual os ajudava a gerar a energia e o entusiasmo necessários para alcançar resultados. Numa intervenção realizada perante The Planning Forum's International Conference, afirmou:

Senti que os líderes que entrevistei tinham um forte sentido de optimismo. Por mais assustador ou improvável que a tarefa fosse, pareciam sempre capazes de facultar às pessoas esse (…) sentido de que seriam capazes. Eram fornecedores de esperança.

O OTIMISMO E OS SEUS EFEITOS

O otimismo é a tendência para ver o lado positivo da vida, confiar no futuro, e esperar o melhor das situações. Os otimistas trabalham com a convicção de que os contratempos contêm potencial positivo. Consideram que *depois da tempestade vem a bonança* e que por trás das *nuvens* há sempre *sol*. Ao contrário, os pessimistas entendem que as coisas nunca ocorrem como eles gostariam e que *um mal nunca vem só*.

Uma definição mais precisa toma em atenção três aspetos: (1) *os sucessos/fracassos devem-se a mim ou a fatores externos?* (2) *voltarão a ocorrer ou não?* (3) *repetir-se-ão ou não noutras situações?* As pessoas mais otimistas atribuem os fracassos a fatores externos (não a elas próprias), temporários («o facto de ter sido mal sucedido hoje não me impede de ser bem sucedido amanhã») e situacionais («aconteceu-me nesta situação, mas não tem de ocorrer noutras»). E atribuem os eventos positivos a fatores internos (as suas próprias capacidades e recursos), permanentes («sou capaz de repetir os meus sucessos») e recorrentes («serei bem sucedido também noutras situações»).

Por conseguinte, os otimistas creditam os sucessos a si próprios, distanciam-se psicologicamente de eventos negativos, nutrindo-se assim de auto-estima e entusiasmo. Ao atribuírem os sucessos a si próprios, acreditam que podem continuar a obter sucessos se aplicarem devidamente as suas energias na prossecução de objetivos. Os otimistas são também menos propensos à depressão, à autoculpabilização e ao desespero. Estabelecem melhores relacionamentos interpessoais e obtêm maior apoio social. Experimentam mais emoções positivas, são mais felizes, perseveram perante as dificuldades e obstáculos, lidam melhor com situações stressantes, e procuram vias criativas de resolução de problemas e aproveitamento de oportunidades. Adotam estilos de vida mais saudáveis, revelam melhores níveis de saúde e têm vidas mais longas. São mais bem sucedidos no trabalho, nas atividades desportivas e na vida académica. Um trabalho clássico levado a cabo por Martin Seligman em meados dos anos 1980, na Metropolitan Life Insurance, mostrou que os otimistas eram melhores vendedores. Com base neste e noutros resultados, a empresa passou a integrar o otimismo nos seus critérios de seleção.

Os pessimistas adotam uma postura simétrica dos otimistas. Atribuem os fracassos a si próprios («sou realmente um líder incapaz de motivar as minhas equipas») e consideram que eles se repetirão futuramente («voltarei a fracassar nas minhas funções de chefia»), inclusive noutras situações («qualquer que seja a empresa ou a minha equipa, os meus colaboradores não se deixarão entusiasmar pela minha ação»). E atribuem os êxitos a fatores externos, considerando que o sucesso não se repetirá nessa nem noutras situações. Por conseguinte, os pessimistas tendem a ruminar sobre os fracassos e a vertente negativa da vida, perdendo estímulo para lidar com a adversidade e buscar o sucesso. Ao considerarem que os sucessos se devem a fatores externos, é pouco provável que desenvolvam esforços para serem bem sucedidos. Sofrem de mais problemas de saúde, recuperam mais dificilmente da doença e vivem menos tempo.

A IMPORTÂNCIA DO OTIMISMO DOS LÍDERES

O exposto seria suficiente para se compreender a importância do otimismo dos líderes. Mas alguns argumentos adicionais ajudam a compreender por que os líderes otimistas estão mais capacitados para influenciar positivamente os seus liderados e obter melhores resultados das suas equipas. Sendo otimistas, os líderes contagiam e promovem o otimismo dos seus colaboradores – com todas as consequências positivas antes referidas. As emoções positivas dos líderes otimistas também contagiam as emoções dos colaboradores, tornando estes mais resilientes, autoconfiantes, persistentes e criativos. Este contágio fomenta a qualidade dos relacionamentos no seio das equipas, tornando os seus membros mais cooperativos e capazes de lidarem com obstáculos e oportunidades. Líderes otimistas encorajam os liderados a prosseguirem na busca de soluções para os problemas e o aproveitamento das oportunidades. Ajudam-nos também a verem oportunidades onde outros identificam problemas e obstáculos.

A VIRTUDE ESTÁ NO MEIO

Em tempo de adversidade e crise, o otimismo (que importa que seja realista, como adiante se discutirá) pode ser uma arma importante para apontar possíveis caminhos de saída. David Noer, autor, professor e membro do The Center for Creative Leadership, considerou o otimismo realista como uma competência crucial da liderança em tempos críticos, chamando a sua atenção para o quanto ele pode criar energias positivas em momentos de *downsizing*:

Os empregados saudáveis não são apenas consumidores do otimismo realista do seus líderes. O otimismo realista não é uma bazófia barata que desvaloriza a seriedade da crise económica e da insegurança no emprego. O otimismo realista implica segurar uma lanterna que ilumina a possibilidade de a organização, através do foco no cliente e do trabalho sério, sobreviver e mesmo prosperar.

John Gardner, ex-secretário de estado dos EUA, num artigo publicado em 1990 na *Futurist*, escreveu:

Os líderes devem ajudar as pessoas a acreditar que podem ser eficazes, que os seus objetivos podem ser realizados, que existe um melhor futuro que pode ser alcançado através dos seus esforços. (…) Naturalmente (…), não basta que os gestores empresariais advoguem atitudes positivas; é também necessário que corrijam as condições no ambiente de trabalho que fazem os trabalhadores sentirem-se desesperadamente frustrados. É difícil [aos trabalhadores] terem sentido de responsabilidade se se sentirem totalmente sem poder e desligados dos eventos.

PROMOVENDO O OTIMISMO

Alguns indivíduos são naturalmente mais *predispostos* para o otimismo do que outros. Essa boa fortuna não é, todavia, inacessível à generalidade das pessoas. De facto, o otimismo pode ser aprendido e praticado. Isso significa que os líderes podem desenvolver o seu próprio nível de otimismo e

LIDERANÇA

o dos liderados. Se o leitor pretende desenvolver o seu otimismo, proceda do seguinte modo:

- Dentro do possível, evite ambientes negativos. Procure a companhia de otimistas e evite os *queixosos* crónicos.
- Evite *chorar sobre leite derramado*. Aprenda a reenquadrar e a aceitar os insucessos passados, conceda a si próprio o benefício da dúvida e esqueça erros que, de modo algum, podem ser minorados ou apagados. Perante fracassos, identifique o que pode mudar e atue proativamente. Ignore o que não pode mudar.
- Aprecie o presente, desenvolva a gratidão (veja capítulo 8) e a alegria com os aspetos positivos da vida (veja capítulo 10).
- Procure celebrar as suas forças e os seus sucessos – tanto ou mais do que. tentar corrigir as suas fraquezas.
- Veja o lado positivo das coisas, mesmo das mais adversas. Quando o copo está meio vazio, está também meio cheio!
- Um erro pode ser um excelente modo de se aprender a melhorar, aumentando as possibilidades de se ser bem sucedido no futuro. Um erro cometido não pode ser apagado – mas aprender com ele pode ser um excelente modo de progredir. Aprenda com os erros, em vez de ficar *prostrado*!
- Focalize-se no exterior de si próprio, naquilo que verdadeiramente ama e gosta de fazer.
- Procure o seu bem-estar emocional. Cultive bons relacionamentos interpessoais, no trabalho, entre amigos e no seio da sua família. Divirta-se.

Como líder, procure também criar uma cultura de otimismo no seio das suas equipas. Evite que se *chore sobre leite derramado*. Transmita a convição de que o futuro é repleto de oportunidades que podem ajudar os indivíduos a desenvolverem-se. Naturalmente, importa que fomente o otimismo *realista* – e não o que simplesmente descarta todo o tipo de responsabilidades pessoais por erros cometidos. Para o efeito, ajude os colaboradores a desenvolverem abordagens flexíveis, conciliando o otimismo com o necessário *pessimismo realista*.

Suponha o leitor que um seu colaborador fracassou na tentativa de venda de um serviço de elevado montante a um potencial cliente. Na verdade, o colaborador tem grande potencial e gabarito. E as razões pelas quais o cliente declinou a proposta resultam de diversos fatores. Infelizmente, o seu colaborador é pessimista – estando desolado com o desenlace do processo e tomando-se como um vendedor fracassado. Uma maneira de enfrentar o problema pode passar pelas seguintes ações:

- Mostre ao colaborador que diversos fatores externos estão na origem do comportamento do cliente. Por exemplo, mostre-lhe que os concorrentes são comercialmente muito agressivos e têm produtos que, eventualmente, satisfazem melhor a necessidade do cliente.
- Chame a atenção do seu colaborador para eventos passados em que ele foi muito bem sucedido, tendo conseguido vendas de elevado montante com cliente difíceis.
- Ajude-o a compreender que os seus (dele) talentos são cruciais para que tentativas de venda futuras sejam bem sucedidas.

ABCDE

Uma boa maneira de desenvolver o otimismo consiste em adotar a abordagem ABCDE, sugerida por Seligman. Trata-se de um acrónimo derivado das palavras *Adversity, Belief, Consequence, Disputation, and Energise*, que pode ajudar a enfrentar pensamentos e condutas pessimistas. A lógica subjacente é a seguinte:

- *Adversity*. Quando enfrentamos uma adversidade, formamos pensamentos.
- *Belief*. Esses pensamentos dão origem a crenças sobre as causas dessa adversidade, podendo nós atribuir as causas a nós próprios e/ou a outros fatores.
- *Consequence*. Essas crenças têm consequências no modo como lidamos com a matéria, podendo deixar-nos prostrados ou, em alternativa, proativos.
- *Disputation*. Importa que debatamos, discutamos e reflitamos sobre o rigor e o realismo dos nossos pensamentos e crenças, de modo a formarmos entendimentos mais realistas sobre a matéria.
- *Energise*. Após reflexão e análise mais realista, importa que desenvolvamos planos de ação que nos tornem menos pessimistas e catastrofistas.

LIDERANÇA

O processo de intervenção funciona da seguinte maneira, podendo ser usado pelo leitor na sua pessoa ou nos seus colaboradores:

- *Adversidade.* Podemos ver uma contrariedade como um *problema* ou como uma oportunidade. Ajude o seu colaborador (ou a si próprio) a compreender a natureza da adversidade e a encará-la de um modo construtivo e como uma oportunidade.
- *Crenças.* Os eventos adversos suscitam crenças sobre as razões da sua ocorrência. Podemos *culpar-nos* a nós próprios ou, alternativamente, compreender que outros fatores estão na origem do problema. Ajude o colaborador (ou a si próprio) a compreender as *crenças* que a adversidade gerou e a refletir sobre se essas crenças têm ou não correspondência com a realidade dos factos.
- *Consequências.* As crenças sobre os factos ocorridos (não os factos em si) têm consequências no modo como lidamos com a adversidade. Se nos auto-culpabilizamos indevidamente, acabamos por minar a nossa autoestima, sofremos inutilmente e poderemos esmorecer. Diferentemente, se fazemos uma avaliação mais realista do problema, então os nossos planos de ação serão mais realistas e apropriados. Ajude o colaborador (ou a si próprio) a compreender que são os pensamentos (não os factos) que originam as crenças, e que diferentes crenças terão diferentes consequências na conduta posterior.
- *Disputa/debate.* Importa debater, pensar, discutir e refletir sobre se os pensamentos negativos acerca do evento aderem à realidade. Procure, ou ajude o seu colaborador a encontrar, evidência factual sobre o ocorrido. Identifique, ou auxilie o colaborador a identificar, as diferentes causas que geraram o fracasso. Compreenda, ou ajude o colaborador a compreender que, mesmo que a crença seja correta («sou o responsável pelo fracasso»), é conveniente remover a carga catastrofista da ocorrência e prosseguir na senda das soluções.
- *Energização.* Após reflexão, importa agir. Depois de encarar (ou de ajudar o colaborador a encarar) o problema de modo mais realista, importa definir um plano de ação.

Suponha o leitor que, como líder, está a ajudar um seu colaborador, também ele líder de uma equipa, a vencer o pessimismo e a tornar-se mais otimista. Uma das adversidades provém do facto de esse seu colaborador ter dificuldade em conduzir reuniões eficazmente. O processo ABCDE conducente à melhoria do otimismo decorre do seguinte modo:

- «As reuniões que conduzo funcionam mal».
- «Por regra, considero que isso se deve ao facto de os meus colaboradores não me respeitarem».
- «Consequentemente, fico emocionalmente tenso e não consigo gerir devidamente as reuniões».
- «Pode, todavia, haver outras razões para o fraco funcionamento das reuniões. É possível, por exemplo, que as pessoas se sintam amarguradas e receosas de despedimento. É igualmente possível que o anterior líder, bastante autocrático e abrasivo, tenha deixado marcas na equipa – pelo que esta (ainda) não acredita nas minhas boas intenções».
- «Pensando assim, consigo ver maneiras de lidar com o assunto. Preciso de compreender o que efetivamente ocorre e atuar em conformidade, em vez de me sentir impotente para lidar com o problema e continuar de braços cruzados».

O EFEITO POLLYANNA – E O RISCO DE O ELIXIR SE TORNAR TÓXICO

O otimismo não é necessariamente vantajoso em todas as circunstâncias. Em determinados tipos de organizações (*e.g.*, centrais nucleares; porta-aviões em contexto de guerra; quebra acentuada e abrupta das vendas), uma dose apropriada de pessimismo pode ajudar a enfrentar mais realisticamente os riscos e a desenvolver linhas de ação mais apropriadas. Pense o leitor no que pode ocorrer se o responsável por uma central nuclear for de tal modo otimista que negligencia os potenciais efeitos perversos de um *tsunami* sobre os reatores!

Consequências perversas podem também emergir como resultado do denominado efeito Pollyanna, uma síndrome caracterizada pelo otimismo inveterado e, naturalmente, ingénuo. *Pollyanna* é o título de um romance de Eleanor Porter, publicado em 1913, um clássico da literatura infanto-juvenil. A protagonista, Pollyanna Whittier, é uma jovem órfã cuja filosofia de vida é centrada no *Jogo do Contente*, uma atitude otimista que aprendeu com o pai. O jogo consiste em encontrar algo para se estar feliz, qualquer que seja a situação, por mais dramática que seja.

Na vida *real*, o efeito Pollyanna pode conduzir à ilusão e negação da realidade, gerar uma atitude displicente ou desleixada e suscitar consequências nocivas. Desvalorizar o pensamento crítico não é uma boa maneira de tomar decisões em contextos complexos e problemáticos. Líderes excessivamente otimistas podem negligenciar os riscos inerentes a uma dada adversidade (*e.g.*, perda de um grande cliente; falência de um fornecedor importante) e, assim, responder com atraso ou displicência. Podem ainda negligenciar as manobras competitivas dos concorrentes. Podem *matar o mensageiro da má notícia* e, assim, persistir no erro ou numa estratégia errada. O *deslumbramento* com a positividade não é bom conselheiro.

Mesmo ao nível estritamente individual, o excesso de otimismo pode ser altamente nocivo. Por exemplo, alguns indivíduos são de tal modo otimistas que descuram os efeitos perversos dos seus hábitos (*e.g.*, sedentarismo; alimentação) para a saúde. Um otimista inveterado *não adoece* – porquê, então, consultar o médico? Um líder inebriado com otimismo *não fracassa*, apenas lida com oportunidades – porquê, então, preocupar-se com a realidade? Pense o leitor nas consequências adversas que o país, a Europa e os EUA sofreram com leituras e previsões político-económicas excessivamente otimistas acerca da situação económica. Pense em como os avisos sobre os riscos do *sub-prime* foram subestimados – e na torrente de negatividade que daí jorrou!

O exposto ajuda a compreender que a atitude mais apropriada na vida e na liderança é, porventura, o otimismo *realista*. Susan Webber, consultora, escreveu num artigo intitulado *The dark side of optimism*:

> As organizações com uma perspetiva baseada no realismo têm uma visão apurada dos problemas, e quando os encontram, atacam-nos com uma perseverança quase compulsiva. Todavia, tendemos a não reconhecer este realismo porque colide com a visão romântica que temos da liderança. É muito mais interessante para um CEO ver-se – e o público vê-lo – como um moderno protagonista de uma jornada heroica do que como um executivo que leva a cabo a mundana e ingrata tarefa de tornar uma grande empresa mais eficaz.

Em jeito de mensagem final, alertou:

Embora o elixir do otimismo possa ajudar-nos a passar o dia, é tóxico para as empresas se for tomado em excesso.

Também John Gardner, já antes citado (capítulo 4), argumentou que uma civilização alcança grandeza quando algo acontece nas mentes humanas, devendo os líderes políticos (e os cidadãos) combinar o otimismo com o realismo *maduro* para que os ambiciosos desígnios sejam alcançados. Eis o seu ponto de vista:

No cerne da motivação e moral sustentáveis estão dois ingredientes que parecem algo contraditórios: por um lado, atitudes positivas perante o futuro e perante o que cada um pode alcançar através dos seus atos; por outro lado, o reconhecimento de que a vida não é fácil e que nada é seguro.

Seligman também chamou a atenção para a necessidade do otimismo *flexível*. Desse ponto de vista, importa que os líderes aprendam a interpretar a natureza das situações e a identificar as que requerem uma abordagem otimista e as que recomendam uma postura pessimista. Por vezes, é necessário ser otimista e positivo, noutras é recomendável ser mais cético.

Em suma: tal como é referido a propósito das outras qualidades de liderança abordadas neste livro, *a virtude está no meio*. Pelo exposto também se compreende que o otimismo necessita da companhia de outras virtudes – como a autoconfiança, a perseverança, a paixão/vocação, a coragem e a vitalidade. A prudência, a temperança e a humildade são também ingredientes cruciais para conferir realismo ao otimismo. O otimista irrealista desvaloriza um pequeno *foco de incêndio* – e prossegue com negligência. O pessimista irrealista vê grandes *incêndios* por trás de cada *fósforo*. O otimista realista usa da prudência, da temperança e da humildade para prestar atenção ao foco de *incêndio*, manter-se atento e atuar em conformidade.

LIDERANÇA

AUTOAVALIAÇÃO
Questionário de otimismo

Perguntas que merecem resposta afirmativa	S/N
• Perante as adversidades, tenho a tendência para ver o copo meio cheio, e não meio vazio?	
• Quando as coisas estão incertas para mim, habitualmente espero o melhor?	
• Procuro olhar sempre para o lado positivo das coisas?	
• Sou otimista acerca do que me acontecerá no futuro?	
• Atuo no pressuposto de que, por trás de cada contratempo, há sempre algo positivo?	
• Um dos lemas da minha vida é: *depois da tempestade, vem a bonança?*	
• Acredito que, com *garra* e esforço, serei capaz de ser bem sucedido/a?	
• Em situações difíceis, espero sempre o melhor?	

Perguntas que merecem resposta negativa	S/N
• Normalmente, em ambientes de incerteza, espero o pior?	
• As coisas nunca me correm como eu gostaria?	
• Considero que é melhor não criar grandes expectativas, para não sofrer desilusões?	
• Acredito muito pouco na bondade da natureza humana?	
• Um dos lemas da minha vida é: *depois da bonança, vem sempre a tempestade?*	
• Raramente espero que boas coisas me aconteçam?	
• Normalmente, se algo de mau tem de acontecer, é a mim que acontece?	

Perguntas que também merecem resposta negativa	S/N
• Sou tão otimista acerca do futuro que, por vezes, subestimo os riscos das minhas decisões?	
• Mesmo quando o copo está *completamente* vazio, prefiro pensar que está meio cheio?	
• Acredito de tal maneira num futuro positivo que *cruzo os braços* esperando que coisas boas aconteçam?	
• Acredito que muitas coisas boas na vida me acontecerão, independentemente do que eu fizer?	
• Sou de tal modo otimista que a maior parte das pessoas que me conhecem diz que eu sou irrealista?	

CAPÍTULO 5

VITALIDADE:
MENS SANA IN CORPORE SANO

> «Lamento dizê-lo, mas [o cansaço] parece ser a norma entre os executivos atuais no nosso mundo movimentado, pelo que se pode falar de uma "epidemia de baixa vitalidade".»
>
> Cannon (2011, p. 307).

> «A frase do poeta romano Juvenal, "Mens sana in corpore sano", que, em português, se traduz por "Mente sã em corpo são", é o corolário dos benefícios do exercício físico: ajuda o corpo e revitaliza a mente.»
>
> Artur Santos Silva, líder do BPI, na revista *Health & Wellness*, março de 2008.

O VIGOR DEFRONTE OS DESAFIOS

BELMIRO DE AZEVEDO É RECONHECIDO POR, entre outras idiossincrasias, ter *obrigado* deputados a levantarem-se cedo. A revista *Health & Wellness*, em abril de 2008, dava conta de que o empresário se mantém ativo cerca de 14 horas por dia, dessa atividade fazendo parte o exercício físico:

O relógio marca as oito da manhã. Ao jeito de uma pontualidade britânica, Belmiro de Azevedo surge, invariavelmente, a esta mesma hora nos ginásios Solinca – propriedade da Sonae – para mais um treino matinal de squash: um dos seus desportos de predileção. (…) Nem mesmo os 70 anos, que completou recentemente, interrompem a vontade de manter o corpo cem por cento ativo.

LIDERANÇA

Com uma forma física invejável, Belmiro de Azevedo acredita que o exercício lhe dá «maior disponibilidade intelectual». Por isso, de segunda a sexta, antes das audiências de trabalho e de enfrentar as difíceis decisões dentro do império Sonae, o empresário dedica, religiosamente, cerca de hora e meia ao exercício físico: um compromisso diário que assume com a sua agenda.

Na mesma revista, em março de 2008, Artur Santos Silva, líder do BPI, afirmava:

Três dias por semana, entre as 7h30 e as 8h30, faço ginástica de manutenção e circuito de máquinas. Duas a três vezes por semana, jogo ténis com um excelente professor, José Vilela, que, na década de 70, foi campeão de Portugal durante cinco anos consecutivos e, entre 1993 e 2004, selecionador nacional da nossa equipa principal.

António Bernardo, vice-CEO da consultora Roland Berger, referiu à revista *Exame*, em janeiro de 2010, que despendia 40% do seu tempo em Madrid, o mesmo em Portugal, e que se deslocava a Milão ou Roma a cada duas semanas, e a São Paulo de seis em seis. Acrescentou que nunca trabalha, por norma, menos de 14 horas por dia. À mesma revista, Cláudia Goya, diretora-geral da Microsoft em Portugal, mãe de três filhos, afirmava que a componente física é crucial na vida de um líder, não dispensando ela própria o exercício físico todas as manhãs.

Estamos, pois, perante a enorme relevância da vitalidade para a eficácia dos líderes, que são confrontados com numerosas horas de trabalho, a necessidade de viajar regularmente e desafios stressantes permanentes. O ex-CEO da Pfizer, Jeffrey Kindler, resignou em dezembro de 2010, argumentando sentir-se fatigado. John Ivancevich, professor da Universidade de Houston, num simpósio patrocinado pelo Banco Mundial sobre o stresse das viagens (abril de 2000), relatou a história de um executivo a quem a Delta Airlines agraciou por ser cliente há cerca de 15 anos. Na realidade, porém, o executivo encetara as viagens 20 anos antes. Nesta *carreira* de 35 anos, presume-se que tenha percorrido aproximadamente 26 milhões de quilómetros.

Alguns líderes ficam desvitalizados perante os desafios, as exigências e as dificuldades. Outros respondem com vitalidade e grande energia. E outros, mesmo desprovidos de condições de saúde objetivas, procuram irradiar vitalidade para os seus interlocutores. O ex-presidente norte-americano John Kennedy padeceu de enormes problemas de saúde, desde jovem, ficando por vezes incapacitado de trabalhar. David Owen, médico e antigo ministro do Reino Unido, explica o caso de forma detalhada, na obra *Na doença e no poder: Os problemas de saúde dos grandes estadistas nos últimos cem anos*. Foi a resiliência que permitiu a Kennedy lidar com a adversidade. E foi a boa gestão da sua imagem que lhe permitiu veicular a ideia de alguém corajoso e vital para enfrentar os desafios dos EUA. A vitalidade é contagiante, tornando os liderados mais vitalizados. Pode atuar como fonte ou facilitador de outra virtude: a perseverança e determinação.

ENERGIA VIRTUOSA

A vitalidade, como virtude e força do caráter, envolve entusiasmo, gosto, vigor e energia. As pessoas vitalizadas tendem a ser vivazes e animadas por um sentido de bem-estar, prazer e alegria que contagia os outros. As desvitalizadas revelam regularmente fadiga, experimentam níveis superiores de stresse e ansiedade, padecem de insónias, têm dificuldade em desenvolver relacionamentos interpessoais positivos, sentem-se física e emocionalmente tensas, e podem viver insatisfeitas com o modo como (não) conseguem equilibrar as facetas pessoal, profissional, familiar e social das suas vidas. Tanto a vitalidade como a letargia podem ser características das equipas e das organizações, para elas podendo contribuir a vitalidade ou a letargia dos seus líderes. O leitor conhecerá, provavelmente, equipas e organizações vitalizadas, e outras letárgicas e debilitadas!

Líderes vitalizados revelam enorme energia e *garra* para lidar e vencer os desafios constantes. Raramente se sentem fatigados. Denotam elevado vigor físico e mental. Nutridos por essa energia, contagiam as outras pessoas, levando-as a abraçar desafios exigentes e mantendo-as focalizadas no alcance dos objetivos. Contagiam clientes, fornecedores, a comunidade e os parceiros. Comunicando com entusiasmo, tornam as suas mensagens mais apelativas e mobilizadoras. Produzem a energia mental e emocional agregadora que permite às equipas manterem-se coesas em momentos críticos e frustrantes.

Líderes dotados de vitalidade e energia enfrentam proativamente a grande quantidade de informação que necessitam de processar. Encaram as viagens, o *jet leg* e as longas horas de trabalho como desafios e oportunidades, mais do que como problemas. São mais aptos a lidar eficazmente com crises organizacionais, tenham elas origem interna ou externa. Foi esta força vital que, em grande medida, permitiu a Anne Mulcahy salvar a Xerox do descalabro e restaurá-la com galhardia e sucesso. Não se resignou, trabalhou incessantemente, visitou empregados em todo o mundo, resistiu a declarar a falência da empresa, e não se tolheu perante a necessidade de transmitir más notícias e tomar decisões difíceis como o encerramento de negócios.

A vitalidade ajuda ainda os líderes a enfrentarem corajosamente dilemas éticos e diferenças culturais – atributos especialmente relevantes em empresas com operações internacionais. Ajuda-os também a gerirem mais apropriadamente o equilíbrio trabalho-família. Sem esse equilíbrio, a qualidade da vida familiar pode ficar hipotecada e, em consequência, prejudicar a função profissional, dando origem a espirais de negatividade, em que os efeitos se reforçam mutuamente. Líderes desvitalizados são também mais propensos a experimentar problemas de saúde física e mental, a empenhar--se menos no trabalho e a tomar decisões mais pobres ou emocionalmente irracionais. A relação com os liderados também tende a ser de pior qualidade, o que pode ferir relações de confiança e cooperação.

Líderes vitalizados são também mais aptos a resistir aos ataques dos oponentes. Jeffrey Pfeffer, professor em Stanford e mundialmente conhecido como especialista em matéria de poder na liderança e nas organizações, argumentou:

> Se se sente cansado ou esgotado e detém uma posição de poder substancial, é melhor sair. Há outros dispostos a lutar para ocupar a sua posição. Com energia e vigilância diminuídas, não será capaz de resistir.

NUTRINDO A VITALIDADE

A vitalidade depende, em medida considerável, de aspetos que estão fora de controlo dos líderes. Depende, também, do modo como neles se formam espirais positivas ou negativas. Por exemplo, problemas graves de saúde são desvitalizantes. Mas a vitalidade ajuda a recuperar a saúde. Climas organizacionais paranoicos e/ou tóxicos (venha a toxicidade da poluição do ar, de ruídos sonoros ou dos relacionamentos interpessoais) também podem ser debilitantes. Mas a vitalidade de um líder pode ajudar a vencer essa toxicidade.

As condutas preventivas e proativas que podem contribuir para manter e desenvolver a vitalidade situam-se em vários planos da vida. Eis algumas sugestões:

- Procure realizar trabalho com significado, que seja útil para outras pessoas, a comunidade e a sociedade. Motivações exclusivamente focadas no enriquecimento material tendem a não ser suficientes para manter e desenvolver a vitalidade durante muito tempo.
- Desenvolva relações de trabalho positivas (cultivando as boas relações e evitando as más). Desenvolva e alimente também relacionamentos interpessoais positivos fora do trabalho.
- Sem ser hipocondríaco, cuide da sua saúde.
- Descanse devidamente.
- Pratique exercício físico regular.
- Não fume.
- Alimente-se corretamente.
- Encontre tempo para ler, refletir e passear.
- Faça pausas no trabalho ao longo do dia.
- Caminhe sempre que puder.
- Evite o excesso de cafeína.
- Tome contacto com a natureza.
- Oiça música.
- Mantenha um sensato equilíbrio entre a vida profissional e a familiar.

Uma nota cautelar final: estratégias comuns de revitalização, como mudar de tarefa ou *surfar* na Internet por uns momentos não parecem ter efeitos de revitalização significativos!

LIDERANÇA

EVITANDO EXTREMOS

A vitalidade deixa de ser uma virtude essencial ao bem-estar e ao desenvolvimento pessoal quando se torna excessivamente frenética. Líderes *excessivamente* vitalizados podem tornar-se irrequietos e *insuportáveis* na relação com os outros, inclusive os colaboradores. Podem envolver-se numa quantidade excessiva de projetos e investimentos, perdendo foco e capacidade de concentração, daí advindo decisões de menor qualidade. Podem, mesmo, transformar-se em *workaholics* extremos, negligenciado a saúde e o equilíbrio trabalho-família. Ao usarem excessivos recursos mentais, físicos, psicológicos e emocionais na prossecução dos seus ímpetos enérgicos, incorrem no risco de ficar ... desvitalizados. William Taylor, cofundador e editor da revista *Fast Company*, descreveu assim a agenda diária de um executivo, tal como relatada pelo respetivo *coach*:

Não tinha qualquer intervalo nos sete dias da semana, nem mesmo aos sábados e domingos. (…) Ia a todo o lado no seu jato privado. Poderia ir a nove cidades num período de vinte e quatro horas. Era obsceno! Não há qualquer possibilidade de esta pessoa ter capacidade para processar o que está a fazer.

Segundo Taylor, para lidar com esta atividade frenética, é necessário que os líderes pratiquem o que denominou *humbição* – a combinação de humildade com ambição (veja capítulo 15). Em suma: é necessário que os líderes atuem com equilíbrio, combinando vigor com contenção, força com descanso, entusiasmo com serenidade. Por conseguinte, importa que combinem a vitalidade com outras virtudes como a prudência, a humildade, a temperança, a humanidade e a inteligência emocional.

AUTOAVALIAÇÃO
Questionário da vitalidade

Perguntas que merecem resposta afirmativa	S/N
• Sinto-me vivo/a e cheio/a de energia?	
• Raramente me sinto fatigado/a?	
• Tenho forças *para dar e vender*?	
• Contagio com entusiasmo as pessoas em meu redor?	
• Pela manhã, levanto-me com energia e vontade de trabalhar?	
• Faço exercício físico regular, sem excessos?	
• Sou cuidadoso/a no modo como me alimento?	
• Tomo contacto com a natureza?	
• Tenho bons relacionamentos interpessoais?	
• Sinto-me apaixonado pelo que faço?	
• Quando me levanto, encaro cada dia com prazer?	
Perguntas que merecem resposta negativa	**S/N**
• Durmo mal?	
• Sinto-me frequentemente cansado/a?	
• Custa-me levantar da cama, pela manhã?	
• Alimento-me indevidamente?	
• Fumo?	
• Sinto-me frequentemente com pouca energia?	
• Mesmo quando posso caminhar, uso o elevador?	
• Sinto desprazer no trabalho?	
• Os meus relacionamentos interpessoais são, em geral, escassos ou pobres?	

Perguntas que também merecem resposta negativa	S/N
O excesso de energia leva-me a aplicar esforços numa quantidade excessiva de projetos?	
Sou viciado/a em trabalho?	
A minha vitalidade torna-me excessivamente exigente com as pessoas que me rodeiam?	
Sou frequentemente irrequieto/a ou impaciente, criando desconforto nos meus colaboradores?	
Deveria descansar mais?	
As pessoas que me são mais próximas dizem-me que, se continuar com o mesmo ímpeto dos últimos tempos, acabarei por ter problemas de saúde?	

PARTE II
EU, APAIXONADO

CAPÍTULO 6

VOCAÇÃO E PAIXÃO: ENERGIAS POSITIVAS QUE MOBILIZAM O ENTUSIASMO

«A paixão é uma enorme força motriz da liderança. Se não amamos o que fazemos, não podemos liderar os outros.»

Sukin (2009, p. 3).

«Mesmo os economistas mais ineptos têm reconhecido que emoções como a raiva e o amor desempenham um papel chave nas descrições convencionais do comportamento humano. Alguns deles também reconhecem que (…) muita gente das empresas que fala obsessivamente acerca do lucro é menos bem sucedida na produção de lucro do que as pessoas que fazem profissão de amor pelo seu negócio.»

Kay (2011, p. 156).

«Não há uma fórmula mágica para bem gerir. Há antes muita dedicação e paixão por aquilo que se faz: 10% de inspiração e 90% de transpiração, dizem os mais propensos aos números.»

Cláudia Goya, Diretora-geral da Microsoft Portugal
(revista *Exame*, julho de 2011, p. 35).

LIDERANÇA

UMA PODEROSA FORÇA MOTRIZ

Emprego, carreira, ou vocação – cada um de nós tende a trabalhar por uma destas razões. Trabalhar por vocação é um privilégio para o próprio – mas também para os colegas e outros interlocutores. Quão agradável é ser cliente de um funcionário apaixonado pelo que faz? Quão gratificante é assistir a aulas de um docente ou formador com vocação? Quanta paixão existe no trabalho de Cristiano Ronaldo, Messi, Pelé ou Maradona?

Algo do mesmo teor ocorre com os líderes, cuja paixão é uma espécie de *software* da sua capacidade mobilizadora. Alguém duvida da energia que mobiliza a ação de Mourinho ou Villas-Boas? Sabia o leitor que Villas-Boas emergiu como um apaixonado pelo futebol ainda adolescente? Que foi essa paixão que o levou a meter conversa com Bobby Robson – e que este mentor o ajudou a aprofundar o caminho da vocação futebolística? O leitor tem dúvidas da vocação e da paixão que mobilizaram Nelson Mandela na sua luta contra o *apartheid* e no seu afã de construção de uma África do Sul pacífica, civilizada e respeitadora?

Veja como Mafalda Anjos, no *Expresso Única* (3 de setembro de 2011), descreveu a *vocação e a paixão* precoces do multimilionário Warren Buffett. Para além de ser o terceiro homem mais rico do mundo, Buffett foi descrito como «um homem simples», «nascido para amealhar», «caçador de pechinchas» e um «Tio Patinhas filantropo»:

No natal de 1937, os Buffett decidiram tirar uma fotografia de família com os três filhos. Sugeriram que cada criança pegasse no seu brinquedo favorito. Bertie, a mais nova, correu para a boneca de trapos. Doris, a mais velha, optou pela boneca de caracóis. Warren, o filho do meio, nem parou para pensar: foi imediatamente buscar o seu mealheiro, uma velha caixa de trocos banhada a prata oferecida pela tia Alice. Aos sete anos, era este o seu objeto favorito, e já nesta altura o dinheiro era para ele o bem mais precioso, e amealhá-lo o passatempo predilecto. A vontade de ser rico – muito rico – vinha inscrita nos genes de Warren Buffett. Olhando para trás, parece que seria impossível que ele escapasse a este mais do que provável destino. Não foi, pois, com estranheza que todos ouviram a declaração do rapaz. Aos 10 anos, sentado no degrau da casa de um amigo, Warren anunciou ao mundo com convicção que quando chegasse aos 35 anos seria milionário. (…) Aos 32 anos, Warren Buffett já era milionário.

A paixão (acompanhada de perseverança e outras qualidades) foi um energizador crucial de outras personalidades empresariais renomadas. O que impeliu Bill Gates a abandonar os estudos superiores para edificar a Microsoft? Como se compreende o percurso e o sucesso de Steve Jobs ao leme da Apple – a cuja *paixão* o *New York Times* aludiu em artigo publicado em 15 de janeiro de 2008. Sabia o leitor que o sucesso do Cirque du Soleil se explica, em grande medida, pela *louca* paixão do seu fundador, Guy Laliberté? Que é a paixão dos seus artistas que suscita a paixão dos espetadores? Que é esta paixão que levou uma espetadora a afirmar que ficaria feliz se assistisse a um espetáculo do Cirque antes de falecer? Sabia que Fujio Nishida, presidente da Sony Europa, foi descrito como um líder emocionalmente inteligente que acredita *apaixonadamente* que o seu papel é deixar um legado empresarial de que os filhos e netos dos empregados da Sony tenham orgulho? Sabia que uma das razões pelas quais Lou Gerstner salvou a IBM foi a sua paixão pela empresa?

ENAMORAMENTO, ENTUSIASMO, PERSEVERANÇA E PROPÓSITO

A vocação gera paixão, e ambas geram perseverança (veja capítulo 1). Líderes com vocação tendem a enamorar-se da atividade que realizam. Entusiasmam-se com a prossecução dos objetivos. Perseveram perante os obstáculos. Dispõem-se a fazer sacrifícios quando necessário para prosseguir a paixão. São mobilizados por uma energia interior que os focaliza nos objetivos e os capacita para lidarem com reveses e adversidades. Empenham-se na excelência. São mais criativos. Procuram constantemente o desenvolvimento pessoal. Revelam uma curiosidade insaciável.

Toda esta energia contagia e galvaniza os seus interlocutores – incluindo colaboradores, clientes e outros *stakeholders*. A paixão, quando harmoniosa e não obsessiva, gera níveis superiores de saúde física e psicológica, maior satisfação com a vida, emoções mais positivas, maior vitalidade, maior concentração no trabalho e mais elevado desempenho.

A vocação e a paixão podem também estar na base de visões e missões organizacionais inovadoras. Anita Roddick, fundadora da Body Shop, é um exemplo ilustrativo, pelo menos a acreditar no modo como se exprimiu!

A paixão pelas práticas de culturas nativas tê-la-á levado a criar e desenvolver apaixonadamente uma empresa ambientalmente responsável, com uma visão focalizada em matérias ambientais e sociais, opondo-se aos testes de cosméticos em animais, às embalagens desnecessárias e ao comércio injusto. Eis como se expressou acerca da matéria, segundo texto publicado no *website* com o seu nome:

> Os negócios têm o poder de fazer o bem. É por isso que a declaração de missão da Body Shop abre com um lema primordial, «Dedicar o nosso negócio à prossecução da mudança social e ambiental». Usamos as nossas lojas e os nossos produtos para comunicar direitos humanos e assuntos ambientais.

Esta paixão revelava-se no modo como comunicava a missão da empresa. Eis um excerto de um seu discurso, descrito num artigo de Den Hartog e Verburg:

> O que fazemos bem na Body Shop é comunicar com paixão, dado que a paixão persuade. Também sabemos que (…) para educar e comunicar, é necessário ser ousado, alegre e diferente. Vamos para a estrada com as nossas mensagens; os nossos camiões são como painéis publicitários em movimento. Acredito na promoção dos nossos produtos através da cultura global e ligando-os a mensagens políticas e sociais. (…) Vemos qualquer espaço livre como uma oportunidade para criar uma atmosfera, transmitir uma mensagem, sublinhar um ponto. Permitam-me deixar-vos com uma mensagem favorita impressa numa T-shirt oferecida aos membros da organização: cabeça nas nuvens, pés no chão, coração no negócio.

Como é referido noutras partes deste livro, os críticos da fundadora da Body Shop traçam-lhe uma imagem menos elogiosa. Mas o facto de a líder ter feito questão em se apresentar como *apaixonada* pela empresa é revelador da importância desta *virtude*, tanto aos olhos dos líderes como dos liderados e dos clientes.

A VIRTUDE ESTÁ NO MEIO

NEM TUDO O QUE LUZ É OIRO

Liderar com paixão pode, em certas condições, ser uma via para o insucesso e um fator perturbador das boas decisões e do bom funcionamento das organizações. Líderes apaixonados podem fazer exigências irrealistas aos seus colaboradores, ou desvalorizar as respetivas ideias. Podem ficar de tal modo deslumbrados com as suas paixões que perdem realismo e se tornam imprudentes. Incorrem no risco de persistirem num curso de ação – quando uma réstia de razoabilidade exigiria mudar de rumo. Podem tornar-se doentiamente obsessivos, prejudicando assim outras facetas da sua vida, designadamente a familiar. Encantados pela nobreza dos seus objetivos, podem *pisar* injustamente quem se lhes opõe, mesmo quando a oposição é honesta e inteligente.

A paixão de Lee Kun Hee, presidente da Samsung, por automóveis impeliu-o a investir numa construtora, esperando produzir um milhão e meio de viaturas em 2010. Mas a escassez de prudência para prestar atenção à realidade do mercado e ao parecer dos analistas gerou enormes perdas (para si próprio e para a empresa) e provocou o abandono do negócio. A Intel demorou anos até compreender a necessidade de abandonar o negócio das memórias para enveredar pelo dos microprocessadores. O envolvimento emocional com o negócio outrora bem sucedido impedia a empresa de mudar de paradigma.

É por estes motivos que a paixão dos líderes deve ser, paradoxalmente, racional. Ferran Adrià, eleito o melhor *chef* do mundo diversas vezes, e indubitavelmente um líder na matéria, expressou-se do seguinte modo acerca da sua paixão pela cozinha, tal como referido pela revista *Única*, em 19 de fevereiro de 2011:

> Não sei porque amo a cozinha. Pergunto-me todos os dias porque faço o que faço. Sou cozinheiro porque gosto. Mas sem entrar em obsessões. Isso já é entrar na paixão como doença. E eu gosto de ser pragmático, frio – embora me agrade trabalhar com paixão.

Mourinho e Villas-Boas são friamente apaixonados pelo que fazem. Neles, há tanta razão na paixão quanta paixão na razão. Mandela foi profundamente apaixonado pela sua missão humanista, mas nunca perdeu a racionalidade que lhe permitiu ponderar as ações, compreender *friamente* os adversários, ignorar o acessório para ganhar o essencial, abraçar os carceireiros e adversários para alcançar a paixão da sua vida – uma África do Sul humanizada. Entre as suas lições de liderança, referidas por Stengel na revista *Time*, em 9 de julho de 2008, contam-se:

- Conheça o seu inimigo e aprenda acerca do seu desporto favorito.
- Mantenha os seus amigos por perto e os seus rivais ainda mais perto.
- As aparências contam – não se esqueça de sorrir.
- Nada é preto ou branco.
- Desistir e assumir a derrota com humildade também é liderar.

A VIRTUDE ESTÁ NO MEIO

A paixão é uma fonte de energia mobilizadora dos líderes e das suas equipas. Dinamiza o entusiasmo do líder e dos liderados, e confere sentido ao trabalho. Mas nem toda a paixão é virtuosa. A liderança *apaixonada*, para ser virtuosa, precisa da companhia de outras virtudes. Sem integridade, humanidade e justiça, a paixão de um líder pode dar origem a atropelos desumanos, injustos, desrespeitadores ou desonestos sobre os seus colaboradores e outros *stakeholders*. Sem temperança, a paixão pode também dar origem ao que Robert Sutton denomima de *assholes*:

Steve Jobs é famoso por afirmar que «a viagem é a recompensa». Todavia, para os meus gostos, por mais que eu admire os seus feitos, parece que ele tem ignorado o essencial da questão. Todos morremos, e apesar de todas as virtudes «racionais» que os imbecis possam apreciar, eu prefiro evitar passar os meus dias a trabalhar com idiotas malvados, e continuar a questionar-me sobre as razões pelas quais muitos de nós toleram, justificam e glorificam tanto comportamento degradante de tantas pessoas.

O excesso de paixão pode gerar decisões insensatas, perda de realismo e obsessão – gerando emoções negativas e descrença no seio das equipas. Por conseguinte, a lição é: seja apaixonado pelo que faz, mas use da razão que lhe permita manter uma paixão saudável. Não seja obsessivo nem perca o

controlo da sua paixão. Faça regularmente (*e.g.*, uma vez por mês) um auto-
-exame para verificar se o seu trabalho tem significado para a sua vida, se
é consistente com os seus valores e convicções. Pergunte-se: é esta a minha
vocação?

AUTOAVALIAÇÃO
Questionário de paixão

Perguntas que merecem resposta afirmativa	S/N
• Sou apaixonado/a pelo que faço?	
• Não me imagino a fazer outra coisa?	
• Por regra, sinto alegria no que faço?	
• Sou apaixonado/a pela minha equipa e empresa?	
• Crio condições (*e.g.*, de liberdade, partilha, aprendizagem mútua) para que as pessoas sintam paixão pelo trabalho que realizam?	
• Sinto-me energizado/a quando trabalho? A minha energia é vitalizadora para o trabalho e a vida dos outros?	
• As pessoas sentem-se apaixonadas pela minha visão?	
• Aprecio e reconheço o trabalho dos outros?	

Perguntas que merecem resposta negativa	S/N
• Frequentemente, sinto aborrecimento naquilo que faço?	
• Quando me levanto, penso no desconforto do trabalho que tenho a realizar durante o dia?	
• A visão que articulo para a minha equipa ou organização é apenas focalizada no dinheiro, não tendo significado para a vida das pessoas?	
• Seria mais feliz se realizasse outra atividade?	

Perguntas que também merecem resposta negativa	S/N
• Quando decido com paixão, por vezes perco a cabeça? Deixo-me encantar pelo entusiasmo dos meus colaboradores? Faço investimentos sem ter *os pés assentes na terra*?	
• A paixão faz-me perder a prudência?	
• Tenho dificuldade em libertar-me de investimentos pelos quais me apaixonei?	
• Deslumbro-me com o que tenho a fazer, perdendo, por vezes, realismo?	

CAPÍTULO 7

CURIOSIDADE E AMOR PELA APRENDIZAGEM: ENERGIZADORES DA DESCOBERTA E DA SABEDORIA

«É bem possível que tenha sido a curiosidade que matou o gato. Todavia, nos seres humanos, é uma qualidade altamente desejável. Sem ela, o progresso material abrandará e acabará por findar.»

Merritt (1925, p. 455).

UM CARBURANTE DA MENTE, DA CRIATIVIDADE E DA CAPACIDADE DECISÓRIA

IMAGINE O LEITOR QUE É DIRETOR de uma empresa farmacêutica. Um dia, a secretária responsável pelo registo de doentes que se voluntariam para testes abeira-se de si e diz-lhe: *tenho notado que alguns doentes apresentam uma inusitada boa-disposição*. O que faria o leitor? Quando os gestores da farmacêutica holandesa Organon Internacional foram confrontados com tal *informação*, não se limitaram a ser simpáticos com a referida colaboradora. Vigilantes, tomaram a deixa a peito. Vieram a descobrir que os referidos doentes estavam a ser testados com um medicamento *pretensamente* anti-histamínico (destinado a aliviar sintomas de manifestações alérgicas).

103

O medicamento revelou-se incapaz de lidar com alergias – mas a vigilância das lideranças da empresa permitiu-lhes transformar esse fracasso num eficaz e muito bem sucedido antidepressivo. Não fora a curiosidade da secretária e dos gestores da empresa, nutrida por um clima organizacional apropriado – e o pretenso anti-histamínico teria sido abandonado.

A curiosidade é o desejo de saber, ver e experimentar – dando origem a comportamentos exploradores do mundo em redor e das suas potencialidades e mistérios. A história da ciência desenrolou-se, fundamentalmente, sob o comando desta virtude. A curiosidade estimula o amor pela aprendizagem, conduz a níveis superiores de bem-estar e inteligência emocional, gera experiências de crescimento pessoal e satisfação com a vida, e pode estar na origem de mais elevado desempenho criativo. Estimula a descoberta de soluções para problemas e *puzzles* da vida organizacional. É um estímulo à descoberta e pode estar na base de importante inovação organizacional. A IDEO, empresa de design industrial, atenta neste atributo quando seleciona futuros colaboradores. Através de efeitos contagiosos, a curiosidade de uns pode suscitar a de outros, originando espirais positivas que transformam a curiosidade em atributo de uma equipa ou de toda a organização. A Toyota estimula/institucionaliza a curiosidade dos seus colaboradores através da técnica dos *cinco porquês*: «nunca deixe de perguntar ... porquê?»

LÍDERES CURIOSOS E AMANTES DA APRENDIZAGEM

Naturalmente, a curiosidade é também um atributo importante nos líderes. Oriet Gadiesh, presidente da Bain & Company, revelou vigorosa curiosidade e forte amor pela aprendizagem quando confessou:

Leio história, biografias, história militar. (...) Leio livros acerca de matemática e ciência. Leio filosofia. Sempre que viajo para um dado país, especialmente quando estou em férias, compro livros de autores locais – que me facultam uma perspetiva rica acerca do modo como os habitantes realmente sentem. Adoro teatro, adoro viajar. Sou curioso acerca de tudo (...). Uma das coisas que mais alegria me dá é a constante aprendizagem.

A VIRTUDE ESTÁ NO MEIO

É provável que tamanha curiosidade de Gadiesh tenha sido facilitada por experiências apoiantes vividas na escola – facto que ajuda a compreender como as lideranças podem desempenhar um papel crucial nas práticas de curiosidade dos seus colaboradores. Eis como Gadiesh se referiu ao seu professor exemplar:

> O nosso professor responsável, que todos adorávamos, escreveu [no meu caderno], «Orit, coloca sempre estas duas questões, depois a terceira e a quarta. Nunca deixes de ser curioso – e nunca desistas enquanto não encontrares as respostas». Ainda que eu já fosse curioso, o conselho cimentou o meu espírito criativo.

Steen Riisgaard, presidente e CEO da Novozymes (uma empresa dinamarquesa, líder mundial em enzimas industriais), foi descrito deste modo:

> Transpira uma curiosidade eclética, o que reflete o seu *background* como investigador em biologia, e viaja frequentemente fora da Dinamarca – seja para recolher amostras de porcelanas de antigas casas de chá na China, estudar os últimos micróbios da Amazónia, ou viajar através de locais remotos da Índia. (…) É um ouvinte paciente, penetra profundamente e sente-se confortável com a ambiguidade, encorajando as pessoas a colocarem ideias divergentes em cima da mesa.

Em fevereiro de 2011, num debate na RTP1 sobre os problemas da economia portuguesa e as exportações como via resolutiva, o presidente do conselho de administração da Frezite, José Manuel Fernandes, fez uma *preleção* entusiástica sobre como os portugueses dobraram o cabo da Boa Esperança e aí deixaram marcas indeléveis. Referiu-se às forças dos Portugueses – e fê-lo com tal entusiasmo e sabedoria que encantou a assistência e os restantes participantes no debate. Aparentemente, a sabedoria sobre aquele episódio da história portuguesa nada releva para o sucesso no mundo dos negócios. Todavia, a entusiasmante curiosidade subjacente revela uma virtude que pode ajudar a explicar o sucesso da empresa no desafio da internacionalização (venceu, em 2011, o prémio *Exportação & Internacionalização*, na categoria PME).

LIDERANÇA

POR QUE RAZÃO A CURIOSIDADE E O AMOR PELA APRENDIZAGEM NUTREM A EFICÁCIA DOS LÍDERES

Bons líderes denotam curiosidade pelo mundo em redor, mente aberta e amor pela aprendizagem. Estes atributos são excelentes carburantes da mente, da reflexão e da ação. Naturalmente, a posse de tais atributos não é condição suficiente (muitos indivíduos com estas qualidades jamais serão bons líderes, ou sequer líderes) – mas é necessária. Líderes curiosos e apaixonados pela aprendizagem tendem a ser mais eficazes, por várias razões:

- Mantêm-se vigilantes a grandes e pequenos sinais sobre mudanças, problemas e oportunidades.
- Sabem escutar quem lhes alimenta esse espírito vigilante, inclusive os colaboradores de qualquer nível.
- Colocam questões que lhes permitem compreender como nova informação afeta a empresa, os clientes e os empregados.
- São abertos a novas e antagónicas perspetivas.
- Criando climas organizacionais psicologicamente seguros, tornam os colaboradores mais propensos a explorarem e refinarem novas ideias.
- São mais criativos quando refletem sobre cenários com que a empresa pode confrontar-se.
- Adquirem sabedoria que os torna mais credíveis e respeitados.
- Tomam decisões mais sábias e fomentam nas suas equipas a sabedoria que lhes permite tomarem melhores decisões e desempenharem mais eficazmente o trabalho.
- Revelam maior inclinação pela internacionalização e pela atuação em contextos culturais diferentes – ou seja, desenvolvem maior propensão para se tornarem *cidadãos do mundo*.
- Estão mais aptos a lidar eficazmente com pessoas de diferentes culturas – atributo crucial para a internacionalização dos negócios.
- Podem tornar-se melhores negociadores, conhecendo melhor os interlocutores e adotando estratégias persuasivas mais eficazes.
- Aprendem mais facilmente com os erros, especialmente se também forem suficientemente humildes e prudentes.
- Encaram a vida com mais entusiasmo, o que os torna mais vitalizados (veja capítulo 5) e, desse modo, melhores energizadores das suas equipas.

A VIRTUDE ESTÁ NO MEIO

A PAIXÃO PELA APRENDIZAGEM, NA PRÁTICA

A curiosidade e o amor pela aprendizagem foram, pelo menos aparentemente, pilares da capacidade de Anita Roddick para edificar e desenvolver a Body Shop, tendo-se inspirado nas lições aprendidas através do contato com mulheres de países pobres. Segundo Bill Damon, professor em Stanford, «o que começou por ser uma curiosidade e um entusiasmo jovem pelas práticas de culturas nativas acabou por se transformar num método sistemático de examinar tais práticas e adaptá-las para usos universais (…). O talento criativo de Roddick residiu na sua capacidade para (…) prestar atenção ao que os povos indígenas faziam e aprender com tal sabedoria». Algumas inovações da Procter & Gamble também se deveram à curiosidade sábia de John Pepper, ex-CEO da empresa. Pepper tinha por hábito visitar famílias em suas casas quando fazia viagens ao estrangeiro e assim compreendia melhor os gostos e hábitos de consumo das gentes locais.

A transformação da Norske Skog de empresa doméstica em empresa global deveu-se, em medida considerável, à abertura de espírito dos seus líderes. De modo a criarem uma cultura organizacional global, sensível às diferenças culturais entre os vários países e capaz de aprender constantemente à escala global, os líderes da Norske Skog não se limitaram a imitar as boas práticas de outras empresas – antes adotaram uma abordagem heterodoxa. Por exemplo, convidaram os filhos dos seus empregados, em todo o mundo, a ajudarem a empresa a compreender a importância da cooperação global para a sociedade, as empresas e os indivíduos.

O amor pela aprendizagem ajuda os líderes a desenvolverem inteligência cultural. Líderes com inteligência cultural esforçam-se por compreender as especificidades culturais de cada povo, e adotam os comportamentos apropriados. Adotam o lema *Em Roma, sê Romano*. Deste modo, são mais bem sucedidos nas missões internacionais, suscitam maior respeitabilidade entre os seus interlocutores com hábitos *estranhos*, capacitam as suas empresas para enfrentar com sucesso os desafios da internacionalização e da globalização. A inteligência cultural é especialmente crucial para lidar com eventos aparentemente exóticos como os relatados por Axtell em *Gestures: The do's and taboos of body language around the world*:

[Em determinado momento], o meu amigo tomou a minha máo e continuamos a caminhar, a sua máo segurando a minha. Náo demorou muito tempo para eu supor que algo estranho estava a ocorrer, que alguma forma de comunicação estava a ser transmitida (...), mas náo tive a mais vaga ideia sobre qual era essa mensagem. Senti-me, repentinamente, ainda mais longe de casa. Provavelmente porque eu estava táo atónito, a única coisa que náo fiz foi retirar a minha máo da dele. Aprendi mais tarde que, se o tivesse feito, teria metido o pé numa poça do tamanho do deserto do Saara. Neste país, o ato de dar a máo a outra pessoa é um sinal de grande amizade e respeito.

Mente aberta e perspicácia foram também qualidades reveladas por Leung Qingde, cofundador da Galanz, uma empresa chinesa entáo do setor têxtil e do vestuário. Em 1992, após uma viagem de negócios ao Japáo, Leung Qingde decidiu ingressar no negócio dos fornos micro-ondas – um mercado já saturado e no qual era difícil criar diferenciação. Na época, devido aos baixos custos laborais, a China era sobretudo um fabricante do produto, mais do que consumidor (apenas 2% das habitações chinesas dispunham de fornos micro-ondas). Ademais, muitas famílias chinesas náo tinham casas com dimensáo suficiente para acomodar os modelos existentes (desenhados para casas ocidentais). Em vez de aproveitar os baixos custos laborais chineses para exportar, Leung Qingde empreendeu esforços para conquistar consumidores locais, tendo lançado um modelo barato, simples e de pequenas dimensóes. À medida que o mercado se foi expandindo, e as economias de escala foram sendo alcançadas, o mercado de fornos de micro-ondas explodiu. Munida de um modelo de negócio bem sucedido, a empresa lançou-se com sucesso no mercado internacional de outros produtos. Em 2000, replicou o processo na indústria do ar condicionado doméstico – com enorme sucesso.

A CURIOSIDADE MATOU O GATO

Do exposto náo deve concluir-se pela absolutização desta virtude. Como dizem os ingleses, *a curiosidade matou o gato*. Nem toda a curiosidade é virtuosa. Por exemplo, a curiosidade que nutre as ações de muitos *hackers* informáticos náo pode ser considerada uma virtude. Ademais, tal como ocorre com todas as virtudes, a curiosidade genuinamente virtuosa evita extremos. Líderes excessivamente curiosos podem dirigir perguntas inconvenientes aos seus interlocutores e violar direitos de privacidade e reserva pessoal. Podem ficar de tal modo fascinados com a novidade, a excentricidade e a singularidade que negligenciam a necessidade de agir. Podem incorrer em aventuras desnecessárias e inconvenientes (*e.g.*, aceitando missões no estrangeiro em ambientes perigosos). O excesso de abertura de espírito pode impeli-los a aceitarem acriticamente práticas de gestão indevidas em determinados contextos culturais. Em missões internacionais, podem ser de tal modo adaptativos e *camaleónicos* que os seus interlocutores os consideram falhos de autenticidade. O excessivo amor pela aprendizagem pode incapacitá-los de saber quando devem parar de *aprender* para começarem a *decidir* e *atuar*.

Quando os excessos de curiosidade, abertura de espírito e amor pela aprendizagem se combinam, o resultado pode ser o envolvimento em inúmeros empreendimentos e desafios, gerando dispersão de esforços e dispêndio de tempo em atividades menos relevantes. O decisivo envolvimento no trabalho de descoberta pode impelir os líderes a negligenciarem atividades vitais. Por exemplo, líderes que atuam num país estrangeiro com uma cultura aparentemente exótica podem ficar de tal modo fascinados e absortos pelas idiossincrasias da nova cultura que perdem a noção dos *reais* deveres e objetivos da sua missão empresarial.

CONTA, PESO E MEDIDA

Em suma: a curiosidade e o amor pela aprendizagem são cruciais para alimentar o conhecimento, a criatividade, a inovação e a competitividade. Todavia, para surtirem bons efeitos, estas qualidades necessitam da companhia de outras virtudes como a prudência, a sensatez e a inteligência emocional. E, para que aproveitem à organização, aos *stakeholders* e aos próprios líderes, tais atributos devem cumprir uma regra sensata: conta, peso e medida apropriadas.

LIDERANÇA

AUTOAVALIAÇÃO
Questionário de curiosidade e amor pela aprendizagem

Perguntas que merecem resposta afirmativa	S/N
• Tenho forte interesse por novos eventos, situações e pessoas?	
• Gosto de aprender? Aprendo com os outros?	
• Consigo recomendar, com entusiasmo, um livro sobre liderança?	
• Gosto de estimular e ser estimulado por ideias novas e desafiantes?	
• Estou aberto a escutar ideias que colidem com as minhas convicções? Revejo as minhas ideias quando sinto que não funcionam?	
• Fico feliz quando adquiro novos conhecimentos, competências e experiências?	
• Agrada-me aprender coisas completamente novas?	
• Gosto de visitar museus ou apreciar obras de arte?	
• Seria capaz de patrocinar uma visita dos meus colaboradores ao museu do Louvre?	
Perguntas que merecem resposta negativa	**S/N**
• Entre a novidade e a permanência, prefiro a segunda?	
• Não disponho de tempo para ler nada?	
• Não tenho tempo para formação?	
• Considero que o meu tempo livre não deve ser despendido a ler livros de gestão?	
• Considero que a liderança se aprende apenas com a prática e não também com o pensamento?	
• Não tenho tempo para discutir ideias que colidem com as minhas convicções?	
• Prefiro saber que as minhas ideias estavam corretas a aprender constantemente novas formas de encarar a realidade que me rodeia?	
• Ver obras de arte não me entusiasma?	
• Considero que a formação cultural e a gestão das empresas são domínios separados?	
Perguntas que também merecem resposta negativa	**S/N**
• A minha curiosidade leva-me a ser indiscreto nas perguntas que dirijo a outras pessoas?	
• Deslumbro-me de tal modo com a novidade e a aprendizagem que, por vezes, negligencio a necessidade de agir?	
• A minha curiosidade leva-me, por vezes, a aventuras inconvenientes e/ou perigosas?	
• Sou de tal modo curioso/a que *meto o nariz onde não sou chamado*?	
• A minha curiosidade leva-me a dispersar esforços por uma exagerada quantidade de ideias e projetos?	

CAPÍTULO 8

GRATIDÃO: O INVESTIMENTO QUE NÃO CUSTA DINHEIRO E GERA BEM-ESTAR

«Uma empresa deve dizer *obrigado*. Expressar gratidão, reconhecer e celebrar as realizações são atos de liderança. (…). Os empregados merecem ser reconhecidos. Fizeram algo de bom que beneficiou a empresa. Merecem o sentimento que advém de se ser apreciado.»

Townsend e Gebhardt (2002, p. 80).

«Os adultos que frequentemente se sentem gratos têm mais energia, mais otimismo, mais relacionamentos sociais e mais felicidade (…). Também tendem a ser menos deprimidos, invejosos, gananciosos ou alcoólicos. Auferem mais dinheiro, dormem melhor, fazem exercício mais regularmente e são mais resistentes a infeções virais.»

Beck (2010, p. 27).

CONTAR CARNEIROS OU PENSAR NAS *GRAÇAS* DA VIDA?

O DIA DE HOJE FOI um dos mais árduos da sua vida como líder. Após intenso e demorado esforço, a sua equipa ficou desolada com o fracasso do projeto. Como procede o leitor? Reconhece o esforço da equipa? Partilha a frustração e a tristeza com os seus colaboradores? Refugia-se no gabinete? Aponta o dedo à equipa? Imagine agora que, no final desse dia, chega a casa exausto e deita-se. Apesar de estar consumido pelo cansaço, não consegue dormir. O que será preferível, para poder adormecer: contar carneiros ou pensar nas coisas boas que lhe ocorreram durante a semana?

A sociedade atual não tem sido pródiga no valor que a gratidão merece. Perdeu-se o hábito de agradecer a dádiva da vida, dos amigos, da família, do trabalho, da luz do Sol, da natureza, da frequência da escola, de uma viagem, de um sorriso, de uma palavra amiga. Mas os estudos sugerem que há algo a mudar. As pesquisas sugerem que o sentido de gratidão aumenta o bem-estar físico e psicológico, torna as pessoas mais enérgicas, entusiasmadas e otimistas, permite-lhes desenvolverem relações de amizade mais frutuosas, fá-las mais felizes e garante-lhes uma vida mais longa. Essas pessoas são menos propensas à depressão, ao alcoolismo, à inveja e à cobiça. Lidam melhor com o stresse. Ganham mais dinheiro, dormem melhor, resistem melhor a infeções virais. Os estudantes obtêm melhores resultados escolares, sofrem menos dores de cabeça e de estômago, e constroem mais amizades. As pessoas, em geral, sentem-se mais propensas a ajudar os outros, o que pode ser crucial para aumentar os níveis de cooperação e desempenho no seio das equipas e das organizações.

O exposto ajuda a compreender como a gratidão pode ser crucial para o bem-estar físico e psicológico dos líderes. Líderes gratos apreciam cada dia como um dom, uma graça que importa reconhecer. Vivem a vida como uma dádiva, não como um fardo. Sentem-se gratos por terem alcançado objetivos com a ajuda de outras pessoas e atuam generosamente com reciprocidade. São mesmo capazes de sentir-se gratos por eventos negativos ocorridos nas suas vidas, agradecendo as lições positivas que daí podem extrair. Sentem-se afortunados, considerando frequentemente que *não mereciam* o que lhes foi facultado experimentar ou viver.

Em que medida o sentido de gratidão dos líderes os torna mais eficazes na relação com os colaboradores? Devem ou não adotar uma postura de gratidão perante as suas equipas e outros interlocutores? Jim Collins argumentou que líderes excecionais *olham pela janela* (de onde apreciam os seus colaboradores) quando os sucessos são alcançados. Contrariamente, outros líderes *olham-se ao espelho*, congratulando-se apenas a si próprios. Robert Townsend, ex-CEO da Avis, definiu a palavra *obrigado* como uma forma negligenciada de compensação. Max DePree, fundador e ex-CEO da Herman Miller, argumentou que uma das principais responsabilidades de um líder é dizer *obrigado*.

A GRATIDÃO, A FRUGALIDADE E A GENEROSIDADE

Warren Buffett, o lendário investidor, considerado um dos homens mais ricos do mundo (veja capítulo 6), é mundialmente reconhecido pelas suas vigorosas ações filantrópicas, designadamente em prol da Fundação Bill & Melinda Gates. Mafalda Anjos, no *Expresso Única* de 3 de setembro de 2011, descreveu-o como um «Tio Patinhas filantropo»:

Apesar de ser forreta e detestar dinheiro mal gasto, Buffett revelou-se o homem mais generoso do mundo. Literalmente. Em 2006, fez um compromisso formal de doar 99% da sua riqueza, em vida ou depois da sua morte. Os filhos herdarão apenas uma ínfima parte da fortuna.

Na cerimónia de assinatura de uma das suas doações, na New York Public Library, Buffett referiu que não era «entusiasta da fortuna mantida em dinastias, especialmente quando a alternativa são 6 mil milhões de pessoas bem mais pobres do que nós». Referiu à revista *Fortune* que uma pessoa muito rica «deve deixar aos filhos o suficiente para eles fazerem tudo, mas não o suficiente para não fazerem nada». Buffett foi descrito como humilde, frugal e generoso:

Apesar da imensa fortuna e sucesso de Buffett, a sua reputação deriva da humildade e generosidade. Buffett evita a ostentação de Wall Street, e vive há 50 anos numa casa que comprou em Omaha, Nebraska, por 31 000 dólares. Entretanto, o seu donativo, em 2006, de cerca de 30 mil milhões de dólares, foi o maior da história.

A generosidade do *megarrico* filantropo foi reiterada num artigo publicado no *New York Times*, em agosto de 2011, em que advogava a necessidade de taxar mais fortemente os rendimentos mais elevados:

Enquanto os pobres e a classe média combatem por nós no Afeganistão, e enquanto a maioria dos Americanos sofre tormentos para esticar o dinheiro, nós, os megarricos, continuamos a beneficiar de extraordinárias reduções de impostos. (...) No ano passado, a conta dos meus impostos federais foi de 6 938 744 dólares (€ 4 800 milhões) (...) Parece muito dinheiro, mas a verdade é que representa apenas 17,4% do meu rendimento coletável – uma percentagem inferior à que foi paga por qualquer outra das 20 pessoas que trabalham nos nossos escritórios. A carga fiscal dessas pessoas oscilou entre os 33% e os 41%, o que dá uma média de 36%. (...) Os meus amigos e eu já fomos suficientemente mimados por um Congresso que favorece os multimilionários. Chegou a altura de o Governo levar a sério a partilha dos sacrifícios.

O que porventura mais explica esta conduta é o sentido de gratidão do filantropo, que considera ter ganho a *lotaria ovariana* (ter nascido nos EUA, no seio de uma família maravilhosa, com acesso a boas escolas). Sendo a conduta de Buffett valiosa por si mesma, poderá ainda supor-se que o seu sentido de gratidão (na companhia de outras qualidades como a integridade, a coragem, a frugalidade e a prudência) o ajudou a alcançar o indubitável sucesso.

LÍDERES GRATOS SÃO MAIS EFICAZES?

Ao sentirem-se reconhecidos pelos seus líderes, os colaboradores sentem--se mais inspirados e empenhados no trabalho. Líderes gratos experimentam emoções mais positivas, contagiando assim positivamente as suas equipas, e tornando-as mais felizes e eficazes. Ao sentirem e expressarem gratidão, os líderes atuam reciprocamente, gerando espirais positivas que conduzem a mais atos de cooperação, que por seu turno reiteram a gratidão, e assim sucessivamente. Também funcionam como modelos de atuação que os seus colaboradores tendem a imitar, o que permite nutrir as referidas espirais. Como resultado, a confiança e os comportamentos de cooperação e ajuda no seio das equipas fomentam o desempenho, tanto dos indivíduos como de toda a equipa.

Líderes com sentido de gratidão são mais humildes, uma força igualmente importante para aprender com os erros e fracassos, escutar os outros e investir no desenvolvimento próprio e dos outros (veja capítulo 15). São também mais frugais e menos propensos a reivindicar compensações principescas, que podem ferir os sentidos de coesão e justiça nas equipas e nas organizações (e mesmo na sociedade). Reconhecendo o *privilégio* da sua posição de liderança, são mais prontos a respeitar os interesses e direitos dos seus colaboradores e outros *stakeholders*, gerando assim relacionamentos de confiança.

A gratidão é especialmente importante em momentos de crise ou quando o fracasso ocorre. É nestas ocasiões que as pessoas mais precisam do apoio dos seus líderes. Desperdiçando esta oportunidade, alguns líderes apontam o dedo acusatório aos colaboradores. Estes acabam por se sentir defraudados e injustiçados pelo facto de os seus esforços não terem sido reconhecidos. Consequentemente, recusam envidar esforços adicionais quando a empresa deles necessita. Sentimentos de alheamento e cinismo podem então emergir no seio da equipa, a confiança entre líderes e liderados dissipa-se, e o capital social e de relacionamentos desaparece. O resultado é a quebra dos níveis de desempenho.

OS MALEFÍCIOS DA INGRATIDÃO

Uma das razões pelas quais as pessoas *detestam* os seus líderes reside, precisamente, no facto de eles não reconhecerem nem valorizarem devidamente o esforço e o trabalho dos colaboradores. Um líder ingrato não reconhece os resultados positivos obtidos pelos colaboradores ou pela equipa. Nunca agradece o trabalho. Não valoriza o empenhamento e a dedicação dos colaboradores. Trata os colaboradores como se todo o seu empenhamento fosse pouco. Nunca diz *obrigado*. É incapaz de adotar qualquer gesto de gratidão quando as tarefas são bem executadas. Em momentos de fracasso, aponta o dedo aos colaboradores, é incapaz de lhes reconhecer o esforço e não atende à própria desilusão que os mesmos sentem, depois das energias despendidas.

As consequências perversas da ingratidão de um líder são de vária ordem. Os liderados desenvolvem menor autoestima e experimentam emoções negativas, daí advindo quebras do empenhamento e do desempenho. Sentem-se desapoiados e desrespeitados, atuando reciprocamente através da redução dos seus níveis de empenhamento e desempenho (*se a organização não me valoriza, porque hei de eu empenhar-me e sacrificar-me?*). Sentem que o seu potencial não é valorizado e entendem que o trabalho não tem significado para as suas vidas (*é apenas um emprego*). Perdem motivação intrínseca (a que advém da realização do trabalho em si), apenas se deixando motivar pelas recompensas extrínsecas (sobretudo o salário). Confiam menos no líder e cooperam menos com ele. Realizam apenas aquilo que são obrigados a executar, deixando de levar a cabo comportamentos de cidadania organizacional – isto é, aquelas ações que, embora não obrigatórias, contribuem para a eficácia da equipa (*e.g.*, defender a organização perante entidades externas; ajudar o chefe e os colegas para além do que seria expectável). Os colaboradores mais competentes abandonam a organização em busca de mais oportunidades de tratamento respeitador.

NO MEIO ESTÁ A VIRTUDE

A gratidão não significa ter menos ambição ou adotar uma atitude passiva perante a vida. Pelo contrário, os indivíduos com esta virtude adotam o lema do *copo meio cheio* e enveredam por ações adaptativas e proactivas. Naturalmente, não estamos a referir-nos à gratidão contemplativa – mas antes ao sentido de que a vida está cheia de *graças* e é necessário atuar proativamente para retribuir tais graças e melhorar o mundo em redor.

A gratidão, como virtude, representa o meio-termo entre a ingratidão e o excessivo sentido de *dívida* para com tudo e todos. Líderes ingratos podem minar o entusiasmo e o desempenho da equipa. Podem também atribuir-se apenas direitos e privilégios, negligenciado os seus deveres e desvalorizando os direitos e bem-estar dos outros. Mas o excesso de gratidão também é problemático. Por exemplo, ao pronunciar a palavra *obrigado* indiscriminadamente, o líder banaliza o seu uso e não sinaliza aos colaboradores o que é *realmente* valioso.

Tornando-se fascinantemente gratos com os seus sucessos e *graças*, os líderes podem também negligenciar problemas e dificuldades, e perder mesmo alguma ambição. Ou seja, a gratidão dos líderes não pode ser meramente contemplativa, mas antes fortemente operativa. Por conseguinte, necessita da companhia de outras virtudes como a coragem, a perseverança e a integridade.

Alguns líderes alegam que não agradecem os bons desempenhos dos seus colaboradores porque estes são remunerados precisamente para mostrarem elevado desempenho. Contudo, eles próprios se contradizem quando se lamentam de que o seu desempenho como líderes não é reconhecido e ameaçam abandonar a organização em busca de lugares onde o reconhecimento (simbólico e material) seja praticado. Pense o leitor se esta contradição existe em si!

OBRIGADO!

A gratidão deixa-nos mais felizes e em paz connosco e com os outros. Para ser grato, um líder não tem de ser rico nem filantropo. Basta-lhe que recorra regularmente e com justiça a uma palavra que não custa dinheiro algum e tem efeitos garantidos, desde que pronunciada genuinamente: *obrigado*. Quantas vezes o leitor pronuncia esta palavra? E, já agora, em que pensa quando tem insónias: conta carneiros ou pensa nas *graças* do seu dia?

AUTOAVALIAÇÃO
Questionário de gratidão

Perguntas que merecem resposta afirmativa	S/N
• Há inúmeras coisas na minha vida pelas quais estou muito grato/a?	
• Sinto-me grato/a a uma grande quantidade de pessoas?	
• À medida que vou avançando na idade, sou mais capaz de apreciar as pessoas, os eventos e as situações que fizeram parte da minha história de vida?	
• Se tivesse de fazer uma lista agradecendo tudo de bom que a vida me facultou, a lista seria muito longa?	
• Agradeço regularmente o esforço e contributos dos meus colaboradores?	
• Uso frequentemente a palavra obrigado?	

LIDERANÇA

Perguntas que merecem resposta negativa	S/N
• Quando olho para o mundo, sinto que há muito poucas coisas pelas quais possa sentir-me grato/a?	
• Há muito tempo que não tenho nada de que me possa sentir grato/a?	
Sou normalmente revoltado/a com as vicissitudes da minha vida?	**S/N**
• Não agradeço aos meus colegas e colaboradores porque eles já são renumerados para revelarem bom desempenho?	
• Raramente agradeço aos meus colaboradores o esforço que aplicam no seu trabalho?	
• Quando a equipa fracassa, aponto o dedo às pessoas e não reconheço o esforço realizado?	
Perguntas que também merecem resposta negativa	**S/N**
• Uso a palavra obrigado *a torto e a direito* (isto é, indiscriminadamente)?	
• De tão grato/a que estou com a vida, perdi ambições e sou bastante passivo/a?	
• Por vezes, sou excessivamente contemplativo/a das graças da minha vida, e ignoro a realidade mais dura que me rodeia?	

CAPÍTULO 9

PROPÓSITO E TRANSCENDÊNCIA: UM RUMO COM SIGNIFICADO

«Os CEO necessitam de se perguntar se as decisões que tomam são boas não apenas para as suas empresas, mas também para a sociedade; a gestão deve servir um propósito mais elevado. (…) A menos que criem não só valor económico mas também social, as empresas não sobreviverão no longo prazo.»

Nonaka e Takeuchi (2011, p. 60).

«A essência da espiritualidade é que a maioria das pessoas tem – explícita ou implicitamente, consciente ou inconscientemente – um poder ou autoridade última nas suas vidas à qual obedecem. Este poder pode ser Deus, um poder superior, um ser transcendente ou um conjunto de crenças últimas.»

Strack *et al.* (2002, p. 6).

«O trabalho árduo é uma pena de prisão apenas quando esse trabalho não tem significado.»

Gladwel (2008, p. 150).

LIDERANÇA

EM PROL DE NOBRES PROPÓSITOS

EXISTE UMA IDEIA FORTEMENTE INSTALADA nos meios académicos e empresariais que considera o propósito *nobre* como alheio aos líderes e chefes empresariais. Frequentemente se presume que, nos negócios e na gestão das organizações, não há lugar a considerações dessa natureza – e que o foco essencial incide no lucro e nos interesses *terrenos* ou *mundanos*. A realidade nem sempre coincide com esta perspetiva. Eiji Toyoda, ex-presidente da Toyota, afirmou:

> Fazer aquilo em que se acredita é correto. Fazer aquilo em que se acredita é bom. Fazer as coisas certas, quando necessário, é uma chamada vinda do alto. Faça-o com ousadia, faça-o como acredita, faço-o como é.

Tadashi Yanai, CEO da Fast Retailing, afinou pelo mesmo diapasão:

> A empresa deve viver em harmonia com a sociedade e, para ser aceite, deve também contribuir para a mesma. A maioria das empresas que fracassaram não manteve esse equilíbrio. Cada um de nós é, em primeiro lugar, um membro da sociedade antes de ser membro de uma empresa. Pensar apenas na empresa resultará, indubitavelmente, em fracasso.

Os propósitos que transcendem o interesse próprio e se focalizam em algum bem superior são, por vezes, de natureza espiritual (não necessariamente religiosa). Luís Vila Nova, presidente da Salsa, empresa portuguesa de *jeans*, ficou (mais) conhecido pelo modo como tenta aplicar as suas conceções de vida à gestão do negócio – tendo comprado, do seu próprio bolso, livros de autoconhecimento ou de líderes espirituais para distribuir pelos trabalhadores. Em entrevista concedida à revista *Exame*, em junho de 2008, referiu:

> Tornarmo-nos boas pessoas é fazer bem aos outros. (…) Não posso dizer que sou missionário. Estou aqui para servir estas pessoas da empresa. (…) Só percebi que podia ser eu próprio se estivesse disposto a ajudar as pessoas. (…).

A VIRTUDE ESTÁ NO MEIO

Luís Portela, líder da Bial, o maior grupo farmacêutico do país, afirmou, em janeiro de 2009, que crescera «a desejar ser útil ao meu semelhante». Desde os 12 anos, lê obras e reflexões na área da espiritualidade, incluindo passagens da Bíblia, ensinamentos de ioga e os escritos de Lao-Tsé (o filósofo e alquimista chinês a quem se atribui a autoria de uma das obras fundamentais do taoismo). Também em entrevista concedida em 2004, Luís Portela afirmou espantar-se com o facto de a ciência ignorar uma realidade indesmentível – a da espiritualidade que nutre a grande maioria da humanidade. E, acerca da sua missão na Bial, sublinhou:

Tenho a preocupação de que eu me sinta cá dentro bem, e sinto. Depois, que as mais de 500 pessoas que colaboram no nosso projeto se sintam, cada uma delas, bem. Estou convencido de que muitas se sentem. Penso que isso é, hoje, quase a minha única missão na companhia. É ser capaz de coordenar os outros a partir desse princípio. Isso gosto de fazer.

Jeff Swartz, líder da Timberland, é conhecido pela sua fé e pelo modo como a concretiza nas suas práticas quotidianas. O serviço à comunidade é um baluarte dessa fé. Todos os empregados da empresa podem despender 40 horas por ano em trabalho de voluntariado. Em entrevista à revista *Fast Company*, afirmou:

Tenho um sentimento religioso que me guia. (…) Não posso mostrar-lhe na Bíblia os direitos de um trabalhador, mas posso mostrar-lhe texto que pugna pelo tratamento dos outros com dignidade. Apenas uma vez é referido na bíblia hebraica que devemos amar o nosso vizinho como a nós próprios, mas é referido dezenas de vezes que devemos tratar os estranhos com dignidade.

Bob Miller, presidente e CEO da Envirotest Systems, referiu-se assim a um curso de espiritualidade para a liderança que frequentou na Santa Clara University:

O curso de espiritualidade para a liderança dos negócios (…) introduziu-me nas novas formas de reflexão e meditação que me ajudaram a melhor escutar a minha voz interior e a ser mais contemplativo. Para mim, isto foi libertador. (…) A oração e a reflexão foram fatores importantes que me ajudaram a criar a serenidade que considero necessária para ser um líder eficaz – escutar, ser inovador, denotar flexibilidade e manter a calma e o espírito decisivo em momentos de crise. (…) [O curso] proporcionou-me a maravilhosa oportunidade de continuar a procurar a minha própria verdade. Removeu-me algum do mistério sobre como integrar a minha vida pessoal com o meu trabalho. Reafirmou a minha crença de que fazer isto com sucesso tornar-me-á um líder muito mais eficaz.

NEM TUDO O QUE LUZ É OIRO

Naturalmente, é preciso interpretar as declarações dos humanos com precaução. Anita Roddick (1942-2007), fundadora e ex-CEO da Body Shop, era amplamente reconhecida pelos seus alegados nobres propósitos em prol do desenvolvimento humano, do respeito pela natureza e pelos animais, e da gestão sustentável. Num texto publicado no *website* com o seu nome, Anita Roddick escreveu que as empresas têm o poder e o dever de *fazer o bem*. Mas a venda da empresa à L'Oreal (cuja atuação Anita Roddick havia severamente criticado) suscitou redobradas acusações de hipocrisia e agravou ainda mais a controvérsia em torno dos verdadeiros propósitos da líder. Um seu antigo diretor de relações públicas sugeriu que ela começou a acreditar na publicidade que dela se começou a fazer. E ironizou, afirmando que ele próprio tinha contribuído para criar uma espécie de Frankenstein.

Reconheça-se que diversas interpretações mais benevolentes da conduta de Anita Roddick podem ser identificadas. Mas a evidência disponível apela à sensatez quando se pretende formar ideias precisas acerca dos líderes tendo em conta as suas declarações. Qualquer que seja a realidade, é indesmentível, todavia, que os nobres propósitos são valorizados e podem contribuir para o desempenho das organizações e a eficácia dos líderes. O (alegado) propósito humanitário da Body Shop foi saudado por numerosos clientes e ativistas humanitários e ambientais em todo o mundo, daí advindo consequências positivas para a reputação, o crescimento e a rentabilidade da empresa. Ao contrário, a quebra desta imagem causou danos à reputação da empresa, levando clientes a abandoná-la por considerarem que a firma renunciara ao seu alegado ADN.

OS EFEITOS DO TRABALHO COM SIGNIFICADO

O que aqui se pretende sublinhar é que a prossecução de nobres propósitos por parte dos líderes pode resultar de uma força interior, assente em motivações transcendentes. Quando esse propósito é genuíno e impregnado na conduta dos líderes, os efeitos sobre a organização e os liderados podem ser significativos. Suponha o leitor que se cruza com três pedreiros, atuando na mesma obra e realizando o mesmo trabalho. O primeiro afirma-lhe que está a construir uma parede, o segundo que está a construir uma catedral e o terceiro que está a trabalhar para a glória de Deus. Qual deles sentirá que realiza trabalho com mais significado? Qual se empenhará mais nesse trabalho?

Líderes movidos por genuínos propósitos com significado são mais resilientes e persistentes perante momentos críticos ou decisões complexas. É nesses momentos que a *força interior* pode atuar como amortecedor de choques ou energizador do empenho e da vitalidade. Ricardo Levy, então presidente e CEO da Catalytica, Inc., frequentador do já referido curso de espiritualidade na liderança, na Santa Clara University, afirmou:

> Como CEO, estamos munidos, pela formação e pela experiência, de muitas ferramentas que nos permitem realizar o nosso trabalho. Mas, em momentos difíceis, compreendemos que as competências proporcionadas pela nossa formação em negócios não nos capacitam para tomarmos boas decisões em circunstâncias difíceis. Somos desafiados pela necessidade de ir mais fundo, de procurar na nossa espiritualidade o caminho correto. (…) [Escutando a nossa voz interior], tornamo-nos líderes mais eficazes e melhores seres humanos. Ficamos melhor equipados para servir os nossos empregados, as nossas organizações, os nossos clientes e, por conseguinte, os nossos acionistas.

Líderes com propósito tendem a ser mais eficazes e a suscitar maior empenhamento nos liderados. Quando os colaboradores veem conexões entre a sua atividade na organização e um mais elevado propósito, experimentam mais significado no trabalho e são mais produtivos. Identificam-se mais fortemente com a organização e velam pela boa imagem e reputação da mesma. O propósito maior também funciona como elemento agregador das vontades e esforços disseminados pela organização. Cria um sentido de comunidade no seio da organização, caracterizado pela confiança, cooperação e apoio mútuo. Funciona como âncora em momentos críticos. Ajuda a organização a afirmar a sua credibilidade e legitimidade na comunidade.

O leitor prefere trabalhar para uma empresa cuja missão é simplesmente ganhar dinheiro para os acionistas ou para outra que (também) tem como missão salvar vidas e/ou melhorar a qualidade de vida de pacientes? Em qual delas se sente a fazer parte de algo valioso, que transcende os seus interesses? Diversos estudos sugerem que os líderes mobilizados por mais elevados propósitos contribuem para a melhoria do bem-estar dos empregados e a sustentabilidade da empresa, sem com isso sacrificarem o desempenho económico e financeiro. Csikszentmihalyi, autor de *Good Business*, argumentou que quando a visão do líder abarca propósitos como ajudar a humanidade ou o ambiente, a organização fica investida de uma *alma*. Esta *alma* funciona como energizadora de toda a companhia.

Ser detentor de uma visão com elevados propósitos não é, porém, suficiente. É também necessário que a visão seja corretamente transmitida, o que requer virtudes como a inteligência emocional, a sabedoria e a prudência. É igualmente crucial que o líder seja íntegro, credível, persistente e corajoso. Visões com nobre propósito redundam em meras intenções piedosas se não estiverem alicerçadas nessas outras forças do líder. Não bastam visões nobres – é igualmente preciso que as ações do líder se compaginem com tais propósitos.

COM OS PÉS ASSENTES NA TERRA

Visões com propósito não são necessariamente positivas. Podem ser usadas com intuitos manipuladores, procurando obter das *almas* trabalhadoras o mesmo que se pretende de *vacas contentes*: mais *leite*. Podem suscitar sentimentos de desconfiança e cinismo se não estiverem alicerçadas na conduta virtuosa do líder. Ademais, mesmo as visões com propósito nobre e genuíno podem ser perversas – se, por exemplo, não aderirem à realidade, se forem líricas e se não considerarem os direitos dos outros. Muitas visões totalitárias constroem os seus alicerces sobre ideologias alegadamente *puras*. Líderes com excesso de motivação *transcendental* podem também desligar-se da dura realidade dos negócios e prejudicar a organização. Podem ser mais sonhadores do que ter um sonho – pecado que o carismático Martin Luther King parece não ter cometido.

Finalmente: se não forem prudentes e sábios no modo como partilham as suas convicções e prosseguem o elevado propósito, e antes forem prosélitos e autoritários na defesa de sua visão, os líderes podem alienar a confiança dos colaboradores e outros interlocutores que não partilham as mesmas convicções. Liderar com o fito num elevado propósito, mas respeitando as diferenças, é meritório. Mas usar a organização para impor visões particulares do mundo e violentar consciências é funesto. Muitas das tragédias do mundo têm nascido precisamente dessa fonte.

AUTOAVALIAÇÃO
Questionário do propósito e transcendência

Perguntas que merecem resposta afirmativa	S/N
• Lidero a organização com um propósito que vai para além do meu interesse pessoal e do interesse dos acionistas?	
• Como líder, atuo para que a empresa seja uma força do bem?	
• Como líder, procuro que as pessoas realizem trabalho útil para a comunidade e a sociedade, sem prejudicar a organização?	
• Nos momentos críticos e complexos, há uma força interior nobre que me norteia?	
• Sem ser ingénuo/a, procuro que o trabalho (meu e dos outros) seja realizado com alegria?	
• Lidero de modo que a minha organização tenha boa consciência?	
• Preocupo-me com os membros mais desfavorecidos da sociedade?	
• Como líder, procuro que as pessoas do meu grupo/equipa estejam ligadas por um propósito comum que confere significado às suas vidas?	
• Como líder, respeito a espiritualidade dos meus colaboradores (desde que esta respeite a dos outros)?	
• Como líder, o meu trabalho faz realmente uma diferença positiva na vida dos outros?	

Perguntas que merecem resposta negativa	S/N
• Entendo que a organização tem apenas que cumprir a lei e gerar lucros?	
• Custa-me lidar com a espiritualidade dos meus colaboradores, mesmo que não prejudique o trabalho e os outros?	
• Entendo que uma empresa não deve preocupar-se com o bem geral, mas apenas com o valor para os acionistas?	
• Os sentimentos dos outros não me interessam?	
• Sinto um grande vazio interior, não sabendo qual o rumo que devo dar à minha vida?	
• Como líder, trabalho apenas por razões materiais?	
• A minha vida está desprovida de qualquer propósito claro?	
• Sinto pouca ou nenhuma alegria no meu trabalho?	
Perguntas que também merecem resposta negativa	**S/N**
• Uso o meu papel de líder para pressionar os outros a seguirem as minhas convicções religiosas ou espirituais?	
• Como líder, deslumbro-me com as minhas conceções e visões do mundo, de tal modo que, por vezes, fico desligado da realidade?	
• Como líder, uso a minha espiritualidade para manipular os outros?	
• Como líder, lido mal com pessoas que perfilham convicções espirituais diferentes das minhas?	
• Como líder, sou fundamentalista no modo como pugno pelas minhas convicções?	

CAPÍTULO 10

HUMOR: ANTÍDOTO PARA A CAIXA DE PANDORA?

«Os líderes necessitam dos tolos, e *vice-versa*.»

Kets de Vries (1990, p. 767).

«O humor é uma valiosa força do caráter que permite aos indivíduos transcenderem o trabalho mundano, as situações stressantes, as atribulações e as imperfeições dos seres humanos.»

Cooper e Sosik (2011).

«O tempo que se gasta a rir é tempo gasto com os deuses.»

Provérbio japonês (citado em Chang, 2006, p. 375).

«Uma piada é uma coisa muito séria.»

Winston Churchill (http://www.brainyquote.com)

«Sobre a morte eu tenho uma posição muito concreta: sou contra.»

Woody Allen (*in* Portugal, 2011, p. 34)

EXEMPLOS DE HUMOR E SUCESSO

Sir Richard Branson, disléxico, fundador e líder da Virgin, é um empresário inglês bem sucedido e um dos homens mais ricos do mundo. Uma das suas idiossincrasias reside no humor, que não regateia quando pretende promover os seus negócios. Aquando do lançamento do seu negócio de vestidos de noivas, vestiu-se de noiva. O seu antológico humor está refletido no título do livro onde relata como *perdeu a virgindade* (*Losing my virginity: How I've survived, had fun, and made a fortune doing business my way*). E repercute-se, igualmente, na cultura do grupo Virgin, caracterizada pelo ambiente alegre, informal e não hierárquico.

Warren Buffett, o lendário investidor e filantropo, um dos homens mais ricos do mundo, líder da Berkshire Hathaway, não deixa de se socorrer do humor nas mensagens dirigidas aos acionistas nos relatórios anuais. Os elevados níveis de empenhamento, coesão e desempenho em empresas como a Southwest Airlines, a Ben & Jerry's Ice Cream e a Sun Microsystems têm sido atribuídos, pelo menos parcialmente, ao humor dos seus líderes e ao contágio que o mesmo exerce sobre os colaboradores. Katherine Hudson, CEO da Brady Corporation, em artigo publicado na *Harvard Business Review*, sugeriu que o humor pode fomentar o espírito de equipa, ajudar a desencadear inovação, aumentar a probabilidade de as tarefas desagradáveis serem cumpridas e reduzir o stresse. O próprio Einstein foi descrito por Wickert como tendo «sempre uma piada na ponta da língua».

Num plano diferente, o humor (normalmente corrosivo) de Pinto da Costa (nenhum dos autores é adepto do FCP!) serve para lançar farpas aos adversários e suscitar coesão entre os portistas. A idiossincrasia de Pinto da Costa não é porventura transponível para a liderança de empresas – mas ajuda a compreender como o humor pode ser uma arma eficaz nas mãos de alguns líderes.

Sobre Belmiro de Azevedo, escreveu a revista *Visão*, em 28 de janeiro de 2010: «Assertivo, como sempre, Belmiro de Azevedo conserva a liberdade de dizer o que pensa. Às vezes com humor.» O jornal *i* afinou pelo mesmo diapasão, quando se referiu à entrevista do empresário à *Visão*: «Belmiro de Azevedo vai direto ao assunto, sem tentar ser politicamente correcto. (…) Sempre num tom calmo, descontraído e por vezes com algum humor.» Jorge Rebelo de Almeida, presidente do grupo Vila Galé, referiu à revista *Exame*, em janeiro de 2010, que «podemos fazer uma reunião séria de uma forma divertida». E mencionou que, muitas vezes, para fugir da comum sala de reuniões, se encontrava com os colaboradores perto de uma pista de dança, ao som das últimas batidas musicais. José Manuel Fernandes, presidente da Frezite, afirmou, em julho de 2011, à revista *Exame*:

Há uma faceta da gestão que poucos praticam, que é o humor, que alguém erroneamente considerou como o «circo», e quando bem praticado a todos os níveis da gestão desenvolve de forma invisível uma corrente proativa na produtividade.

Warren Bennis argumentou que os líderes eficazes «tendem a ser curiosos, enérgicos e dotados de um apurado sentido de humor». Dwight Eisenhower, 34.º presidente dos EUA, afirmou que o humor «faz parte da arte da liderança». E Kets de Vries corroborou:

Os líderes eficazes têm um elevado sentido de humor, mesmo perante o desastre, e estão pontos a rirem-se das suas próprias fraquezas. O humor é um bom indicador de saúde mental e um ativo em qualquer local de trabalho.

Um estudo de Avolio, Howell e Sosik mostrou que o uso de humor pelos líderes se relaciona positivamente com o desempenho individual e organizacional. Outros estudos têm sugerido que o uso do humor nas organizações se relaciona positivamente com o moral entre os colaboradores, a coesão dos grupos, a satisfação, a criatividade e a produtividade.

O HUMOR NÃO É APENAS BOM REMÉDIO – É TAMBÉM ENERGIA

O humor torna a vida mais apetecível – para nós e para quem nos rodeia. O psiquiatra Vailland afirmou que o humor «é uma das defesas verdadeiramente elegantes do repertório humano. Poucos negarão que o humor, tal como a esperança, é um dos mais potentes antídotos da natureza humana para as desgraças da caixa de Pandora». Ou seja, rir pode ser o *melhor remédio*. O humor ajuda-nos a enfrentar as agruras ou o tédio do nosso trabalho. Permite libertar tensões, podendo prevenir súbitas explosões emocionais no seio de uma equipa ou na relação entre duas pessoas. Permite-nos obter dos nossos pares e outros interlocutores o que não conseguiríamos pela via mais *séria* (as pessoas humoradas recebem mais facilmente ajuda e apoio). Mark Twain (1835-191), famoso humorista e escritor, afirmou: «A raça humana dispõe de uma arma realmente eficaz, e essa arma é o riso. (...) Nada se mantém de pé perante o ataque do riso.»

Com humor, somos capazes de estabelecer e desenvolver relacionamentos positivos com outras pessoas, assim experimentando (nós e elas) mais emoções positivas. Nas equipas em que o humor impera (de modo equilibrado e inteligente), a alegria, a coesão grupal, a criatividade, a satisfação e a produtividade tendem a aumentar. Os relacionamentos pessoais positivos também resultam em mais cooperação e entreajuda. Com humor, podemos ser mais eficazes nas negociações e suscitar comportamentos negociais mais cooperativos da contraparte. O serviço prestado ao cliente pode também ser mais gratificante – para quem o presta e o recebe.

O HUMOR COMO ENERGIA DOS LÍDERES

Pelo exposto se compreende como o humor de um líder pode ser vantajoso para o próprio e, através do contágio, para toda a equipa. Um líder bem humorado tem mais capacidade para lidar com as adversidades e libertar-se das tensões inerentes à função. Com humor, um líder pode reduzir tensões entre si e os seus interlocutores e diminuir a tensão no seio da equipa que lidera, tornando-a mais empenhada e criativa. Pode ainda mediar mais eficazmente conflitos e dissensões, designadamente em reuniões destinadas à tomada de decisão. O humor permite-lhe *quebrar o gelo* quando pretende estabelecer relacionamentos com os seus interlocutores. Ajuda-o a comunicar mensagens negativas (inclusive aos seus próprios líderes) que, de modo direto, não poderiam ser comunicadas («Não leve a mal, estava apenas a brincar»).

Um líder pode socorrer-se do humor para reduzir a distância social e os sentimentos de inferioridade dos seus interlocutores. Desse modo, pode estabelecer relacionamentos mais positivos com eles, obtendo assim mais cooperação e entrega. Há situações, porém, em que o humor pode ser usado pelo líder para afirmar o seu poder, especialmente sobre pessoas de menor estatuto. Nestes casos, quando o humor é agressivo, o efeito pode ser perverso, gerando alienação do alvo.

A VIRTUDE ESTÁ NO MEIO

ENTRE O TÉDIO E A INCONVENIÊNCIA

Líderes sem humor são perversos para o trabalho das equipas. Um líder entediante torna o trabalho enfadonho e leva os seus colaboradores a procurarem válvulas de escape. Um líder *azedo* pode enfrentar dificuldades no estabelecimento de relacionamentos positivos com outras pessoas. Pode ainda ferir a dignidade dos seus colaboradores e suscitar quebras na respeitabilidade e confiança. Mas o *excesso* de humor também pode ser pernicioso. Pode induzir o líder a comentários inconvenientes, que ferem suscetibilidades e minam o respeito e a confiança. Pode criar um clima despudorado e caótico.

O humor inconveniente também pode ferir a credibilidade e a carreira de um líder. O ex-ministro do Ambiente, Carlos Borrego, perdeu o seu lugar no governo, em 1993, depois de ter contado uma anedota aos microfones de uma rádio local. Nessa altura, morreram 25 doentes da Unidade de Hemodiálise do Hospital Distrital de Évora, tendo as análises realizadas aos doentes revelado altos teores de alumínio no sangue. O alumínio proviera, alegadamente, da má qualidade da água da albufeira de Monte Novo. O gracejo do então ministro sugeria que os alentejanos estariam a usar os cadáveres das pessoas falecidas ... para fazer reciclagem e aproveitar o alumínio.

O *humor* de Manuel Pinho, então ministro da Economia do XVII governo constitucional, ao imitar *chifres* dirigidos a um deputado, também correu mundo e custou-lhe o lugar. Richard Branson já sofreu desaires com humor inconveniente. Após ter colocado uma grande fotografia sua na ponte de Sydney, apoiando a equipa inglesa num famoso torneio de críquete (*The Ashes*) entre Austrália e Inglaterra, foi alvo da ira de adeptos australianos. E acabou por ter de pedir desculpas.

Importa ainda considerar que pessoas de diferentes culturas apreciam diferentes tipos de humor. O humor britânico é distinto do português. Gracejos que funcionam positivamente em França podem redundar em fracasso nos Emirados Árabes Unidos. Por conseguinte, líderes que se relacionam com pessoas de diferentes culturas devem ser cautelosos quando procuram gracejar. Em vez de *quebrarem o gelo* podem simplesmente *partir a loiça*, sem remédio.

LIDERANÇA

ENGRAÇADOS *VERSUS* ENGRAÇADINHOS

O humor pode ajudar um líder a lidar mais eficazmente com as exigências do seu papel, a libertar tensões em si próprio e nos outros, a negociar melhor, a desenvolver relacionamentos mais positivos – assim como a promover a coesão, a cooperação, a alegria, a criatividade e o desempenho no seio das equipas. Mas deve ser levado a cabo com sensatez e respeito. Caso contrário, o líder pode gerar sentimentos de alienação em pessoas que ele transforma em *bombos da festa*. Ou pode, ele próprio, transformar-se em *bobo da corte*.

O humor forçado também pode ser contraproducente, transformando o líder em *engraçadinho* ou *idiota* aos olhos dos seus interlocutores. A introdução de programas de humor na organização deve também ser cautelosa – sob pena de ser interpretada com desconfiança e cinismo. Mais importante do que recorrer a consultores para instituir tais programas pode ser criar condições para que o humor surja naturalmente no quotidiano organizacional. Se o leitor não é um líder bem humorado, tome cautelas: mais do que gracejar sem graça, crie condições para que os colaboradores genuinamente bem humorados se expressem.

AUTOAVALIAÇÃO
Questionário de humor

Perguntas que merecem resposta afirmativa	S/N
• Gosto de gracejar para deixar as pessoas à vontade?	
• Sou capaz de gracejar para quebrar a tensão durante uma reunião?	
• Tenho facilidade em fazer rir as outras pessoas?	
• Os meus colaboradores contam-me anedotas?	
• Gosto de contar anedotas?	
• Os meus comentários humorados costumam deixar as pessoas bem dispostas?	
• Deixo-me contagiar pelo riso dos outros?	
• Se me sinto infeliz, faço esforços para pensar em coisas que me deixem mais alegre?	

Perguntas que merecem resposta negativa	S/N
• Sou incapaz de me rir de mim próprio/a?	
• Levo-me demasiado a sério?	
• As pessoas que comigo trabalham sentem que sou sisudo/a?	
• Sou desprovido/a de qualquer sentido de humor?	
• Detesto que os meus colaboradores me contem anedotas?	
• Com frequência, custa-me compreender anedotas?	
• Aborrece-me a companhia de pessoas que estão frequentemente a gracejar?	

Perguntas que também merecem resposta negativa	S/N
• Por vezes, sou inconveniente nos meus gracejos?	
• Quando não gosto do que vejo, gosto de partir a loiça com piadas venenosas?	
• Por vezes, não tenho consciência de que os meus gracejos ferem outras pessoas?	
• Rio-me frequentemente das outras pessoas, em vez de me rir com elas?	
• As minhas piadas são, frequentemente, cruéis?	
• As pessoas que me conhecem dizem que o meu humor é cáustico?	
• Quando faço gracejos, não me preocupo com o efeito negativo que possa ter noutras pessoas?	

PARTE III

EU, TEMPERADO

CAPÍTULO 11

PRUDÊNCIA:
A FORÇA COM TINO,
A SABEDORIA PRÁTICA

«O tempo é uma coisa relativa. Encarado como um intervalo entre dois eventos, o tempo pode ser tão curto ou tão longo quanto se deseja. Mas pode ser útil ter presente que, apesar do nosso mundo frenético – ou, melhor, devido a ele –, pensar a longo prazo é mais importante agora do que nunca.»

Streeter (2005, p. 4)

«Um gestor que não tem dúvidas é um gestor perigoso.»

António Pires de Lima, presidente da Unicer,
em entrevista à revista *Exame*, em janeiro de 2010.

TINO NAS AÇÕES E NAS PALAVRAS

O LEITOR É PRESO POLÍTICO há dezenas de anos. Mas a sua causa progride, pelo que decorrem negociações entre si e os seus adversários. Numa das viagens entre a prisão e o local de reunião com o ministro responsável por negociar a libertação, o seu guarda e motorista estaciona junto de uma loja para comprar uma Coca-Cola, deixando-o sozinho no automóvel. Qual seria a sua reação? Eis como Nelson Mandela reagiu:

Fiquei ali sentado sozinho. De início, não pensei na minha situação, mas à medida que os segundos passavam, comecei a ficar cada vez mais excitado. Pela primeira vez em 22 anos, estava cá fora e sem vigilância. Tive a visão de abrir a porta, saltar lá para fora e correr e correr (...). Mas depois dominei-me. Agir assim teria sido imprudente e irresponsável, já para não falar do perigo.

Compare-se a atuação de Mandela com a de José Eduardo Bettencourt, ex-presidente do Sporting, a propósito da saída do jogador João Moutinho para o Futebol Clube do Porto. De acordo com o jornal *Record*, de 5 de julho de 2010, o dirigente fez as seguintes declarações:

No arranque de uma época nova, tínhamos um pomar com uma maçã podre, que iria contaminar o grupo. E não poderíamos continuar com uma maçã podre. (...) O negócio foi feito porque o Sporting quis, porque não queria uma maçã podre no seu pomar, não queria alguém que não fosse um exemplo nem dignificasse a bandeira do clube. (...) Apesar da mágoa profunda pela forma como o processo foi conduzido, estamos satisfeitos por vê-lo partir.

Posteriormente, quando João Moutinho se preparava para regressar a Alvalade de dragão ao peito, Bettencourt reconheceu que o jogador «foi sempre um profissional fantástico». A imprudência de Bettencourt, manifesta nesta e outras situações (*e.g.*, na escolha e gestão dos seus diretores desportivos), haveria de contribuir para a sua demissão. E fez jus à expressão de Dias da Cunha, ex-presidente do clube que, em declarações à TSF (14 de dezembro de 2010), considerou que José Eduardo Bettencourt tem de ter cuidado, «pois está a jeito de levar uma facada nas costas».

Naturalmente, fazendo jus a um provérbio espanhol, *é mais fácil falar de touros do que estar na arena*. Ou seja, é mais fácil apontar o dedo a Bettencourt (como estamos a fazê-lo) do que exercer as suas funções. Mas o caso, juntamente com outros que referiremos seguidamente, sugere como é crucial ser prudente no exercício de funções de liderança. A prudência é uma forma de raciocínio prático que consiste na consideração cuidadosa das consequências de longo prazo das ações tomadas e das não tomadas. Requer autocontrolo, capacidade para vencer impulsos – ou seja, uma forte dose de temperança.

A VIRTUDE ESTÁ NO MEIO

PRUDÊNCIA EM AÇÃO

Os líderes da Toyota e da Southwest Airlines (SWA) denotaram prudência quando decidiram criar reservas financeiras que lhes permitissem lidar com contingências económicas negativas. Esta sabedoria ajuda a explicar, por exemplo, por que a SWA não despediu colaboradores (ao contrário das restantes companhias) na sequência da grave crise emergente do 11 de setembro (veja, também, capítulo 16).

A prudência não se confunde com timidez ou aversão ao risco. Não é incompatível com audácia ou determinação. Abílio Gontijo, fundador e líder da Empresa Gontijo de Transportes, uma empresa brasileira de transporte de passageiros, com milhares de viaturas, foi descrito pela revista *Transporte Moderno* como «um audacioso com prudência». Jeff Immelt, o CEO da famigerada General Electric, argumentou que a empresa deveria ser «prudente, mas agressiva» na prossecução de objetivos.

Francisco de la Fuente Sánchez, como presidente do conselho de administração da EFACEC, escreveu no Relatório e Contas de 2008:

> (...) Entramos em 2009 com o mundo ainda mergulhado na profunda crise que estamos a viver. Não a podemos ignorar. Não vivemos isolados. Temos, portanto, de atuar com redobrada prudência, com grande atenção aos riscos, de toda a ordem, que podem perturbar a nossa atividade, mas também com redobrada determinação.

O Relatório de 2009 afinava pelo mesmo diapasão:

> Atuaremos com a maior prudência e procuraremos estar muito atentos aos riscos, de qualquer natureza, que possam afetar as nossas atividades.

A prudência e a determinação ajudarão a explicar o elevado desempenho que a EFACEC revelou nos anos subsequentes, designadamente nos mercados internacionais. O mesmo não poderá ser afirmado a propósito das lideranças imprudentes que levaram Portugal a receber a terceira visita *indesejada* do FMI em três décadas. Igualmente imprudente foi o *affair* entre Harry Stonecipher, então CEO da Boeing, e Debra Peabody (sua subordinada, vice-presidente da empresa) – ele casado, ela divorciada. Tendo violado o código de conduta da empresa, Stonecipher foi forçado a resignar após o caso ter sido divulgado. Surgiram suspeitas, não confirmadas segundo algumas fontes, de que o *affair* teria resultado em benefícios indevidos para a subordinada. Stonecipher perdera legitimidade para requerer aos seus colaboradores o cumprimento do mesmo código. E os *estragos* foram claros. Independentemente da veracidade das suspeitas, o caso ilustra bem como *à mulher de César não basta parecer séria, é também necessário sê-lo!*

Jeff Swartz, presidente e CEO da Timberland, relevou prudência quando teve de enfrentar 65 mil ativistas da Greenpeace, que enviaram milhares de *e-mails* (junho de 2009) para a empresa protestando contra o alegado uso de couro provindo de animais de zonas desflorestadas da Amazónia. Swartz ficou exasperado porque a desflorestação já constava da lista de prioridades da Timberland. Ademais, apenas 7% do couro usado pela empresa provinha do Brasil. Embora irritado com os milhares de mensagens e o seu conteúdo, Swartz rapidamente compreendeu a necessidade de adotar uma conduta cautelosa, preservando a reputação e interesses da empresa, sem colidir com a Greenpeace. Da prudência emergiram frutos. Em finais de julho de 2009, a empresa emitiu um comunicado elogiando a Greenpeace por ter chamado a atenção para o problema. E a Greenpeace elogiou a empresa por ter assumido uma posição liderante na resolução do mesmo.

IMPRUDÊNCIAS DE MÁ MEMÓRIA

Compare-se a conduta de Swartz com a de Tony Hayward, ex-CEO da BP, quando lidou com a explosão da torre petrolífera Deepwater Horizon, no Golfo do México, em abril de 2010. À explosão seguiu-se uma enorme catástrofe ambiental, que afetou a fauna e a flora, a vida de milhares de pessoas e a economia das populações. Hayward negligenciou os riscos, subvalorizou a importância do acidente para a população afetada, cometeu várias gafes – e passou um fim de semana a participar numa regata, enquanto as consequências do acidente se espalhavam por uma área equivalente ao território do Luxemburgo. Apesar das suas reconhecidas qualidades, Tony Hayward foi forçado a demitir-se, enquanto a reputação e o desempenho da empresa foram severamente afetados. Alguns autores sugeriram que a imprudência pode ser uma mácula na cultura da BP. Consideraram

A VIRTUDE ESTÁ NO MEIO

que a empresa não aprendeu com uma longa lista de crises e acidentes na sua história, tendo-se comportado com arrogância.

Imprudência, acompanhada de práticas desonestas, foi também identificada no grupo de Rupert Murdoch, o magnata dos *media*. Empresas do grupo e diversos líderes foram apanhados num turbilhão de escândalos no verão de 2011, quando vieram à superfície as práticas do *News of the World*, designadamente escutas ilegais, espionagem, chantagem e troca de favores com políticos. Murdoch foi descrito pelo *Expresso*, em 16 de julho de 2011, como «um australiano que não olha a meios». A *coragem* de ir em frente pode, afinal, ser prova de imprudência.

Efeitos perversos de alguma imprudência foram igualmente sentidos pela Ensitel, em Portugal, em 2009-2010. A empresa adotou uma atitude algo *presunçosa* (ou, pelo menos, pouco prudente) perante uma cliente que requereu a substituição de um telemóvel avariado. A recusa da substituição desembocou no tribunal arbitral, que deu razão à empresa. Todavia, a cliente contou o sucedido no seu blogue. Foi então alvo de um processo judicial por parte da Ensitel, que a intimava a apagar as referências feitas no blogue. A cliente denunciou a conduta da empresa no mesmo blogue, o que motivou uma avalanche de protestos nas redes sociais. Nova avalanche de manifestações de desagrado emergiu após a empresa ameaçar com novos processos judiciais à cliente, alegando que estava a ser alvo de uma campanha difamatória. Formaram-se movimentos nas redes sociais contra a empresa, tendo o *Expresso* referido que a empresa foi «enxovalhada nas redes sociais». A Ensitel acabou por pedir desculpas à cliente, anunciando a desistência de todos os processos e prometendo melhorias na relação com os clientes. Pode até supor-se que a Ensitel foi *crucificada* injustamente na *praça pública* – mas alguma prudência poderia, talvez, ter evitado o desfecho.

BENEFÍCIOS DA LIDERANÇA PRUDENTE

Os líderes prudentes temperam a ambição com realismo, a abertura de espírito com raciocínio apurado, a coragem com o autocontrolo, a persistência com a sabedoria. Escolhem objetivos com discernimento. São prudentes nos investimentos. Refletem sobre as consequências, positivas e negativas, para si e os outros, das possíveis ações e decisões. Resistem às tentações de bons resultados imediatos que podem hipotecar os resultados de longo prazo. Adotam uma perspetiva flexível e moderada perante a vida. Prestam atenção à experiência adquirida, estão dispostos a aprender com os erros. São argutos. Combinam a intuição com pensamento analítico.

Os líderes prudentes são também reflexivos, cautelosos e práticos. Não só *não matam o mensageiro da má notícia* como também procuram pontos de vista diferentes que lhes permitam analisar devidamente as situações e tomar melhores decisões. Evitam fazer afirmações de que possam vir a arrepender-se. Num tempo em que as palavras e as condutas dos líderes são amplamente escrutinadas pelos *media* e rapidamente se disseminam pelo espaço virtual das redes sociais, a prudência dos líderes é crucial – sob pena de afetarem negativamente a sua imagem e ferirem a reputação e o desempenho da organização.

Os líderes prudentes sabem que pode ser necessário assumir compromissos morais que permitam optar pelo menor dos males. Sabem que uma *inverdade*, ou um silêncio calculado, podem ser justificáveis se as consequências da afirmação da verdade forem perversas. São capazes de julgar as particularidades de cada situação e de atuar/decidir em conformidade.

A prudência é especialmente importante no exercício de funções de liderança que dispõem de grande *margem de manobra*. É a prudência que permite fazer bom uso dessa liberdade decisória de que tais líderes gozam. Com líderes prudentes, as organizações não necessitam de criar excessivos controlos inibidores da liberdade de ação.

A prudência é também crucial para os líderes tomarem e implementarem melhores decisões de mudança. Ajuda-os a lidarem mais eficazmente com crises organizacionais (*e.g.*, produto defeituoso ou causador de danos involuntários). Permite-lhes serem mais judiciosos nos investimentos, evitando aplicar recursos precipitadamente ou simplesmente ditados por impulsos de grandeza pessoal, vaidade ou poder. Protege-lhes a imagem e ajuda-os a preservarem a reputação da organização. Os colaboradores de um líder prudente sentem-se mais seguros, ficam mais convictos de que *desastres* e fiascos não ocorrerão, e dispõem-se a confiar no líder e a empenhar-se no trabalho. Líderes prudentes prosseguem objetivos e articulam visões organizacionais mais credíveis – mobilizando assim os esforços dos seus colaboradores. Ao contrário, líderes imprudentes articulam objetivos e visões organizacionais *líricas*, pouco credíveis e, por conseguinte, sem poder mobilizador e motivador das vontades dos colaboradores.

ENTRE O INSOSSO E O SALGADO

A prudência representa o meio-termo entre dois extremos: a imprudência irresponsável *versus* a timidez e aversão a qualquer risco. Por conseguinte, tanto a escassez como o excesso de *sal* podem ser perniciosos. Prudência excessiva não é prudência – mas *defeito*. Charles Caleb Colton (1780-1832), escritor e clérigo inglês, terá afirmado que «nada é mais imprudente do que a prudência excessiva». Segundo o *Público* de 26 de agosto de 2009, o membro do conselho executivo do Banco Central Europeu, José Manuel González-Páramo, afirmou à *Europa Press* que «é muito importante que os bancos evitem cair num estado de excessiva prudência», defendendo mesmo que «não é necessariamente melhor ser excessivamente conservador do que ser imprudente na concessão de empréstimos».

Prudência excessiva gera inação, incapacidade de correr riscos e cobardia. Líderes excessivamente prudentes podem ficar manietados pelo medo do fracasso, sobrestimando riscos e perdendo boas oportunidades de investimento. Absortos pelo receio de perda, ou por temerem prejuízos para a sua imagem, podem adiar irremediavelmente decisões. Podem recusar desafios importantes para as suas carreiras e o desempenho da organização. Agarrados excessivamente a princípios, podem recusar compromissos morais, evitando assim a prossecução de valores superiores.

CASANDO A PRUDÊNCIA
COM OUTRAS VIRTUDES

Naturalmente, pregar prudência não equivale a praticá-la. Por exemplo, os pedidos de *prudência e serenidade* que José Eduardo Bettencourt dirigiu aos adeptos (por criticarem a equipa) não o coibiram de algumas ações imprudentes. O nosso apelo, como autores, à prática da prudência não garante aos leitores que somos praticantes exemplares dessa virtude!

Reiterando o provérbio espanhol, *é mais fácil falar de touros do que enfrentar o touro na arena.*

Para ser *verdadeiro* apanágio dos líderes empresariais, a prudência requer a companhia de outras virtudes, designadamente a predisposição para *cuidar*. Os líderes da farmacêutica Roche atuaram prudentemente e fizeram (quase) tudo o que eticamente se esperava que fizessem, quando foram detetados problemas no Viracept, um antirretroviral. Mas a falta de um pedido de desculpas, explícito e relevador de *zelo* pelos pacientes, levou muitos *stakeholders* a considerarem que a empresa ficou aquém do esperado – e imputaram-lhe (porventura injustamente) responsabilidades.

A prudência também requer amor pela aprendizagem e sabedoria. Dotados destas duas virtudes, os líderes serão mais capazes de compreender a realidade que os circunda e de tomar as decisões *prudentemente* apropriadas. A coragem é igualmente importante para abandonar decisões imprudentes, embora o *excesso* de coragem possa conduzir a imprudências. O excesso de *paixão* também pode incapacitar os líderes para avaliarem realisticamente a situação, impelindo-os a decisões apaixonadas pouco prudentes.

AUTOAVALIAÇÃO
Questionário de prudência

Perguntas que merecem resposta afirmativa	S/N
• Antes de tomar decisões importantes, peço conselhos ou escuto outros pontos de vista?	
• Procuro obter opiniões acerca das consequências das minhas decisões?	
• Procuro ser realista?	
• Pondero os prós e contras das decisões, tendo em atenção as potenciais consequências a longo prazo?	
• Gosto de escutar especialistas acerca dos cenários futuros?	
• Procuro reduzir as possibilidades de surpresas desagradáveis, embora isso não me impeça de agir?	
• Encaro com realismo e procuro compreender as resistências à mudança, mas não me deixo vencer por elas?	

A VIRTUDE ESTÁ NO MEIO

- Sou determinado/a, mas paciente?
- Sacrifico prazeres imediatos em prol de benefícios de longo-prazo?
- Sou ponderado na tomada de decisão, mas não fico paralisado/a para decidir e agir?
- Gosto de compreender o contexto em que as coisas acontecem ou podem vir a acontecer?

Perguntas que merecem resposta negativa	S/N
Gosto de cortar a direito, qualquer que seja a situação e independentemente das consequências?	
Descuro eventuais surpresas desagradáveis que as minhas decisões possam gerar?	
Desconfio sempre de quem resiste à mudança?	
Sou impaciente e impulsivo?	
Deixo-me conduzir pelas emoções e circunstâncias do momento?	
Nem sempre penso sobre as consequências das minhas decisões?	
O meu lema é: todas as ações são legítimas, desde que o seu autor não seja apanhado?	
Sou impaciente? Não gosto de esperar?	
Acredito muito que a sorte me protegerá das consequências das minhas ações arriscadas?	
Frequentemente, faço afirmações de que me arrependo?	

Perguntas que também merecem resposta negativa	S/N
Sou excessivamente cauteloso/a?	
O medo de surpresas desagradáveis impede-me de agir?	
Sou de tal modo ponderado/ que acabo por ficar paralisado/a na tomada de decisão?	
Muitas das minhas decisões acabam por ser tomadas tardiamente, porque despendo demasiado tempo a pensar sobre as consequências das mesmas?	

CAPÍTULO 12

HONESTIDADE E INTEGRIDADE: OS ALICERCES DAS RESTANTES ENERGIAS

«Liderar sem integridade é como ter uma casa sem alicerces.»

Potter (2010, p. 24).

«É mais importante fazer as coisas corretas do que fazer as coisas corretamente.»

Drucker (*in* Lang, 2006, p. 425).

«O arcebispo Whately escreveu, há dois séculos, que "a honestidade é a melhor política, mas um homem que é honesto por essa razão não é um homem honesto". Se lidamos com alguém para quem a honestidade é a melhor política, pode suceder que, num dado momento, porventura decorridos muitos anos, essa pessoa venha a concluir que a honestidade deixou de ser a melhor política.»

Kay (2011, p. 82)

PIAS DECLARAÇÕES OCULTANDO MÁS PRÁTICAS

O LÍDER DO BPN ESCREVEU, no relatório de sustentabilidade de 2007 do grupo, o seguinte: «O sistema de controlo interno da organização, alicerçado em actividades-chave como *compliance*, gestão do risco e auditoria, permite que adotemos processos eficientes que forneçam transparência e promovam a responsabilização das nossas operações.» Alegava-se no documento que a empresa se pautava por princípios de transparência, compromisso e responsabilidade. Leitor algum precisará de ser relembrado da distância entre estes valores propalados e as reais práticas da empresa – e das consequências perversas daí advenientes para a instituição, os seus acionistas, os seus clientes, o próprio líder e o país.

O escândalo ético-contabilístico-financeiro que conduziu ao desmoronamento da colossal Enron foi também antológico. A par das fraudes de Maddoff, do Barings, da Worldcom ou do nosso compatriota Alves dos Reis, o caso Enron ficará nos anais da História das maiores fraudes mundiais. Milhares de trabalhadores ficaram sem emprego e sem pensões, investidores ficaram sem dinheiro, e consumidores ficaram temporariamente sem energia. Surpreendentemente (ou talvez não!), Kenneth Lay, o líder da empresa, professava valores de generosidade e integridade, sendo respeitado como pessoa honesta e preocupada com ações de filantropia e responsabilidade social da empresa. O código de ética da empresa era também perentório:

- Respeito: Tratamos os outros como gostaríamos de ser tratados. Não toleramos tratamento abusivo ou desrespeitador. A desumanidade, a insensibilidade e a arrogância não cabem aqui.
- Integridade: Trabalhamos com os nossos clientes, atuais e potenciais, de modo aberto, honesto e sincero. Quando dizemos que faremos algo, fá-lo-emos; quando dizemos que não poderemos fazer ou não o faremos, não o faremos.

A distância entre as pias declarações e as más práticas ditou a destruição da empresa. Os casos repetem-se em vários países, designadamente na vida política. Karl-Theodor zu Guttenberg era o ministro mais popular da coligação de centro-direita que governava a Alemanha. Surgia até à frente de Angela Merkel nos barómetros de simpatia dos políticos alemães. Era ainda a grande esperança do seu partido para suceder a Merkel na liderança do país, a médio ou longo prazo. Todavia, em fevereiro de 2011, demitiu-se na sequência de acusações de plágio na sua tese de doutoramento, que já haviam levado a Universidade de Bayreuth a retirar-lhe o grau de doutor em Direito.

Também Mário Conde, ex-presidente do Banesto, foi figura prestigiada durante anos. O jornal *El Mundo* escreveu que, nos primeiros anos da década de 1990, «todas as crianças queriam ser Mário Conde». Doutorado *honoris causa* pela Universidade Complutense de Madrid e figura notável (e notada!) em diversos fóruns, acabou sem honra, tendo sido condenado a prisão por apropriação indevida de dinheiro e falsificação de documentos. Há um par de anos, a Siemens também viu a sua reputação afetada, e vários gestores demitiram-se devido a más condutas éticas (*i.e.*, subornos). O *Diário de Notícias*, em 9 de novembro de 2007, dava conta do seguinte:

> O escândalo de corrupção que desde finais do ano passado tem vindo a afetar a Siemens ganhou ontem novos contornos depois de o diretor financeiro do grupo germânico, Joe Käser, ter anunciado, após a publicação dos resultados anuais, que, desde que rebentou o escândalo, a empresa já gastou cerca de 1,5 mil milhões de euros, entre devoluções de impostos, multas e gastos com as investigações.

RESISTIR *VERSUS* CAIR NA TENTAÇÃO DE QUE *TODA A GENTE FAZ ISSO*

Compare agora o leitor os casos mencionados com a seguinte ocorrência relatada por Max DePree, fundador e ex-CEO da Herman Miller, uma empresa americana do setor do mobiliário. Um dos vendedores da empresa estava a negociar com outra organização uma encomenda que rondava 12 milhões de dólares. A determinado momento, o representante da outra empresa sugeriu que estaria disposto a realizar a compra se lhe coubesse uma *parte*. O vendedor retorquiu que a Herman Miller não procedia desse modo, ao que o interlocutor respondeu: «Toda a gente faz isto.» O vendedor insistiu: «Não, nós não fazemos.» O interlocutor ripostou: «Bem, vou falar com o seu chefe, e provavelmente perderá o seu lugar.» O vendedor retorquiu: «Oh, não! Apenas perderemos a encomenda.»

A empresa acabou por conseguir a encomenda. Mas o que mais releva no caso é o facto de o vendedor se sentir seguro para rejeitar uma oferta que poderia custar um elevado montante à Herman Miller. A política da empresa era muito clara e a conduta do seu líder também. O vendedor sabia que Max DePree, o líder da empresa, apoiaria a sua conduta. Os líderes íntegros enfrentam grandes dificuldades quando a possibilidade de obter lucros vultuosos para as suas empresas requer práticas eticamente questionáveis. Mas, a prazo, a reputação e eficácia da empresa são recompensadas.

Diferentemente, muitas empresas e seus líderes deixam-se deslumbrar por enormes ganhos, descurando o modo como são alcançados: o que é desviante vai sendo progressivamente *normalizado*, ou seja, tornado aceitável. A empresa e os seus agentes adquirem o sentido de impunidade e, quando já estão acostumados ao lema de que *toda a gente faz isso*, eis que a prática é descoberta e a empresa é severamente punida na sua reputação e no seu desempenho. Foi algo deste teor que ocorreu com Robert Murdoch, envolto num escândalo de escutas ilegais que levaria ao encerramento do *News of the World*. Conrad Black descreveu do seguinte modo o magnata australiano dos *media*, no *Financial Times* de 14 de julho de 2011:

> Ainda que a sua personalidade seja geralmente bastante afável, o Sr. Murdoch não é leal a nada nem a ninguém, exceto à sua empresa. Tem dificuldade em manter os amigos; raramente cumpre a sua palavra por muito tempo; é um explorador do desconforto dos outros; e traiu todos os líderes políticos que alguma vez o ajudaram em diversos países, exceto Ronald Reagan e talvez Tony Blair. Todos os seus instintos são baixos; não é apenas um tabloide sensacionalista; é um fazedor de mitos malicioso, um assassino da dignidade dos outros e das instituições, tudo disfarçado de anti-elitismo.

Nonaka e Takeuchi, num artigo publicado em maio de 2011 na *Harvard Business Review*, sobre o *líder sábio*, foram perentórios:

> Os CEO necessitam de se perguntar se as decisões que tomam são boas, não apenas para as suas empresas, mas também para a sociedade; a gestão deve servir um propósito mais elevado. Desse modo, as empresas começarão a pensar em si próprias como entidades sociais incumbidas de uma missão que crie benefícios duradouros para a sociedade. A menos que criem não só valor económico mas também social, as empresas não sobreviverão no longo prazo.

A integridade é uma virtude que envolve honestidade e autenticidade. Os líderes íntegros comportam-se de acordo com as suas prédicas e com os valores professados. Assumem as suas convicções morais, mesmo que estas não sejam populares. São transparentes e honestos na relação com os outros. Tendem a falar verdade. Não são hipócritas. Cumprem as promessas. Lideram pelo exemplo. Estão nos antípodas dos *psicopatas empresariais* (expressão usada por Clive Boddy num artigo publicado no *Journal of Business Ethics*, em 2011) que conduziram à crise financeira global.

PORQUE A INTEGRIDADE DOS LÍDERES É IMPORTANTE

Um líder íntegro nutre a boa reputação da organização junto dos clientes, dos consumidores, dos credores, das autoridades e do público em geral. A integridade ajuda-o a pugnar pela prestação de serviços e produtos mais seguros e de mais elevada qualidade. A confiança assim alcançada fomenta a legitimidade da organização e pode facilitar a realização de negócios, o estabelecimento de parcerias, a conquista de *boa vontade* junto da comunidade e das autoridades, a atração de novos clientes e a lealdade dos atuais. A integridade ajuda um líder a recusar negócios com organizações cujos padrões éticos são baixos e a evitar subornos. A organização fica, pois, menos atreita a problemas judiciais e reputacionais.

Um líder íntegro também é alvo da confiança dos colaboradores. A integridade ajuda-o a zelar pela adoção de boas práticas de higiene e segurança no trabalho, e de práticas de gestão de recursos humanos respeitadoras da igualdade de oportunidades, da dignidade dos indivíduos e da liberdade de expressão. Como resultado, os colaboradores identificam-se mais com o líder e a organização, empenham-se mais no trabalho, pronunciam-se mais favoravelmente acerca da organização, ausentam-se menos do trabalho, são mais leais ao líder e à organização, e são mais felizes e produtivos no trabalho. Os colaboradores também ficam mais dispostos a fazerem sacrifícios quando necessário e empenham-se mais no sucesso da organização. Também desenvolvem maior segurança psicológica. Como consequência, sentem-se mais livres para se exprimirem e participarem empenhada e genuinamente nas decisões e na vida organizacional. São mais criativos e inovadores, assumem os erros e ajudam os outros a evitá-los. A coesão, a cooperação e a inter-ajuda no seio da equipa também aumentam, daqui decorrendo maior capital social/relacional e desempenho superior da equipa.

Diferentemente, um líder falho nesta virtude pode fazer perigar a reputação da empresa e a relação desta com os diferentes *stakeholders*. Processos judiciais podem ocorrer, e o resultado líquido pode ser perverso para o desempenho e a sobrevivência da organização. Um líder desonesto também gera desconfiança e cinismo nos colaboradores, que assim se empenham menos no trabalho, são menos leais, ausentam-se mais e são menos produtivos. A segurança psicológica no seio da equipa também decresce. Consequentemente, os colaboradores inibem-se de se expressar livremente, são menos criativos e inovadores, não assumem os erros e participam menos nas decisões e na vida organizacional. O resultado líquido é a saída de colaboradores talentosos e honestos, assim como o declínio do desempenho organizacional.

A INTEGRIDADE É CONTAGIANTE

Acrescente-se que o nível de integridade dos líderes tende a repercutir-se na integridade dos seus colaboradores e da empresa como um todo, como o exemplo do vendedor da Herman Miller mostra. As razões são diversas. Primeira: colaboradores honestos tendem a afastar-se de líderes desonestos, buscando outras organizações. Com o decurso do tempo, o líder pode acabar rodeado por pessoas menos íntegras. A situação é agravada pelo facto de as saídas voluntárias serem sempre mais frequentes entre colaboradores talentosos! Segunda razão: líderes honestos tendem a ser mais atentos ao nível de honestidade dos colaboradores, promovendo mais facilmente os honestos. Naturalmente, líderes desonestos não terão por hábito promover pessoas cuja honestidade pode ser *problemática* para eles próprios.

A terceira razão provém de as pessoas tenderem a reproduzir comportamentos dos seus líderes. Alguns colaboradores podem adotar comportamentos eticamente questionáveis por se sentirem pressionados para tal e/ou por razões de razões de *sobrevivência* e comodidade. Algumas pessoas também se sentem seguras para adotar ações de duvidosa honestidade quando observam idênticas acções nos seus líderes. Todavia, este pode ser um equívoco de consequências desastrosas. Imagine o leitor que o seu líder é desonesto. Suponha que ele lhe propõe a adoção de uma ação desonesta, prometendo-lhe *cobertura* e proteção no caso de a ação ser denunciada. Poderá o leitor confiar na palavra de alguém desonesto?

VENCENDO MÁS TEORIAS QUE PUGNAM PELA ÉTICA DO PÓQUER

A integridade é, tal como outras, uma virtude difícil, especialmente no meio económico e empresarial – no qual o nível das práticas éticas é, segundo alguns estudos, inferior ao ocorrido noutros contextos. Há também quem considere que a ética dos negócios corresponde à ética do póquer. Advogam estes paladinos do *jogo* que, desde que a lei seja cumprida e a busca do lucro seja prosseguida com eficácia, a mentira é aceitável e até desejável.

Este tipo de argumentos tem vindo a ser contrariado, tanto pela teoria como pela realidade empírica. Sumantra Ghoshal (1948-2004), um mundialmente reconhecido académico e considerado um guru da gestão, afirmou que as escolas de gestão têm responsabilidade pela ocorrência dos escândalos éticos que têm assolado o mundo empresarial nos últimos anos. Considerou que têm sido propaladas más teorias, as quais têm destruído boas práticas de gestão. Bill George, professor em Harvard e ex-CEO bem sucedido da Medtronic (a maior fabricante mundial de instrumentos biomédicos como *pacemakers* e desfibriladores) também argumentou:

Obrigado Enron e Arthur Andersen. A profundidade da vossa má conduta chocou o mundo e despertou-nos para a realidade de que o mundo dos negócios estava no mau caminho, venerando os ídolos errados e caminhando para a autodestruição.

GERIR ORGANIZAÇÕES É MAIS DIFÍCIL DO QUE ENSINAR ÉTICA

Praticar a integridade é, todavia, um empreendimento exigente que requer ponderação, prudência e coragem. Os dilemas éticos com que se confrontam os líderes podem requerer compromissos morais que, à primeira vista, são eticamente questionáveis aos olhos do observador mais incauto e/ou mais purista. Gerir organizações é mais difícil do que ensinar ética! Requer a capacidade para ponderar vários interesses/valores em jogo e optar pelo mal menor.

O ocorrido com a Google na China ajuda a ilustrar a complexidade da matéria. Em janeiro de 2006, a empresa concordou em censurar o seu motor de busca na China, de modo a obter autorização do governo para operar nesse mercado. Como consequência, foi acusada de facilitar ou contribuir para a violação dos direitos humanos no país.

Esta acusação é algo infundada. Na verdade, a empresa foi confrontada com a necessidade de evitar o menor dos males. Se abandonasse a China, prejudicaria o investimento dos acionistas e enfrentaria problemas de desempenho. Não possibilitaria emprego a muitos chineses. Não impediria a censura que os seus concorrentes decidiram aceitar, pelo que não ajudaria a resolver os problemas de liberdade de expressão. Se tivesse recusado a autocensura, colocaria os empregados locais em perigo. Diferentemente, ao decidir manter-se no país, a Google pôde proporcionar ao povo chinês informação (*e.g.*, sobre a SIDA, os problemas ambientais, a gripe das aves) que, de outro modo, não lhe seria facultada. Acresce que a empresa adotou mecanismos para minorar o problema (*e.g.*, disponibilizando avisos aos utilizadores de que as páginas consultadas estavam a ser censuradas).

Naturalmente, os compromissos morais não são a panaceia para lidar com dilemas éticos. O seu efeito pode, aliás, ser efémero. Por exemplo, o compromisso moral adotado pela Google não evitou que, em finais de 2009, a empresa tivesse sido alvo de ataques à sua rede, levando-a a ponderar a saída do país.

O que se pretende aqui sublinhar é que a integridade das empresas e dos seus líderes pode ser posta à prova quando é necessário ponderar valores diversos e escolher o menor dos males. Pregar a integridade *pura*, como alguns académicos fazem, é mais fácil do que praticar a integridade em situações reais complexas. Seguir idealisticamente princípios descurando as suas implicações práticas pode não ser o modo mais apropriado de zelar por valores e princípios ainda mais relevantes. É por esta razão que a integridade dos líderes necessita da parceria de outras virtudes como a coragem, a sabedoria, a humanidade e a perseverança.

A VIRTUDE ESTÁ NO MEIO

AS IMPUREZAS DA PUREZA

Naturalmente, a integridade nunca é excessiva. Mas o idealismo imprudente pode ser perverso. Por exemplo, afirmar a verdade independentemente das consequências nefastas que daí advêm pode não ser o melhor modo de um líder atuar. A *pureza* e o idealismo colocados na defesa de um valor importante podem prejudicar a prossecução de outros valores ainda mais importantes. Por exemplo, um líder zeloso pelo cumprimento da lei não pode ignorar as consequências que daí podem advir para a preservação da vida de outras pessoas – sobretudo quando a lei é iníqua ou desequilibrada. Suponha o leitor que lidera uma empresa que opera num país em que a lei exige que o furto de uma bicicleta seja comunicado à polícia. Como procederia se soubesse que o autor do furto seria condenado à morte?

O exposto ajuda a compreender como o *excesso* de integridade pode conduzir a decisões que, embora *puras*, podem ser impraticáveis e mesmo indesejáveis do ponto de vista ético. Pense o leitor em empresas que desinvestem num país violador dos direitos humanos. Não criarão problemas (ainda maiores) às pessoas que alegadamente pretendem proteger? O que conduz essas empresas a tal decisão – um genuíno interesse na proteção dos direitos humanos ou a proteção da sua imagem?

O leitor continua cético sobre a importância da integridade para os líderes e as suas organizações? É dos que pensa que, para se ser líder eficaz (inclusive na vida política), é preciso ser *esperto* como os outros e não cair em *ilusões ingénuas*? Pense então: quantos líderes (inclusive em Portugal) viram o seu prestígio abalado, e a reputação da empresa danificada, por razões de desonestidade? Em quem mais confia: num líder honesto ou num desonesto? Para qual estaria disposto a sacrificar-se e empenhar-se no trabalho? A qual seria mais leal? Quem selecionaria para gerir o seu património pessoal e familiar?

Duas últimas notas. Primeira: a reputação de pessoa honesta demora anos a construir, mas a sua destruição pode ocorrer num ápice. Segunda: *à mulher de César, não basta ser séria, é também preciso parecê-lo*. Seja, pois, cauteloso – não seja apenas honesto; pareça-o também. Evite *colocar-se a jeito*! Seja prudente.

LIDERANÇA

AUTOAVALIAÇÃO
Questionário de integridade

Perguntas que merecem resposta afirmativa	S/N
• As minhas ações são consistentes com os meus valores e convicções?	
• Cumpro as promessas?	
• Por regra, falo verdade?	
• Tomo decisões baseado em elevados padrões éticos?	
• Assumo os erros que cometo?	
• Por regra, mostro o que sinto?	
• Estimulo os meus colaboradores a atuarem de modo ético?	
• Procuro ter um comportamento exemplar?	
• Assumo as minhas convicções morais, mesmo que sejam impopulares?	
• Bato-me por aquilo que é correto fazer-se?	
• Faço questão que a minha equipa atue com honestidade?	

Perguntas que merecem resposta negativa	S/N
• Evito falar verdade se isso me prejudicar?	
• Dissimulo as minhas convicções para poder alcançar os meus objetivos?	
• Frequentemente, evito mostrar o que sinto?	
• Um dos meus lemas como líder é faz o que eu digo, não faças o que eu faço?	
• Frequentemente, digo uma coisa, mas faço outra?	
• Exijo aos meus colaboradores que cumpram regras e princípios que eu próprio não cumpro?	
• Distorço deliberadamente o que as outras pessoas me dizem?	
• As pessoas consideram-me hipócrita?	

A VIRTUDE ESTÁ NO MEIO

Perguntas que também merecem resposta negativa	S/N
• Digo sempre a verdade, independentemente das consequências?	
• O meu idealismo conduz-me a tomar decisões com consequências perversas?	
• Quando tomo decisões, preocupo-me em seguir bons princípios, independentemente das consequências?	
• Persisto no cumprimento de uma promessa mesmo que os efeitos sejam mais perversos do que se deixasse de cumpri-la?	
• Mostro sempre o que sinto, mesmo que isso seja inconveniente para o bom funcionamento da equipa?	

CAPÍTULO 13

TEMPERANÇA: UM ANTÍDOTO PARA O VENENO DO PODER

«A prática da virtude da temperança capacita os líderes para serem comedidos e disciplinados, de modo que a expressão irracional de emoções não tolha o seu julgamento nem os impeça de perspetivarem as pessoas, as coisas e os eventos de modo apropriado.»

Mendonca (2001, p. 271).

«Todos nós temos apetites que são a expressão das nossas necessidades humanas normais. Mas, por vezes, estes apetites quebram a nossa capacidade de atuar com sabedoria ou sensatez.»

Heifetz e Linsky (2002, p. 164).

«Qual a diferença entre Deus e o CEO? Deus está em todo o lado. O CEO está em todo o lado, menos aqui.»

Goffee e Jones (2006, p. 158).

O PODER É AFRODISÍACO?

O QUE TÊM EM COMUM Dominique Strauss-Kahn, Bill Clinton, Gary Hart, Daniel Ortega, Jacob Zuma, Arnold Schwarzeneger, John Edwards, Jesse Jackson e Silvio Berlusconi? Todos exerceram, exercem ou foram candidatos a funções de liderança política, e foram acusados de ímpetos sexuais menos apropriados, tendo assim causado danos às suas vidas pessoais e familiares, às suas carreiras políticas, às instituições que lideravam ou às causas que abraçavam. Estes não são casos isolados, sendo amplo o leque de figuras políticas, empresariais, sociais e mediáticas que *caíram em desgraça* devido a escândalos sexuais. O poder é afrodisíaco, terá afirmado Henry Kissinger, o antigo todo-poderoso secretário de Estado (equivalente a ministro dos Negócios Estrangeiros) dos EUA. Cacilda Jethá, coautora de *Sex at dawn: The prehistoric origins of modern sexuality*, afirmou jocosamente numa entrevista que, dada a aparência de Kissinger, é muito provável que a sua (dele) afirmação seja verdadeira!

A intemperança não se resume à busca de satisfação de apetites sexuais *ilícitos*, por vezes prosseguidos de forma violenta e criminosa. Luís Filipe Scolari deu mostras de alguma intemperança emocional quando, em 2008, agrediu Dragutinovic, o jogador da equipa nacional sérvia, após desafio com a seleção portuguesa. O ato criou prejuízos à imagem do próprio líder, fê-lo perder legitimidade para requerer contenção aos seus jogadores e causou dificuldades à gestão da equipa nacional. O desejo de ver todas as ordens e caprichos cumpridos, por absurdos ou destemperados que sejam, a tentação de levar a cabo projetos megalómanos ou a procura constante das luzes da ribalta – são também manifestações (por vezes ainda mais perigosas) da intemperança.

O PODER ENVENENA?

As razões pelas quais os líderes poderosos se envolvem em condutas e escândalos desta natureza são complexas. Mas podem ser sumariadas num ciclo vicioso que transforma o poder em *veneno*:

- Por um lado, a liderança requer elevados níveis de estamina, força, tenacidade e resiliência (*dos fracos não reza a história*). Consequentemente, a função de liderança tende a ser conquistada e levada a cabo por indivíduos com forte necessidade de poder e influência, capazes de enfrentarem obstáculos e adversários para alcançar objetivos, sejam estes altruístas ou egoístas.
- Por outro lado, o exercício do poder pode gerar excesso de autoconfiança e transformar-se em *veneno*: habituados a obterem assentimento aos seus

desejos e pouco acostumados a escutarem um *não*, os líderes desenvolvem apetites cuja satisfação lhes parece *merecida* ou adquirida. Com o decurso do tempo, perdem autocontrolo e capacidade para ver o mundo a partir da perspetiva dos outros. Perdem também a paciência e a compostura, sobrevalorizando os seus desejos e ímpetos, e subvalorizando os dos outros.

Uma qualidade pode, todavia, inibi-los da procura da satisfação impetuosa dos seus desejos: a temperança. Em sentido lato, a temperança envolve a prudência, a humildade, o perdão e a autorregulação (também denominada autocontrolo ou autodisciplina). Em sentido estrito, envolve apenas a autorregulação ou autocontrolo, e é esse sentido que desenvolvemos neste capítulo.

O MÚSCULO DA TEMPERANÇA E AS SUAS CONSEQUÊNCIAS

A temperança assim considerada é a capacidade de exercer autocontrolo que permite evitar e resistir a tentações que podem conduzir a comportamentos hedonísticos excessivos. As pessoas detentoras desta virtude são capazes de adiar a autogratificação e inibir-se de ações que podem fazer perigar a reputação, o bem-estar e a prosperidade – tanto delas próprias como das suas famílias, organizações e nações. Não se deixam embriagar pelas emoções do momento. São capazes de evitar fazer coisas que sabem que não devem ser feitas. São moralmente disciplinadas. Evitam ações que podem surtir efeitos perversos no longo prazo, mesmo que possam ser prazenteiras no imediato.

As pessoas caracterizadas por doses apropriadas de temperança tendem a obter melhores desempenhos no trabalho. Tal resulta do facto de serem mais conscienciosas no exercício da função, de procrastinarem menos e usarem mais devidamente o tempo, e de evitarem pensamentos e ações que podem afastá-las das tarefas essenciais. As pessoas devidamente temperadas também adotam menos comportamentos de risco relacionados com maus hábitos alimentares e com o consumo de drogas ilegais e álcool. São menos revanchistas. São psicologicamente mais saudáveis, desenvolvem relacionamentos interpessoais mais positivos e têm vidas familiares/sentimentais mais estáveis. São mais cooperativas no trabalho e contribuem mais para a harmonia interpessoal. São melhores gestoras do dinheiro, mais honestas e menos propensas a comportamentos delinquentes.

A IMPORTÂNCIA DA TEMPERANÇA DOS LÍDERES NUM MUNDO MEDIATIZADO

A temperança é crucial para o desempenho responsável dos líderes e para a reputação das organizações. Donald Keough, ex-CEO da Coca-Cola Company, sugeriu que esta virtude é especialmente relevante nos líderes contemporâneos, dado o escrutínio a que são ampla e continuamente submetidos. Também Barbara Kellerman, da Universidade de Harvard, argumentou:

> Dado que vivemos num tempo em que os líderes de topo são combustível para as fábricas mediáticas, os riscos [da intemperança dos líderes] são muito maiores do que o foram outrora.

Atente-se, a este propósito, no escândalo ocorrido com uma filial da seguradora alemã Munich Re. O caso foi amplamente divulgado em meios de comunicação social nacionais e internacionais, tendo sido assim relatado pelo jornal *Público*, em 20 de maio de 2011:

> A seguradora alemã Munich Re admitiu que alguns elementos da direção de uma filial da empresa, o Grupo Ergo, organizaram uma festa na capital húngara com 20 prostitutas, em junho de 2007, com o objetivo de festejarem os bons resultados da seguradora. A festa ocorreu nos famosos banhos Gellert, em Budapeste, e foi organizada por elementos do Grupo Ergo (que à data se chamava Mannheimer Versicherungs AG) para premiar os seus cem melhores vendedores. No evento estiveram cerca de 20 prostitutas, algumas das quais usavam pulseiras distintivas, assinalando as que estavam reservadas para as chefias. A notícia (...) foi recebida com indignação pela direção da empresa, que frisa que esta festa de 2007 foi levada a cabo em «clara violação» da política interna da Munich Re, indicou um porta-voz da empresa, Alexander Becker. A seguradora frisou ainda que o diretor da filial que organizou o evento já não está no grupo.

A VIRTUDE ESTÁ NO MEIO

Apesar de a prostituição ser prática legal na Hungria e na Alemanha, a divulgação do caso causou prejuízos à reputação da empresa e implicou diversas perdas para os líderes envolvidos. Mais autocontrolo e prudência teriam evitado tais danos.

EFEITOS DA LIDERANÇA TEMPERADA

A temperança é uma virtude crucial para os líderes que pretendem tornar as suas organizações mais produtivas e geradoras de progresso económico- -social. Os líderes temperados não se deslumbram com as luzes da ribalta, antes adotam uma postura discreta e *recatada*, mantendo-se focalizados no florescimento das suas organizações. Foi o *recato* de Lou Gerstner que, em certa medida, o ajudou a recuperar a IBM. Ao contrário, um certo deslumbramento mediático de Carly Fiorina ajuda a explicar o seu insucesso na liderança dos destinos da HP.

Líderes temperados evitam decisões megalómanas com impacto negativo sobre o desempenho da organização. São comedidos na aquisição de outras organizações, evitando pagar preços exorbitantes por *presas* empresariais que se destinam a afirmar mediaticamente o seu orgulho pessoal. Respeitam os interesses dos vários *stakeholders*, incluindo dos detentores de menor poder, assim melhorando a respeitabilidade, a legitimidade e a reputação das suas organizações. Evitam hábitos de consumo marcados pela ostentação e pela extravagância que poderiam alienar os seus colaboradores e outros *stakeholders*. Esta contenção é especialmente relevante quando os líderes atuam em países desfavorecidos, com padrões de consumo frugais e práticas culturais idiossincráticas.

Os líderes detentores desta virtude são também mais justos e respeitadores dos seus colaboradores, assim suscitando mais elevados níveis de confiança. Também são mais comedidos nas remunerações e outras benesses que se atribuem, fomentando assim o empenhamento dos seus colaboradores e outros *stakeholders*. Desse modo, ficam também mais capacitados para solicitar sacrifícios aos seus colaboradores, designadamente em momentos críticos. Enquanto alguns executivos exigem viajar em jatos privados, outros não só prescindem dessa benesse como a rejeitam. Foi o caso de Shivan Subramaniam, enquanto CEO da FM Global. Subramaniam afirmou que a benesse seria dispendiosa e transmitiria uma mensagem errada. Camilo Lourenço, num texto publicado no *Jornal de Negócios*, em 27 de junho de 2011, deu nota de conduta do mesmo teor a propósito de um banqueiro português:

> Um banqueiro disse-me um dia que o seu banco contratara «xis» horas de voo a uma empresa de jatos executivos. Como o banco raramente esgotava essas horas, a empresa sugeriu que utilizasse o avião para ir de férias. «Nunca o fiz. Mesmo sabendo que não custava mais à empresa», confessou. «Porquê?», perguntei. «Como é que depois tinha moral para cortar postos de trabalho?». Voilá!

OS RISCOS DA LIDERANÇA INTEMPERADA

Ao contrário, líderes intemperados e impulsivos tomam decisões megalómanas. Desrespeitam os seus interlocutores. Atribuem-se privilégios desmesurados (desde jatos privados a gabinetes sumptuosos e compensações faustosas) que prejudicam as organizações. Adotam condutas eticamente questionáveis que causam danos à reputação das organizações e podem, mesmo, levar a processos judiciais incriminatórios contra eles próprios. Alienam os seus colaboradores. Suscitam ressentimentos em outros interlocutores que, por vezes, os impelem a atos de retaliação perversos. Podem, em suma, fazer perigar a sobrevivência da organização.

Foi com intemperança (além de outros vícios) que Al Dunlap destruiu a Sunbeam. Conhecido como *motosserra* (e também como *serial killer*), devido à forma desumana e intemperada como atuava, fez alarde do seu lema:

> Você não está nos negócios para ser simpático. Eu também não. Estamos aqui para sermos bem sucedidos. Se quer um amigo, compre um cão. Eu não perco oportunidades – comprei dois.

Com esta *inspiração canina*, destruiu o moral da empresa e conduziu-a à bancarrota, não sem antes se autopresentear com benesses consideráveis. Foi escorraçado pelos pares. Não foi ao funeral dos pais. A sua irmã afirmou que a sua queda foi bem merecida.

SAIR ANTES QUE A FESTA ACABE

A temperança pode ser de grande valia para que um líder desenvolva o devido desapego ao poder e compreenda quando é chegado o momento oportuno para abandonar a cadeira. O poder é viciante. Abandoná-lo e perder as benesses subjacentes é fonte de sofrimento, podendo gerar maleitas na saúde física e psicológica do líder, e afetar a sua vida pessoal e familiar. Nick Binkley, ex-membro do conselho de administração do Bank of America, sofreu problemas de saúde, dificuldades em dormir e alguns transtornos no seu matrimónio após sair da empresa.

As dificuldades geradas pela privação do poder explicam, pelo menos parcialmente, por que alguns líderes poderosos e famosos continuam ligados às suas empresas e procuram permanecer sob as *luzes da ribalta* após abandonarem a posição de liderança formal. É por isso que importa *sair antes que a festa acabe*. A revista *The Economist*, em 9 de setembro de 2010, num texto sobre as idiossincrasias e vantagens do poder, afirmou o seguinte:

> A chave para manter o poder é compreender os seus efeitos corruptivos. Os indivíduos poderosos necessitam de cultivar uma combinação de paranoia e humildade – a paranoia acerca de como as outras pessoas os querem afastar e a humildade acerca da sua própria substituibilidade. Também necessitam de saber quando devem abandonar o lugar. As pessoas que não sabem quando abandonar uma organização rebentam e queimam-se. As pessoas que saltam do lugar antes de serem empurradas têm uma boa possibilidade de pular ainda para outro trono afrodisíaco.

MA NON TROPPO...

Fazendo jus ao princípio da *média dourada* (*a virtude está no meio*), não é apenas a escassez de temperança que conduz a efeitos perversos. Também o excesso pode ser pernicioso. Um líder excessivamente autorregulado pode tornar-se demasiadamente rígido na tomada de decisão e incapaz de aproveitar as coisas boas que a vida oferece. Pode adotar comportamentos de autossacrifício excessivos. Uma tal postura inflexível pode baixar os seus níveis de bem-estar e dificultar o desenvolvimento de relacionamentos interpessoais positivos e gratificantes. O excesso de temperança pode também tornar um líder excessivamente exigente com os seus colaboradores (e outros interlocutores), requerendo-lhes sacrifícios indevidos ou insuportáveis. No plano emocional, a rigidez pode gerar incapacidade de expressar devidamente emoções e suscitar perdas de autenticidade – com prejuízo para a relação com os outros.

AUTOAVALIAÇÃO
Questionário de temperança

Perguntas que merecem resposta afirmativa	S/N
• Centro-me no que é essencial para o sucesso da organização, não me deixando deslumbrar com as luzes da ribalta?	
• Evito gastos sumptuosos?	
• Sou comedido/a e razoável quando expresso emoções negativas?	
• Sou capaz de evitar a satisfação de apetites ilícitos?	
• As pessoas consideram-me uma pessoa equilibrada?	
• Quem me conhece sabe que não sou uma pessoa de excessos?	
• Evito fazer coisas que sei que não devem ser feitas?	
• Quando tomo decisões, tenho em conta os efeitos de curto e de longo prazo?	
• Quanto tomo decisões, penso devidamente nas diversas alternativas?	
Perguntas que merecem resposta negativa	**S/N**
• Tenho explosões emocionais que me levam a perder a cabeça?	
• Gosto de tomar decisões megalómanas?	
• Não sou capaz de resistir a tentações?	
• Não me importo de pagar um preço excessivamente elevado por uma empresa, desde que essa aquisição seja importante para o meu poder e prestígio?	
• Sou desumano/a no modo como me relaciono com os meus colaboradores?	

A VIRTUDE ESTÁ NO MEIO

- Sempre que posso, procuro atribuir-me ou conquistar benesses, mesmo quando não são razoáveis ou prejudicam a organização?

- Tomo muitas decisões como fruto de impulsos imediatos?

- Tenho dificuldade em controlar os meus impulsos?

- Faço coisas que sei que não devem ser feitas?

- Faço coisas que são más para mim, mas que me dão gozo?

- Tenho muita dificuldade em guardar segredos?

- Frequentemente, interrompo as pessoas?

Perguntas que também merecem resposta negativa	S/N

- Sou muito rígido/a no modo como encaro a vida?

- Raramente aproveito o que a vida tem de bom?

- O meu autocontrolo leva-me a ser menos espontâneo com as pessoas do que o necessário?

- Sou, frequentemente, inflexível quanto ao cumprimento de normas e regras, não me importando com as consequências negativas que possam advir dessa inflexibilidade?

- As pessoas consideram-me excessivamente disciplinado e rígido?

CAPÍTULO 14

PERDÃO:
O PURIFICADOR DE TOXINAS

«(...) O perdão é uma espécie de vingança (...). Perdoar pode parecer desculpar a ofensa, deixando assim a vítima desamparada. Contudo, o perdão não fecha os olhos aos factos: coloca-se acima deles. Significa dizer "Isto é o que significa ser humano". Ou "Não poderei nem retribuirei o mal que me fizeste". Isto representa o triunfo da vítima.»

Gobodo-Madikizela (2003, p. 117).

«O rancor persistente faz parte da natureza humana, mas prejudica o bem-estar espiritual e a saúde física. (...) A raiva tem o seu lugar na panóplia das emoções humanas, mas não pode tornar-se um modo de vida.»

Lewis e Adler (2004, p. 54)

«A capacidade para perdoar é um atributo importante para os que aspiram a exercer liderança forte.»

Bright (2006, p. 189).

ROUBAR = FAZER FAVORES A AMIGOS
... ANÓNIMOS!?

O LEITOR É UM ACADÉMICO PRESTIGIADO. Foi desafiado por uma empresa de serração (1200 colaboradores) para ajudar a resolver o seguinte problema: os furtos são frequentes e os supervisores não são capazes de estancar a conduta. Como procederia? Gary Latham e a empresa agiram do modo que a seguir se descreve. Após realizar entrevistas, Latham descobriu que os trabalhadores furtavam por diversão e desafio, não necessitando sequer da maior parte do material roubado. A gestão ameaçou colocar câmaras de vigilância – situação que os trabalhadores encararam com excitação, pois *desviar* o equipamento passaria a ser um grande desafio. Latham e o gestor da fábrica optaram por uma solução criativa: implementar uma *amnistia* que permitisse aos empregados devolverem o equipamento sem serem punidos. A empresa assumiu que, aquando da entrega do material *desviado*, os funcionários estariam a fazer um favor a um amigo anónimo! A intervenção, ainda que intrigante, foi bem sucedida. Matou a *excitação* malévola com *generosidade e perdão*, segundo Robert Sutton, professor em Stanford e autor de *Good Boss, Bad Boss*.

O caso pode parecer esdrúxulo e pouco plausível para muitos leitores. Todavia, quem já teve experiências operárias (como os autores deste livro) sabe que a realidade industrial de muitas empresas é mais singular e *extravagante* do que as lideranças de *poltrona* podem supor. A resolução eficaz de problemas requer, pois, abordagens inventivas. No caso em apreço, para além de inventiva, a abordagem foi levada a cabo com *perdão*. Esta qualidade é frequentemente negligenciada em contexto organizacional, sendo habitualmente considerada *politicamente incorreta* e alvo de zombaria. Facultaremos ao leitor uma perspetiva diferente.

Uma das qualidades reveladas por Nelson Mandela foi, precisamente, a sua capacidade de perdão. Curiosamente, reconheceu que uma das razões para se separar de Winnie, sua mulher, foi a amargura desta – porventura pela sua incapacidade de perdoar. Mandela deu denodadas mostras de perdoar os adversários que o privaram da liberdade durante quase três décadas. Convidou os seus guardas prisionais para a tomada de posse como Presidente da África do Sul. E desenvolveu um intenso e exemplar esforço para promover a reconciliação no país. Sem esta, a convivência entre Sul-africanos tornar-se-ia inviável e conduziria, porventura, a banhos de sangue continuados. Em 10 de fevereiro de 2010, o *Diário de Notícias* relatava do seguinte modo a capacidade de perdoar de Mandela:

> Numa prova da sua infindável capacidade de perdoar, Nelson Mandela, que faz amanhã 20 anos foi libertado da cadeia Victor Verster, convidou um dos seus antigos carcereiros para jantar em sua casa na semana passada.

Christo Brand era um dos guardas prisionais da cadeia de alta segurança da Robben Island, onde o líder histórico da luta anti-*apartheid* passou a maior parte dos seus 27 anos de reclusão. A vida, nesta pequena ilha de um quilómetro quadrado, não era nada fácil para os detidos do ANC. (…) Quem visita a minúscula cela onde esteve Mandela e ouve os relatos feitos por Naidoo tem grandes dificuldades em perceber como foi ele capaz de perdoar tudo por que o fizeram passar.

PERDOAR NÃO É ESQUECER

Perdoar não é, todavia, esquecer. A comissão criada na África do Sul para promover a pacificação não se denominou de *reconciliação* – mas de *verdade-e-reconciliação*. Os atropelos à vida e à dignidade humanas perpetrados durante o *apartheid* não foram esquecidos. A verdade não foi ocultada. Investigando-se a verdade e praticando a justiça, as vítimas puderam sentir algum conforto. Recebendo perdão, os perpetradores ficaram mais propensos a assumir os erros e a desenvolver remorsos reparadores. E o país pôde focalizar-se no futuro, em vez de remoer o passado. As lideranças e as populações europeias também obtiveram benefícios com o perdão. Kim Cameron referiu-se à matéria do seguinte modo:

Uma explicação possível para a formação bem sucedida da União Europeia é o perdão. Coletivamente falando, os Franceses, os Holandeses e os Britânicos perdoaram os Alemães pelas atrocidades cometidas durante a II Guerra Mundial, como aliás procederam outras nações prejudicadas. Do mesmo modo, o perdão recíproco demonstrado pelos EUA e o Japão (…) ajuda a explicar o florescente intercâmbio económico e social que se desenvolveu nas décadas subsequentes. Distintamente, a ausência de paz em certas zonas do mundo pode ser explicada, pelo menos parcialmente, pela recusa das coletividades em se perdoarem mutuamente pelas ofensas de outrora.

O perdão é a tendência do ofendido ou da vítima para abster-se de nutrir emoções, pensamentos e ações negativas para com o ofensor. Não implica o esquecimento ou a negação da ofensa. Não é sinónimo de laxismo e tolerância ao erro. Não impede que a justiça seja aplicada. Nem representa a aceitação de menores níveis de exigência e expectativas. Não implica, necessariamente, conciliação entre ofendido e ofensor. Embora seja por vezes considerado sinónimo de timidez ou fragilidade, o perdão requer força, coragem e disciplina. Implica o abandono de sentimentos profundos, uma transformação interior e uma mudança comportamental. O perdão pode assumir dimensão coletiva ou organizacional quando emerge como um virtuoso *modo de estar* presente na generalidade dos membros de um dado grupo ou organização.

LIDERANÇA QUE PERDOA

Nas organizações onde o perdão prevalece, a satisfação, a confiança, a entreajuda e a cooperação florescem. As relações interpessoais são mais facilmente restauradas e colocadas ao serviço do trabalho realmente relevante. As equipas focalizam-se mais na aprendizagem com os erros e nas oportunidades do que simplesmente na punição das ofensas. As emoções positivas emergem, daí advindo efeitos positivos sobre a criatividade, a cooperação e o desempenho.

O perdão também atua como amortecedor dos traumas, dos ódios, das adversidades e das emoções negativas experimentadas durante dolorosos e conturbados processos de *downsizing*, permitindo que a organização recupere e floresça. Ajuda a restaurar o capital social e o sentido de autoconfiança coletiva. Ao contrário, uma cultura repleta de sentimentos de desforra e rancor promove a desconfiança, o cinismo, a vontade de retaliação, a quebra da cooperação e, eventualmente, uma espiral ascendente de conflitos que causa danos aos indivíduos e à organização.

Os líderes que cultivam a virtude do perdão, em combinação com a coragem, a integridade e a exigência, podem obter benefícios diversos para si próprios, os liderados e a organização. Perdoando, os líderes neutralizam emoções negativas (*e.g.*, raiva, desilusão, medo, sentimento de humilhação) e experimentam emoções positivas. São menos atreitos ao stresse. Daqui decorrem efeitos positivos sobre a sua saúde física e mental, o que pode vitalizá-los para o exercício exigente das funções de liderança (veja capítulo 5). Ao perdoarem, os líderes não se deixam capturar por pensamentos destrutivos e ficam livres para canalizar as suas energias positivas para a tomada de decisões de maior qualidade. O perdão beneficia mais quem perdoa do que quem é perdoado!

Os líderes que perdoam, de modo sensato e inteligente, também promovem um clima organizacional de segurança psicológica que induz as pessoas a tomarem iniciativa, a correrem riscos, a aprenderem com os erros e a inovarem. Uma cultura de perdão também lhes cria margem de manobra para adotarem condutas difíceis (*e.g.*, aplicar processo disciplinar; repreender; encerrar unidade organizacional), que, se implementadas numa cultura organizacional de retaliação, poderiam ser mais problemáticas e suscitar resistências e retaliações. Ao perdoar os seus colaboradores (honestos!), o líder permite que readquiram a autoestima, levando-os a focalizarem as energias em tarefas e desafios realmente importantes.

LIDERANÇA VINGATIVA

Ao contrário, os líderes que não perdoam vivem um tormento permanente, experimentando isolamento e angústia, com os consequentes custos para a saúde física e psicológica. O desejo de represália deixa-os tensos e pode-lhes dificultar os relacionamentos positivos com terceiras pessoas. Absortos por sentimentos negativos, são incapazes de orientar as suas energias para matérias cruciais ao desempenho das equipas. Podem alimentar ciclos de agressão, ataque e contra-ataque, que podem ser perversos para eles próprios, os seus interlocutores e toda a equipa. Quando um líder entra em rutura vingativa com outrem, pode ocorrer uma escalada de resposta e contra-resposta que impede o entendimento posterior. A determinado momento do processo, nenhum dos contendores está disposto a *dar o braço a torcer*. E se, porventura, um deles expressa um gesto de boa vontade, há o risco de o outro interpretar tal gesto com desconfiança – retaliando ainda mais.

Líderes vingativos geram desconfiança e um clima de medo no seio das equipas. A cooperação e a entreajuda sofrem, com consequências perversas para o desempenho. Atitudes defensivas prevalecem. A consciência de que os erros, mesmo os honestos, não são perdoados inibe os membros da equipa de assumi-los e divulgá-los. Erros escondidos não ajudam outros membros a aprender com eles nem a evitá-los. A aprendizagem organizacional sofre, pois. Imagine o leitor o que ocorre numa organização médica em que os erros honestos não são assumidos nem partilhados, pelo que outros agentes médicos continuam a cometê-los! Compare esta atuação com a de uma clínica cujos membros assumem as falhas e as partilham para que os mesmos erros não sejam cometidos. Em qual das clínicas preferia ser internado?

PERDOAR, MAS NÃO SER TONTO

O exposto sugere que o perdão, como virtude organizacional e como força dos líderes, é um regenerador e facilitador das relações positivas e cooperativas no trabalho. Quando os conflitos potencialmente perversos emergem, as relações de trabalho se degradam, as emoções negativas encontram espaço para progressão, os postos de trabalho são eliminados, ou acidentes e falhas graves ocorrem – é o nível de perdão que dita se equipas e organização *cicatrizam* e progridem ou se, inversamente, definham e se deixam atolar em vinganças, retaliações, animosidade e desperdício de energias.

Todavia, tal como acontece com as restantes virtudes, o perdão requer sensatez e uma procura incessante pelo meio-termo. Quando excessivo, transforma-se numa fraqueza, levando a pessoa a perder autorrespeito. Torna a pessoa indulgente e complacente com condutas impróprias. Pessoas excessivamente indulgentes podem ser alvo de comportamentos abusadores por parte de indivíduos desonestos. Tal indulgência pode criar uma cultura de laxismo que prejudica os colaboradores mais empenhados e talentosos, degrada o capital social das equipas (isto é, os níveis de cooperação, entreajuda e confiança) e declina o desempenho.

Se o leitor pretende desenvolver esta virtude, seja, pois, cauteloso e prudente. Perdoar não significa negligenciar, esquecer ou reduzir a relevância do ato negativo ou ofensa. Seja firme e exigente – e procure que a justiça seja implementada. Enfrente a verdade. Acima de tudo: não permita que o ressentimento domine os seus pensamentos e o distraia do que é essencial. Mandela referiu, a propósito das relações cordiais e dos elogios que teceu a De Klerk: «Para fazer as pazes com o adversário, é necessário trabalhar em conjunto com ele, e o adversário torna-se então um amigo.» Adote a sugestão de Stephen Covey:

Um dos melhores modos de se transformar num líder mais proativo e com iniciativa é escapar à vitimização, evitar cinco metástases cancerosas – queixume, comparação, criticismo, competição e rivalidade – e substitui-las por perdão, plenitude e gratidão.

AUTOAVALIAÇÃO
Questionário de perdão

Perguntas que merecem resposta afirmativa	S/N
• Sou capaz de desejar boas coisas à pessoa que se comportou indevidamente comigo?	
• Se encontro a pessoa que se comportou incorretamente, sinto-me tranquilo/a?	
• Não me deixo vencer pela mágoa que alguém me provoca?	
• Desejo que a pessoa que atuou indevidamente para comigo seja tratada corretamente pelas outras pessoas?	
• Tenho consciência de que *todas* as pessoas (eu incluído/a) são imperfeitas e devemos aceitá-las com as suas imperfeições?	
• Em cada dia, penso que *o que lá vai lá vai*?	
Perguntas que merecem resposta negativa	**S/N**
• Quando alguém atua indevidamente para comigo, penso incessantemente no modo incorreto como fui tratado/a?	
• Gasto bastante tempo a pensar no modo como hei de retribuir o mal que me foi feito?	
• Normalmente, sinto ressentimentos pela pessoa que se comportou indevidamente para comigo?	
• Evito lugares em que possa cruzar-me com a pessoa que foi incorreta para comigo?	
• Quando as pessoas se portam menos bem para comigo, a minha vida perde alegria?	
• Custa-me curar as feridas provocadas por quem se portou mal?	
• Ando com *pedras no sapato* durante muito tempo?	
• Por regra, não dou segundas oportunidades a ninguém?	
• Atuo seguindo o lema *olho por olho, dente por dente*?	

LIDERANÇA

Perguntas que também merecem resposta negativa	S/N
• As pessoas a quem perdoo abusam da minha atitude?	
• Sou excessivamente benevolente?	
• Esqueço rapidamente *todo* o mal que me fizeram?	
• Esqueço rapidamente o mal que uma pessoa me faz, mesmo que repetidamente?	

CAPÍTULO 15

HUMILDADE: APRENDENDO E MELHORANDO, COM OS PÉS ASSENTES NA TERRA

«Os melhores chefes são fortemente autoconfiantes, mas uma dose saudável de dúvidas e humildade salva-os de serem arrogantes e casmurros. Os chefes que não conseguem estabelecer este equilíbrio são incompetentes, é perigoso segui-los e são totalmente degradantes.»

Sutton (2010, p. 61).

«Estes dois "h" — honestidade e humildade — são cruciais para fazer bom trabalho nos negócios. É difícil a uma pessoa desonesta e arrogante aprender com um fracasso; e é difícil que uma pessoa honesta e humilde faça muito mal no longo prazo. (...) A verdadeira humildade não implica acanhamento ou autodepreciação; antes está de mãos dadas com a confiança e o propósito.»

Damon (2004, p. 16; p. 40).

«Foi uma experiência de erros cometidos, durante três anos. Imagine o que é tomar uma decisão, contra a opinião dos trabalhadores e até das estruturas médias, chegar à conclusão de que estava errada e ter de admitir e pedir desculpa perante toda a gente.»

João Talone, ex-presidente da EDP, acerca da sua experiência como administrador-delegado da Ytong (*Exame*, janeiro de 2010).

LIDERANÇA

JOIAS INVISÍVEIS

O LEITOR ACABA DE SER NOMEADO presidente do conselho de administração de uma empresa com sérias dificuldades financeiras. A sua experiência e o seu conhecimento na área financeira são escassos. Como procederia? Pensaria em pedir ajuda aos peritos financeiros da empresa? Anne Mulcahy, quando foi nomeada líder da (então moribunda) Xerox, encontrava-se nessa situação. Não teve vergonha de assumir a ignorância financeira e de pedir ajuda aos peritos. Evitou os *media,* manteve-se afastada das luzes da ribalta e arredou-se das parangonas da fama e da publicidade. Ou seja, além de revelar coragem e prudência, também deu mostras de humildade. Salvou a Xerox e foi amplamente reconhecida como excelente líder. Ketchen Jr., Adams e Shook, num artigo sobre a celebridade dos CEO, descreveram-na como a *joia invisível.*

Barack Obama deve parte dos apoios recebidos para a corrida à presidência dos EUA ao modo como se comportou quando chegou ao Senado. Com humildade (acompanhada de prudência, perseverança e sagacidade política), pediu conselhos a numerosos senadores e estabeleceu relações de mentoria com figuras relevantes do Senado (incluindo Ted Kennedy). Deste modo, criou laços de afeição e boa vontade.

A humildade é uma característica crucial, entre outras, dos líderes *de nível 5* – a expressão usada por Jim Collins, famigerado consultor e autor, para se referir a executivos transformacionais poderosos e bem sucedidos que possuem uma mistura paradoxal de humildade pessoal e de *força de vontade* profissional. Tais líderes são modestos, evitam a adulação, não são *gabarolas.* Denotam tenacidade e determinação vincada. Canalizam a ambição e os esforços para a organização, e não para a grandiosidade pessoal. Assumem os erros, em vez de procurarem bodes expiatórios. A humildade é também uma característica crucial da *liderança servidora* – um modo de liderar que diversas investigações têm mostrado contribuir para o desempenho, tanto em empresas como em organizações não lucrativas.

«HUMBIÇÃO»!

Por vezes, a humildade é confundida com timidez, falta de ambição, sentimento de inferioridade, passividade ou falta de autoconfiança. Presume-se, então, que é perversa para os líderes, para os membros organizacionais em geral e para a organização. Esta premissa é errada. Warren Buffett e George Soros, reconhecidos pela sua enorme riqueza, foram descritos por John Kay, um influente economista e jornalista, do seguinte modo:

Um traço notável de ambos é um certo tipo de modéstia: o pronto reconhecimento da sua própria ignorância e uma igualmente pronta aceitação de que cometem erros.

William Taylor, cofundador e editor da revista *Fast Company*, usou o termo *humbição* para designar líderes eficazes que combinam humildade com ambição. O termo terá emergido entre os investigadores dos Bell Labs (Bell Telephone Laboratories) para descrever os atributos dos cientistas e engenheiros mais eficazes. Eis a descrição dos *humbiciosos*, segundo um manifesto escrito por membros da IBM destinado a promover uma nova mentalidade de liderança:

Verificamos que uma parcela de leão das luminárias que mudam o mundo é humilde. Estas pessoas focam-se no trabalho, não nelas próprias. Procuram o sucesso – são ambiciosas –, mas são humildes quando ele é alcançado. Sabem que muito desse sucesso é fruto da sorte, da oportunidade e de milhares de fatores que estão fora do seu controlo. Sentem-se afortunados, não todo-poderosos. (…) [Portanto], seja ambicioso. Seja líder. Não deprecie outras pessoas na prossecução da sua ambição. Em vez disso, faça-as crescer. O melhor líder é o que lava os pés dos outros.

A humildade é o meio-termo entre a falta de autoestima e a arrogância. Um indivíduo humilde tem uma noção mais precisa das suas forças e limitações. Faz uma avaliação realista dos seus próprios contributos, reconhece o contributo dos outros e considera que o seu próprio sucesso advém também desses contributos e da boa fortuna. Sem se sentir inferior, reconhece as forças dos outros. A humildade é a capacidade para avaliar, sem exageros, o sucesso, o fracasso, o trabalho e a vida. O indivíduo humilde tem auto-confiança, mas não excesso de confiança. Tem autoestima, mas não é narcisista.

É comum ouvir-se a tese, acompanhada de exemplos, de que líderes arrogantes e narcisistas são mais bem sucedidos do que os humildes. Importa ser cauteloso nesta interpretação dos factos. A relação entre arrogância e sucesso é, frequentemente, um mito. O mito surge porque as pessoas arrogantes e narcisistas, ao contrário das humildes, devotam muitas energias à autopromoção, o que não ocorre com os humildes. Por conseguinte, conhecemos mais arrogantes bem sucedidos do que humildes igualmente bem sucedidos. Mas isso não significa que os arrogantes sejam mais eficazes do que os humildes.

EXEMPLOS BEM SUCEDIDOS

Exemplos como os de Norberto Odebrecht (Odebrecht, Brasil), Matsushita (Matsushita Electric Industrial Co. Ltd, Japão), Sam Walton (Wal-Mart, EUA), Mary Kay Ash (Mary Kay, EUA) e Herb Kelleher (Southwest Airlines, EUA) ilustram como a humildade pode explicar o sucesso organizacional. O caso de Mandela é também paradigmático. Soube reconhecer humildemente derrotas (como quando, por exemplo, viu chumbada a sua proposta de baixar a idade de voto para os 14 anos) e não hesitou em elogiar os méritos dos seus adversários políticos. Mostrou desejos de que o seu nome fosse apenas associado às suas organizações caritativas (Nelson Mandela Foundation; Nelson Mandela Children's Fund), e de que os nomes de outros veteranos da luta anti-*apartheid* fossem usados para nomear hospitais e edifícios.

Darwin Smith, da Kimberly-Clark, e Colman Mockler, da Gillette, são também exemplos de *líderes de nível 5* com características humildes. Sacrificaram os ganhos pessoais em prol das suas empresas. Darwin Smith foi descrito do seguinte modo por Goffee e Jones, da London Business School:

Smith parecia mais um provinciano do que um titã da indústria – uma imagem que usava para seu próprio proveito, tanto para ficar mais próximo do negócio como para afastar atenção externa indesejada. (...) Todavia, sob o seu comando, a Kimberly-Clark superou não só concorrentes como a Procter & Gamble, como também a GE, a Hewlett-Packard, a Coca-Cola, a 3M e todas as outras estrelas da América empresarial.

Eis outra descrição de Smith, da autoria do mundialmente reputado consultor e autor Jim Collins:

Comparado com [outros CEO], Darwin Smith parece ter vindo de Marte. Tímido, despretensioso e até maljeitoso, Smith evitava as atenções (…). Todavia, considerá-lo mole ou brando é um erro terrível. A sua falta de vaidade combinava-se com uma feroz, ou mesmo estoica, determinação perante a vida.

BENEFÍCIOS DA HUMILDADE DOS LÍDERES

Os líderes humildes não fazem alarde dos seus sucessos, antes deixam que estes falem por si. Reconhecem os sucessos dos outros. Se forem igualmente corajosos, tornam-se mais credíveis, confiáveis e promovem a coesão das equipas. Evitam a luz da ribalta que poderia toldar-lhes a serenidade e a sensatez necessárias à tomada de decisões. São bons ouvintes e procuram conselhos que lhes permitam tomar decisões de melhor qualidade. São mais aptos a aprenderem com os seus *coaches* e mentores. São abertos a novos paradigmas e mais propensos a reconhecer e aprender com os erros e fracassos. Têm noção mais precisa das suas forças e fraquezas, assim como das ameaças e das oportunidades. Aceitam o fracasso com pragmatismo. Prescindem de posições de poder se sentirem que poderão executá-las incompetentemente. Respeitam os outros, partilham honrarias e reconhecimento, assim promovendo a confiança e o empenhamento dos seus colaboradores. São frugais no uso de recursos e evitam a ostentação.

Quando necessário, os líderes humildes são também capazes de colocar as *mãos na massa*, realizando tarefas menores, inclusive no *chão da fábrica* (*e.g.*, atender clientes no hotel; receber chamadas e reclamações de clientes; trabalhar na fábrica como operário; conduzir camiões de carga). Desse modo, podem compreender a dificuldade sentida pelos colaboradores que realizam habitualmente essas tarefas. Tornam-se mais credíveis e respeitados.

E compreendem melhor as necessidades dos clientes. O *Jornal de Notícias*, em 28 de março de 2008, dava conta de que, na PT, «as equipas habituaram-se a ver o seu presidente [Zeinal Bava] a entrar na loja nos momentos mais inesperados, passar manhãs no *call center* a ouvir e por vezes responder às solicitações dos clientes e até a participar em programas de venda porta a porta, integrado nas equipas».

Bill George, professor em Harvard e ex-CEO bem sucedido da Medtronic (a maior fabricante mundial de instrumentos biomédicos, como *pacemakers* e desfibriladores), também deu mostras desta capacidade de *pôr as mãos na massa*. Nos seus primeiros nove meses como CEO, despendeu metade do tempo nos hospitais – vendo como as equipas médicas instalavam os produtos da empresa nos pacientes e falando com médicos, pacientes, familiares e gestores.

Os líderes humildes evitam a adulação, pelo que incorrem em menores riscos de serem bajulados e manipulados por *yes men*. Procuram obter *feedback* do seu desempenho, são mais receptivos às críticas e estão mais dispostos a mudar quando necessário. Evitam a complacência. Não estando centrados na autoglorificação, sacrificam-se em prol da equipa e da organização. Atuam pelo exemplo e inspiram os seus colaboradores. Não se deixam deslumbrar com pretensões desmedidas e são menos propensos a enveredar por projetos faraónicos e megalómanos. Líderes humildes são também mais capazes de partilhar os seus fracassos, problemas, dificuldades e frustrações com outras pessoas. Desse modo, obtêm apoio social e emocional, autoculpabilizam-se menos, libertam-se mais facilmente de emoções tóxicas e são mais capazes de enfrentar o futuro com resiliência e determinação.

APRENDENDO COM OS ERROS

Num tempo em que as organizações necessitam de aprender e ajustar-se constantemente às alterações do ambiente envolvente, a humildade dos líderes (e de toda a organização) é crucial. Permite que a aprendizagem contínua seja a regra. Ajuda a aprender com os erros. Eis como o *Expresso Economia*, de 21 de maio de 2011, se referiu à matéria a propósito de uma prática empresarial:

A tradição recomenda que as empresas se orgulhem das suas glórias e escondam os falhanços e erros. A Prince, a construtora americana detida pela Soares da Costa, adotou outra cultura. Aprender com os erros, chamando a atenção para as más práticas como forma de as evitar. No seu escritório em Cordon, na Geórgia, um pequeno mural é reservado a fotos e comentários com acidentes e exemplos de más práticas. A inscrição na parede diz tudo: *Wall of Shame* (Parede da Vergonha). Algumas fotos davam conta de distrações e pecados no âmbito da segurança. A vida não é feita apenas de *walk* ou *wall of fame*.

Tadashi Yanai, CEO da Fast Retailing, foi descrito como sendo tão *orgulhoso* dos seus erros que intitulou o seu primeiro livro como *Uma Vitória, Nove Derrotas*. A humildade permite olhar para a realidade com uma perspetiva realista e não sobranceira ou pretensiosa. Ajuda a organização a prestar melhor serviço aos clientes. Evita o deslumbramento com os sucessos e ajuda os líderes e os membros organizacionais a compreenderem que o sucesso passado não é garantia de sucesso futuro.

A HUMILDADE
NA ARENA INTERNACIONAL/GLOBAL

A humildade ajuda a lidar de modo respeitador e eficaz com especificidades culturais de países onde a empresa investe, sendo um importante facilitador do desenvolvimento de competências de liderança global. Com este intuito, a IBM leva a cabo o programa Corporate Service Corps (uma espécie de versão empresarial do Corpo da Paz). Através desta iniciativa, colaboradores da empresa são destacados para, em países emergentes (*e.g.*, Vietname, Índia, Quénia, Nigéria, Brasil e Roménia), trabalharem em projetos de desenvolvimento local com impacto socioeconómico.

Outro exemplo de como a humildade pode ser crucial para a eficácia dos líderes é o projeto SeitenWechsel. Este é um projeto criado na Suíça pela Schweizerische Gemeinnützige Gesellschaft, uma organização sem fins lucrativos que junta executivos de empresas a membros desfavorecidos da sociedade, tendo em vista fomentar a compreensão mútua. A filosofia subjacente é a de que as instituições e os projetos sociais podem ensinar aos executivos um extraordinário leque de aspetos que estão normalmente ausentes da sua realidade pessoal. Durante uma semana, os gestores trabalham ativamente para uma instituição social, familiarizando-se com as suas operações quotidianas, os seus desafios e a variedade de funções que executam. Ficam então habilitados a aplicar esta experiência nas suas vidas pessoais, aumentando a sua sensibilidade às necessidades sociais e incrementando a capacidade para tratar colegas e colaboradores de modo mais zeloso e atento. Referindo-se à experiência dos executivos da União de Bancos Suíços, Mendenhall e seus colaboradores pronunciaram-se do seguinte modo:

> De acordo com os gestores (…), este programa ajudou-os a reduzirem barreiras subjetivas e preconceitos, a aprenderem mais acerca de si próprios, a alargarem os seus horizontes, a melhorarem as suas competências interpessoais, tudo isto representando competências de liderança global. Ademais, o programa motivou os gestores para assumirem maior responsabilidade perante os carenciados de ajuda; 60 por cento dos participantes têm apoiado a instituição para a qual se voluntariaram após o termo do estágio.

Com humildade, os líderes são mais capazes de compreender as culturas e os mercados de contextos culturais idiossincráticos, criando melhores relacionamentos com clientes, fornecedores, autoridades locais e outros *stakeholders*. Desse modo, ficam mais aptos para responder às necessidades dos clientes e aumentam a aceitação local e a legitimidade da empresa para operar.

A HUMILDADE SUSTENTANDO UMA DECLARAÇÃO DE IGNORÂNCIA COM EFEITOS POSITIVOS SOBRE O DESEMPENHO

A humildade pode ser especialmente importante para satisfazer as necessidades da *base da pirâmide*. Esta *base* representa os 4 mil milhões de consumidores mais pobres, que têm sido negligenciados pela grande maioria das empresas (designadamente das multinacionais), mas que representam um enorme potencial, tanto do ponto de vista económico/lucrativo, como social. Dois exemplos ajudam a compreender a matéria.

A VIRTUDE ESTÁ NO MEIO

Durante a crise financeira do México de 1994, os executivos da Cemex (uma das maiores produtoras mundiais de cimento, com origem e sede no México) verificaram que, contrariamente ao que ocorria com o mercado das classes média e média-alta, o mercado dos clientes mais pobres (que representava 40% do seu negócio) não era afetado. Decidiram, então, aprofundar o assunto, tendo começado por emitir uma *Declaração de Ignorância*, admitindo que quase nada sabiam sobre essa fatia do mercado.

Como consequência, durante seis meses, uma equipa da empresa viveu em bairros de lata, tentando compreender as necessidades e problemas das pessoas que aí viviam. Os membros da equipa verificaram que os habitantes realizavam autoconstrução durante um longo período de tempo, demorando por vezes quatro anos a construir uma divisão e 13 anos para concluir a construção da casa. Na origem de tal conduta estava a dificuldade dos habitantes em obterem apoio financeiro para a construção – devido ao caráter jurídico pouco claro dos títulos de propriedade. O atraso nas obras e a fraca qualidade da construção resultavam ainda dos furtos de materiais e do comportamento pouco escrupuloso dos fornecedores do material.

A equipa da Cemex compreendeu que, se os constrangimentos fossem removidos, tornar-se-ia possível construir casas de melhor qualidade em menor período de tempo, com custos menores – e o negócio do cimento poderia progredir. Daqui resultou um novo modelo de negócio, assente no programa *Património Hoy*, com resultados muito favoráveis para a empresa e para as comunidades mais desfavorecidas. Sem humildade nem sabedoria, o projeto dificilmente teria emergido.

Prova de humildade foi também dada pela Hindustan Lever (filial indiana da Unilever). Requereu aos seus gestores que vivessem seis semanas em zonas rurais, de modo a obterem conhecimento sobre as necessidades e práticas de higiene dos pobres em meio rural. O conhecimento assim adquirido permitiu lançar novos produtos e programas promocionais em áreas rurais. E as inovações emergentes foram depois adotadas no Brasil e noutros países em desenvolvimento.

Em suma, para que as empresas possam corresponder às necessidades da *base da pirâmide*, é necessário que dialoguem com os *stakeholders* locais e se tornem *indígenas*. Para isso, é fundamental que os seus líderes desenvolvam saudáveis doses de respeito e humildade para com essa (enorme) parte da sociedade.

LIDERANÇA

A HUMILDADE
COMO FONTE DE VANTAGEM COMPETITIVA

A humildade pode ser considerada uma vantagem competitiva para a organização, pois é valiosa, rara, insubstituível e difícil de imitar. É *valiosa* porque aumenta a capacidade da organização para compreender e responder às ameaças e oportunidades. Ajuda os executivos a evitar os problemas da autocomplacência e do excesso de confiança. Contribui para a aprendizagem organizacional. A humildade é *rara* porque os paradigmas tradicionais da gestão e da liderança tendem a enfatizar o carisma, o poder e o orgulho – e não a humildade. As *raras* organizações humildes podem, pois, destacar-se. A humildade também é *insubstituível* porque a sua ausência enfraquece as outras virtudes. Por exemplo, a coragem sem humildade torna-se imprudência. Finalmente, a humildade é *difícil de imitar* porque, quando imitada, perde autenticidade e deixa de ser humilde. Ademais, embora a humildade possa ser desenvolvida, o processo de desenvolvimento é difícil e demorado, podendo requerer uma transformação fundamental nos paradigmas pessoais.

OS EFEITOS PERVERSOS
DO ORGULHO ARROGANTE

Líderes arrogantes, narcisistas, egoístas, altivos e presunçosos podem ser uma ameaça para as empresas. Tomam decisões megalómanas, negligenciando riscos. Rodeiam-se de símbolos de poder (automóveis, gabinetes, remunerações e benefícios principescos) que inibem as pessoas de lhes transmitirem a verdade. Perdem, pois, o contacto com a realidade e vivem num mundo de fantasia. Apropriam-se dos sucessos e descartam-se dos fracassos. Criam climas organizacionais tóxicos que dificultam o empenhamento e a dedicação ao trabalho dos colaboradores. Não aprendem com os erros – e, por vezes, não têm sequer a noção da ocorrência dos mesmos. Atribuem-se o direito de transgredir as regras que se aplicam ao *comum dos mortais*. Deste modo, ferem a confiança dos seus interlocutores e tomam decisões eticamente questionáveis que podem fazer perigar a reputação e a sobrevivência da organização. Desrespeitam as idiossincrasias culturais de países onde as suas empresas investem, perdendo assim oportunidades de mercado e ferindo a reputação da empresa.

A arrogância ajuda a explicar o que ocorreu com a Mercedes-Benz na China. A empresa, ciosa do seu prestígio no país, recusou a retoma de automóveis após reclamações de clientes. Chegou mesmo a ameaçá-los com processos judiciais. Apenas mudou de postura quando o *ruído* gerado pelos meios de comunicação social se tornou *ensurdecedor*. O impacto mediático fez aumentar a quantidade de reclamações, chegando mesmo a formar-se uma associação nacional das *vítimas* da empresa.

Se o leitor ainda tem dúvidas sobre os efeitos perversos da arrogância, pense nos escândalos empresariais ocorridos nos últimos anos. Pense na quantidade de líderes empresariais prestigiados que, num ápice, perderam o estado de graça ou caíram do pedestal (*e.g.*, Mário Conde, Banesto; Kenneth Lay e Jeffrey Skilling, Enron; diversos líderes portugueses sob alçada da justiça!). O facto de alguns líderes arrogantes serem admirados não resulta do facto de serem arrogantes – mas de terem sucesso. Toleramos a arrogância de um líder enquanto o seu sucesso perdura. Quando o sucesso se esvai, fazemo-lo cair em desgraça. O arrogante Al Dunlap, alcunhado de *motosserra*, foi prezado (tolerado, em alguns contextos) enquanto obteve lucros. Mas a sua arrogância obstinada, narcisista e desrespeitadora arruinou empresas e a sua própria carreira.

NÃO HÁ BELA SEM SENÃO

A humildade é uma virtude difícil. Admitir os erros e assumir uma postura humilde pode ser problemático em contextos de grande competição transformados em *ninhos de víboras*. Se não for complementada com outras qualidades (*e.g.*, capacidade para compreender e usar o xadrez de poder da organização), a humildade pode dificultar a ascensão do líder na hierarquia. Tornando-se menos visível e atribuindo justamente os créditos a outras pessoas, um líder humilde pode perder oportunidades de promoção, sobretudo se os seus *concorrentes* forem exímios no jogo das influências e da gestão de impressões. O risco pode ser ainda maior se esses *concorrentes* forem suficientemente sagazes para aparentarem humildade que, realmente, não possuem.

A humildade pode também suscitar uma imagem de fraqueza se não for complementada com coragem, perseverança e integridade. Ademais, o excesso de humildade pode levar o líder a perder credibilidade se regularmente assumir a sua ignorância. Enunciando de modo distinto: se queremos assumir uma postura humilde, convém que sejamos reconhecidos como competentes! O excesso de humildade pode também conduzir à perda de ambição e gerar comportamentos abusivos por parte dos adversários mais competitivos e maquiavélicos. Por conseguinte, além da humildade, importa possuir sensatez e prudência que evitem transformar a demonstração de humildade em fraqueza e em perda de credibilidade.

Paradoxalmente, a humildade pode tornar-se arrogante. Golda Maier, ex-primeira-ministra israelita, terá afirmado: «Não seja tão humilde; você não é assim tão importante.» Ralph Waldo Emerson (1803-1882), famoso escritor, filósofo e poeta norte-americano, havia feito idêntico juízo: «Os extremos tocam-se, e não há melhor exemplo disso do que a altivez da humildade.» Frank Lloyd Wright (1869-1959), arquiteto, escritor e educador norte-americano, também havia afirmado, com alguma ironia: «Cedo na vida, tive de escolher entre a arrogância honesta e a humildade hipócrita. Escolhi a arrogância honesta e ainda não vi razões para mudar.»

OS PÉS ASSENTES NA TERRA

Atendendo ao teor altamente competitivo de muitas arenas organizacionais e ao exigente papel dos líderes, a apologia da humildade pode parecer um contrassenso ou uma ingenuidade académica. Todavia, se considerarmos a humildade como uma espécie de capacidade para *manter os pés assentes na terra* (a palavra provém do latim *humus*, que significa *terra* ou *chão*), ser humilde é crucial para ser um líder eficaz – especialmente se essa qualidade for combinada com coragem, prudência, perseverança e sabedoria.

Naturalmente, desenvolver humildade é difícil. Qualquer indivíduo em posição de liderança, ou que alcance uma posição de notoriedade, é tentado pela presunção e pela arrogância. Esta tentação é reforçada pelo facto de os colaboradores (e outros interlocutores) se inibirem de ser totalmente francos com os seus líderes. Mas é precisamente para contrariar essas razões e tentações que a humildade de um líder é crucial! Se o leitor pretende diminuir os riscos de arrogância e manter o contacto com a realidade, não permita que o seu discernimento seja corrompido pelos bajuladores. Encontre modos de escutar e ver a realidade. Não descure a importância dos *sábios-tolos*, os que lhe dizem a verdade. Suscite-lhes o sentimento de confiança necessária para que se sintam confortavelmente *tolos* a dizerem-lhe a verdade.

O leitor considera-se uma pessoa humilde? Está certo disso? Se alguém lhe aponta falta de humildade, reage com irritação e desmente? Procura parecer modesto, embora tenha uma noção de si próprio altamente favorável? Note que as pessoas verdadeiramente humildes nem sempre têm consciência desse atributo. Responda, pois, ao questionário seguinte, de modo a formar uma ideia mais precisa do perfil da sua pessoa.

AUTOAVALIAÇÃO
Questionário de humildade

Perguntas que merecem resposta afirmativa	S/N
• Prefiro que os meus sucessos e obras falem por si, em vez de ser eu a alardeá-los?	
• Quando desconheço uma matéria, assumo-o? Sou capaz de dizer, naturalmente, *não sei*?	
• Quando a equipa é bem sucedida, reconheço os contributos dos outros? Quando é mal sucedida, reflito sobre a minha responsabilidade?	
• Sou capaz de reconhecer, facilmente, os sucessos e qualidades dos outros?	
• Aceito com naturalidade as discordâncias que outros manifestam às minhas posições e ideias?	
• Gosto de contribuir para o desenvolvimento dos outros?	
• Quando alguém discorda de mim, tento compreender o seu ponto de vista, em vez de ficar irritado?	
• Por vezes, dou por mim a pensar nas minhas fraquezas?	
• Por vezes, penso em como sou *pequeno* perante a grandeza do universo?	
• Fico realmente muito sensibilizado/a quando os outros se sacrificam por mim?	

Perguntas que merecem resposta negativa	S/N
• Aproveito todas as oportunidades para divulgar os meus sucessos?	☐
• Fico muito incomodado/a quando passo despercebido/a?	☐
• Evito mostrar que desconheço uma dada matéria?	☐
• Sinto que, na maioria das coisas, sou superior/a aos outros?	☐
• Gosto que as pessoas sintam que sou o/a responsável por sucessos, e evito associar-me a fracassos?	☐
• Critico os outros sem qualquer dificuldade?	☐
• Detesto ser criticado/a ou que discordem das minhas posições?	☐
• Presto mais atenção aos meus superiores do que aos meus subordinados?	☐
• Considero que a função dos meus colaboradores é apoiarem-me, não criticarem-me?	☐
• Faço tudo que está ao meu alcance para proteger e promover a minha imagem?	☐
• Uso a aparência de humildade para me promover perante os outros?	☐
• Exagero os meus feitos, se isso for útil para a minha promoção pessoal?	☐
• Detesto que discordem de mim?	☐

Perguntas que também merecem resposta negativa	S/N
• Gosto pouco de mim próprio/a?	☐
• Tenho pouco confiança nas minhas capacidades?	☐
• Sou mole?	☐
• Sinto-me inferior aos outros?	☐
• Por vezes, falta-me ambição?	☐

PARTE IV

EU, SER SOCIAL E CIDADÃO

CAPÍTULO 16

HUMANIDADE:
ALL WE NEED IS LOVE

«O que, em última instância, cria confiança é o manifesto respeito dos líderes pelos seguidores. (...) A liderança moral significa tratar as pessoas com respeito. Nada é mais difícil. Mas quando há necessidade de mudanças sociais ou organizacionais, nada é mais prático.»

O'Toole (1995, p. 9, p.12).

«O amor é a fonte da coragem dos líderes e o seu norte magnético.»

Kouznes e Posner (1992, p. 483).

«(...) Ter um bom chefe reduz as suas *probabilidades* de ter um ataque cardíaco.»

Sutton (2010, p. 13).

APRECIAR LAVADORES DE PRATOS

EM 2010, O RESTAURANTE NOMA, de Copenhaga, foi galardoado como o melhor do mundo (voltou a sê-lo em 2011), pela prestigiada lista S. Pellegrino. Um seu colaborador, de nome Alieu, de origem gambiana, lavador de pratos, não pôde comparecer à cerimónia de entrega do prémio, em Londres. Razão: não ter conseguido obter atempadamente o visto de entrada no Reino Unido. Os companheiros presentes na cerimónia, incluindo o ilustre *chef* Rene Redzepi, envergaram então uma *T-shirt* com a imagem de Alieu mostrando um largo sorriso. A *T-shirt* acabou por se transformar numa espécie de ícone do Noma, podendo agora ser adquirida no restaurante.

O episódio evidencia um forte espírito de equipa e algo que é frequentemente negligenciado na vida organizacional: a atenção, a humanidade, a consideração pelo outro. Facilmente se entende que, em numerosas empresas (incluindo na maioria das portuguesas, onde a distância social/hierárquica entre o topo e a base é notável), a prática do líder do Noma é pouco plausível. Em muitas organizações, *lavador de pratos* algum tem acesso a tamanho estatuto. O efeito perverso que daí pode advir para o desempenho das organizações e a produtividade do país não é negligenciável. O leitor compreenderá que Alieu jamais se comportará como *mero* lavador de pratos. Compreenderá também como o tratamento habitualmente concedido aos *lavadores de pratos* organizacionais se traduz na sua menor dedicação ao trabalho e à organização – daqui advindo perdas para as organizações e a produtividade de um país. A fraca afeição das empresas e dos seus líderes pelos *lavadores de pratos* organizacionais tem como consequência a fraca afeição destes pelas empresas e os seus líderes. Na vida organizacional, desamor com desamor se paga.

AFEIÇÃO E HUMANIDADE
COMO VIRTUDES DOS LÍDERES

A afeição e a humanidade têm vindo a ser reconhecidas como virtudes importantes nos líderes. Têm proliferado *rankings* premiando empresas com práticas de gestão mais humanizada (e.g., *Best workplaces to work for*; *Best companies for working mothers*; *Psychologically Healthy Workplace Award*), incluindo em Portugal. James Autry, autor de *Love and profit: The art of caring leadership*, asseverou:

> A boa gestão é, em grande medida, uma questão de amor. Se se sentir desconfortável com esta palavra, chame-lhe cuidado, porque a gestão correta envolve cuidar das pessoas, não manipulá-las.

O major Townsend, da Marinha dos EUA, escreveu:

Talvez a coisa mais óbvia que a liderança e a afeição têm em comum é o ato de cuidar o bem-estar dos outros – um ato que é central a ambas. A afeição por alguém implica cuidar do bem-estar do outro, tanto físico como mental.

Peter Drucker intitulou um artigo, publicado na *Harvard Business Review*, do seguinte modo: «Eles não são empregados, são pessoas.» Kouzes e Posner, especialistas mundiais de liderança e autores de várias obras premiadas sobre o tema, consideraram que a afeição é a alma da liderança ética. A importância da *atenção* foi também sublinhada por Max DePree, fundador e ex-CEO da Herman Miller (uma empresa de mobiliário bastante bem sucedida, frequentemente presente nos *rankings* das melhores empresas para trabalhar nos EUA e das empresas mundiais mais admiradas). Nomeado pela revista *Fortune*, em 1992, para o *Business Hall of Fame*, Max de Pree declarou que os líderes estão investidos da responsabilidade de cuidar do bem-estar e sucesso dos empregados. Implementou práticas de participação dos empregados no capital da empresa, partilhando com eles a riqueza criada, numa época em que esta noção era revolucionária. E afirmou:

A primeira responsabilidade de um líder é definir a realidade. A segunda é dizer obrigado. Entre as duas, o líder deve ser um servidor ou devedor.

Solomon (1942-2007), então professor na Universidade do Texas, em Austin, argumentou:

O líder empresarial virtuoso cuida necessariamente das suas pessoas, do mesmo modo que um comandante militar bem sucedido cuida das suas tropas. De facto, quando se pensa na aplicação do lema da «sobrevivência do mais apto» ao meio empresarial, torna-se óbvio que a empresa mais apta será a que cuida e zela pelos seus empregados e gestores. (…) Cuidar é essencial para a união e a saúde de uma organização em progresso. É um investimento no futuro.

Robert Haas, ex-CEO da Levi Strauss, deu mostras de humanidade quando teve de lidar com fornecedores que empregavam mão-de-obra infantil, no Bangladesh. Em vez de simplesmente prescindir dessas empresas, compreendeu que as crianças eram o sustento das famílias. Decidiu então ajudar as crianças a frequentarem a escola, na condição de os fornecedores aceitarem continuar a pagar-lhes os salários e reinseri-las na empresa logo que atingissem a idade legal para trabalhar.

O *insuspeito* Jeffrey Pfeffer, professor na Universidade de Stanford, emérito académico e administrador de empresas, escreveu uma série de textos chamando a atenção para a necessidade de as empresas adotarem práticas humanamente mais sustentáveis. As lições podem ser interpretadas do seguinte modo:

- Deixem de *ir aos bolsos* dos empregados.
- Concedam-lhes benefícios que lhes permitam concentrarem-se no trabalho e não se dispersarem com preocupações de sobrevivência e saúde. Os vossos empregados são pessoas – não equipamentos controláveis.
- Deixem de espiar os vossos empregados e de tratá-los como crianças irresponsáveis. Tratando-os como crianças, é muito provável que se comportem como tal – ou que abandonem a empresa.
- Criem condições e tempo para que os empregados fruam vida pessoal e familiar. Se lhes sugarem todo o tempo, eles acabarão por encontrar estratagemas (*e.g.*, baixas fraudulentas para tratar de assuntos pessoais ou familiares inadiáveis).

Pfeffer tem ainda argumentado que as preocupações com a sustentabilidade ambiental devem ter correlato em práticas sustentáveis de gestão de pessoas. Na sua perspetiva, o modo como as empresas gerem os colaboradores tem enormes implicações na sua saúde, pelo que devem ser responsabilizadas por práticas humanamente *poluentes*. Tal como ocorre com a poluição ambiental, as empresas que descuidam a saúde dos colaboradores para reduzirem custos acabam por impor externalidades que os contribuintes pagam (*e.g.*, financiando o sistema nacional de saúde que trata as maleitas geradas por empresas socialmente irresponsáveis). Por conseguinte, segundo Pfeffer, estas empresas devem ser chamadas a suportar tais custos.

A VIRTUDE ESTÁ NO MEIO

LIDERAR COM HUMANIDADE

Liderar com humanidade não significa encarar a vida organizacional como um paraíso celestial. Não equivale a promover a sentimentalidade lamurienta. Significa respeitar as pessoas e reconhecer-lhes o direito à liberdade, à dignidade, à autoestima e à felicidade. Representa a capacidade para ajudar, confortar e aceitar os colaboradores, e para com eles desenvolver relacionamentos positivos. Requer generosidade, levada a cabo com sensatez.

As investigações sugerem que expressar atenção, afeição e zelo pelos outros é crucial para o sucesso da liderança. Ao atuar com humanidade, o líder suscita climas de confiança e estimula a adoção recíproca de comportamentos de empenhamento e dedicação por parte dos colaboradores. Fomenta comportamentos cooperativos e de entreajuda no seio da equipa, assim gerando capital social/relacional. Cria nos colaboradores a energia revigorante e a disposição que os leva, se necessário, a sacrificarem-se em prol da organização. Permite que os membros da equipa experimentem *segurança psicológica* para tomarem iniciativa, serem criativos, assumirem os erros e aprenderem com os mesmos.

O sofrimento e as dificuldades são inerentes à vida humana e, por maioria de razão, à vida organizacional. Adotando abordagens humanizadas, os líderes podem minorar esse sofrimento, assim como os seus efeitos. Desse modo, promovem o empenhamento dos indivíduos na organização e no trabalho. Ademais, ao atuarem exemplarmente, os líderes humanos servem como modelos para a atuação dos restantes membros da equipa, assim promovendo ambientes organizacionais positivos e revigorantes. Líderes humanos promovem a aprendizagem e o desenvolvimento dos colaboradores, assim como a lealdade, a autoconfiança e a produtividade. Fazem-no, todavia, sendo exigentes e não complacentes.

Líderes humanos são também mais respeitados e credíveis – se a humanidade for combinada com coragem, prudência, honestidade e sabedoria. São ainda mais capazes de atuar como *coaches* e mentores, agindo como agentes desenvolvimentistas dos seus colaboradores. Bill George, ex-CEO da Medtronic (a maior fabricante mundial de instrumentos biomédicos como *pacemakers* e desfibriladores) afirmou que *liderar com o coração* é crucial para desenvolver relacionamentos frutuosos com os colegas e criar equipas com elevados níveis de conhecimento.

OS RISCOS DA DESUMANIDADE

Ao contrário, líderes desumanos destroem a lealdade, o empenhamento e a dedicação dos colaboradores. Criam climas de medo que coartam a iniciativa e a criatividade dos membros da equipa. Induzem os colaboradores a adotar comportamentos retaliatórios (*e.g.*, sonegar informação; furtar objectos; colocar *bananas* no caminho do líder; meter *grãos na engrenagem*; vandalizar as instalações da empresa; denegrir a imagem do líder junto de entidades importantes; boicotar decisões). Um das consequências é o abandono da empresa pelos colaboradores mais competentes.

Líderes deficitários em humanidade podem ter colaboradores obedientes. Mas é muito provável que essa obediência seja cínica. Para serem bem sucedidas, as organizações necessitam mais do que de obediência – requerem empenhamento ativo, iniciativa e dedicação. Necessitam que as pessoas não se limitem a fazer o que está formalmente definido, antes se disponham a ir além das suas obrigações estritas, e adotem *comportamentos de cidadania organizacional* (*e.g.*, pronunciar-se favoravelmente acerca da organização e defendê-la; partilhar e ajudar quem está em dificuldades).

A HUMANIDADE COMO MARCA DA ORGANIZAÇÃO

As virtudes da afeição e humanidade têm estado no cerne de empresas como a Southwest Airlines, a Kimberly-Clark e a DaVita. A Southwest Airlines foi porventura a única empresa do setor da aviação civil a não despedir colaboradores após o 11 de setembro. A empresa tem uma cultura caracterizada por entreajuda, alegria e forte dedicação ao serviço ao cliente. Há razões para supor que estas culturas organizacionais são alimentadas pela virtuosidade dos seus fundadores e líderes. Jim Parker, ex-CEO da Southwest Airlines, afirmou, a propósito da decisão da empresa em manter os postos de trabalho:

Claramente, não podemos continuar a fazer isto interminavelmente, mas estamos dispostos a sofrer alguns prejuízos, mesmo para a cotação bolsista das nossas ações, de modo a proteger os postos de trabalho dos nossos colaboradores. (…) Queremos mostrar às pessoas que as valorizamos e que não estamos dispostos a fazê-las sofrer apenas para obtermos mais algum dinheiro no curto prazo. Não dispensar pessoas gera lealdade. Gera um sentido de segurança. Gera um sentido de confiança.

Segundo Csikszentmihalyi, um mundialmente renomado investigador e professor na Claremont Graduate University, a liderança deve aceitar que o bem-estar dos empregados está antes dos produtos, dos lucros e dos mercados. Do seu ponto de vista, poucos líderes terão adotado tão profundamente esse lema quanto Anita Roddick, fundadora e ex-CEO da Body Shop (1942-2007). Roddick assumiu que adorava os relacionamentos que tinha com os seus franchisados e empregados («os meus preciosos e adoráveis amigos»; «a minha família alargada»). Alguns autores sugerem que estas declarações da fundadora da Body Shop são quase *embustes*, escondendo interesses menos confessáveis. Mas o facto de Anita Roddick as ter proferido, com o sucesso que se conhece, sugere que a afeição e a humanidade dos líderes são virtudes realmente valorizadas pelos liderados, assim como por outros *stakeholders* (*e.g.*, o público em geral).

Importa notar, pois, que a gestão humanizada não é apenas relevante para gerir colaboradores. Também o é para gerir o relacionamento com outros *stakeholders*, designadamente clientes/consumidores. A farmacêutica Roche adotou procedimentos transparentes e justos quando teve de recolher, em 2007, embalagens do *Viracept*, um retroviral destinado a doentes com HIV. Mas o tom comunicacional adotado com os pacientes foi deficitário, tendo a empresa descurado a linguagem do *cuidar*. A imagem da empresa ressentiu-se. Pedir desculpas e revelar empatia com o drama dos pacientes é, pelo menos, tão importante quanto a transparência, a justiça, a ética e a compensação material.

NEM EXCESSO DE *TESTOSTERONA* NEM DE *PROGESTERONA*

A liderança humanizada apenas pode ser considerada virtuosa se cumprir a *regra de ouro*: o meio-termo. A escassez de humanidade pode tornar o líder abrasivo, desrespeitador, invejoso, indiferente, egoísta e abusador, transformando a organização numa arena de *testosterona*. Mas o excesso de humanidade também pode ser perverso. Pode inibir o líder de tomar decisões difíceis, embora necessárias (*e.g.*, aplicar uma sanção disciplinar; encerrar uma unidade organizacional). Pode retirar-lhe a imparcialidade necessária para implementar, com justiça, práticas e políticas organizacionais. Pode torná-lo excessivamente benevolente, passando a ser desrespeitado e alvo de pressões ilegítimas. O excesso de benevolência pode redundar num clima de permissividade, desresponsabilização e favoritismo, destruindo a cooperação, o sentimento de justiça e a confiança mútua. O excesso de afeição e humanidade pode também redundar num estilo de liderança paternalista – o que não deixa de ser uma forma (ainda que *humana*) de infantilizar os colaboradores e privá-los da liberdade de escolha e ação.

Outro risco inerente à liderança humanizada é mais controverso: pessoas acostumadas a uma gestão humanizada podem reagir mais negativamente a práticas de gestão desconfortáveis (*e.g.*, remoção de postos de trabalho; redução de benefícios) do que pessoas habituadas a práticas mais ásperas. A frustração de expectativas pode levar as pessoas a sentirem-se defraudadas. Naturalmente, esta não é razão suficiente para atuar com crueldade. Mas é um alerta para empresas com gestão humanizada. Estas empresas e os seus líderes devem consciencializar os seus colaboradores de que a vida organizacional tem momentos de *luz* e outros de *escuridão*. E devem preveni-los e prepará-los para as vicissitudes da *escuridão*.

A gestão humanizada não é imune a outros dilemas. Alexandre Soares dos Santos, presidente do conselho de administração do grupo Jerónimo Martins, assim o demonstrou aquando da grave crise económica que se abateu sobre a economia portuguesa. Em entrevista à RTP1, em 16 de abril de 2011, Soares dos Santos reconhecia a existência de furtos ocorridos nos seus supermercados, devido a carências alimentares. A empresa pretendia acudir ao drama, encontrando soluções humanas ajustadas. Mas o empresário também reconhecia o risco de tais medidas humanizadas suscitarem sentimentos de impunidade a infrações. *Liderar com o coração* não é empreitada fácil nem cómoda.

MUDAR DE PARADIGMA PARA CRIAR ORGANIZAÇÕES MAIS SAUDÁVEIS

A linguagem da afeição e da humanidade pode parecer exótica a alguns leitores. É provável, até, que alguns líderes interrompam a leitura deste livro após lançar impropérios e acusações de ingenuidade aos seus autores! Duas perguntas e dois comentários poderão ajudar esses leitores céticos a não adotarem tão drástica atitude.

Primeiro comentário: o progresso requer abertura a novos paradigmas, sob pena de se negligenciarem práticas com forte potencial de melhoria da vida organizacional (e, já agora, da melhoria social e da felicidade das pessoas). A escravatura já foi regra amplamente aceite em muitas sociedades. Felizmente, quebrou-se o paradigma, e estamos certos de que leitor algum pretende regredir.

Segundo comentário: as investigações mostram que as pessoas capazes de estabelecer relacionamentos interpessoais de elevada qualidade são mais felizes. Primeira pergunta: o leitor prefere construir ou destruir a sua felicidade? Segunda pergunta: o leitor, enquanto líder, prefere ser tratado com respeito ou desrespeitosamente? Em qual destas situações se empenhará mais no destino da sua empresa?

HUMANIDADE E SENSATEZ

Líder algum consegue obter resultados sem a colaboração de outras pessoas. Desempenhos exemplares requerem equipas que trabalhem numa atmosfera de confiança e cooperação. A humanidade dos líderes, desde que acompanhada de coragem, prudência, integridade e foco no desempenho, pode ser um poderoso alicerce para a construção de organizações mais saudáveis. Mas requer equilíbrio, sensatez e sagacidade. Como afirmaram Rob Goffee e Gareth Jones, da London Business School, a liderança não é um concurso de amizade.

A virtude e a prática da humanidade requerem, também, que os líderes gostem de si próprios. Sem ser narcisista, o leitor gosta de si próprio? Sente-se *amado* pelos seus colaboradores? Mas tome cuidado: líderes excessivamente empenhados em serem amados costumam ser odiados por muitos!

É também preciso não cair na tentação dos discursos humanizados desprovidos de bom senso. Pouco tempo após assumir funções como CEO da Tesco (uma grande rede de supermercados), no Reino Unido, Richard Brasher afirmou: «O que pretendo é abraçar o meu pessoal, amá-lo, para que também eles amem os clientes.» Lucy Kellaway, em artigo publicado no *Financial Times*, insinuou ironicamente ter deixado embasbacado um funcionário de um supermercado da empresa depois de lhe perguntar: «Do you love me?». E afirmou jocosamente que este tipo de declarações pode dar origem à *idiotice organizacional.*

Uma última nota: a investigação sugere que os líderes com estilos mais desumanizados não têm consciência desse facto, antes vivendo *iludidos.* A ilusão resulta do facto de os seus liderados se inibirem de expressar o que realmente pensam. Se o seu chefe fosse desumano e inspirasse medo, o leitor dir-lho-ia?

AUTOAVALIAÇÃO
Questionário de afeição e humanidade

Perguntas que merecem resposta afirmativa	S/N
• Trato as pessoas como pessoas?	
• Preocupo-me com a felicidade dos meus colaboradores?	
• Tenho tempo para disponibilizar momentos humanos (*i.e.*, escutá-los) aos meus colaboradores?	
• Sinto satisfação em ter relacionamentos positivos com os meus colaboradores?	
• Preocupo-me com o que acontece aos meus colaboradores?	
• Entendo que a compaixão deve ter lugar na vida organizacional?	
• Tenho a coragem de defender os meus colaboradores se eles forem prejudicados ou atacados injustamente?	
Perguntas que merecem resposta negativa	**S/N**
• Instrumentalizo as pessoas, descurando a sua autonomia e dignidade?	
• Entendo que o discurso do humanismo não é próprio de líderes de barba rija?	

A VIRTUDE ESTÁ NO MEIO

- Fico indiferente se vejo pessoas a sofrer com decisões que acabei de tomar?

- É-me indiferente que as pessoas tenham medo de mim?

Perguntas que também merecem resposta negativa	S/N

- Sou incapaz de tomar decisões que, embora justas, fazem sofrer os amigos que tenho na organização?

- Sou excessivamente benevolente?

- Trato as pessoas como crianças? Protejo-as excessivamente?

- O meu sentimentalismo impede-me de tomar decisões difíceis, mas necessárias?

- Aproximo-me demasiadamente das pessoas, o que me impede de ser imparcial?

- Presto mais atenção aos meus superiores do que aos meus subordinados?

CAPÍTULO 17

JUSTIÇA: ENERGIA POSITIVA QUE MOBILIZA O ENTUSIASMO E A IMPLEMENTAÇÃO DA ESTRATÉGIA

«Talvez a conexão mais natural possa ser feita entre justiça e liderança.»
Colquitt e Greenberg (2003, p. 196).

«A justiça é consciência, não a consciência pessoal, mas a consciência da humanidade como um todo. Os que reconhecem claramente a voz da sua consciência normalmente também reconhecem a voz da justiça.»
Alexander Soljenitsin, romancista, dramaturgo e historiador russo, prémio Nobel da Literatura em 1990 (citado em Chang, 2006, p. 165).

ROUQUIDÕES COMBATENDO INJUSTIÇAS

SIMONE DE OLIVEIRA relatou à revista *Única*, de 15 de janeiro de 2011, o modo como reagiu a uma injustiça do seu chefe:

Há uns anos muito largos, estava no Teatro Monumental, em Madrid, a fazer o musical *Esta Lisboa que eu amo*. Recebíamos à semana e o meu chefe, Vasco Morgado, devia-me sete semanas. Precisava de receber – na altura tinha já crianças –, por isso decidi inventar uma rouquidão! Certo sábado, antes do espetáculo, disse ao Vasco que estava rouca e me recusava a cantar se ele não me pagasse cinco semanas – fiz voz de rouca e tudo! O Monumental estava cheio e era eu que abria o espetáculo... Só me lembro de ver o Vasco a levar as mãos à cabeça e a exclamar: «Ela ainda é mais louca do que eu!». Resultou, o Vasco pagou-me as cinco semanas!

A reciprocidade é crucial nos relacionamentos humanos – e, por conseguinte, na vida organizacional. Agimos e sentimos de acordo com o modo como nos tratam. Os estudos são claros: quando se consideram injustiçados, os colaboradores reagem com menor satisfação, mais fraco empenhamento no trabalho e na organização, maior absentismo, mais elevados níveis de cinismo e desconfiança, menos comportamentos de cidadania organizacional e menor produtividade. Também se sentem mais alienados do trabalho, adotam mais comportamentos retaliatórios (*e.g.*, furtam objectos da empresa, mesmo que deles não necessitem; sonegam informação; pronunciam-se negativamente acerca da organização) e abandonam a empresa logo que encontram alternativas mais atraentes. Naturalmente, os colaboradores que mais abandonam a organização são os mais talentosos – por disporem de mais oportunidades noutras organizações. Consequentemente, o efeito global é a perda de capital humano e a degradação da competitividade da empresa.

OS EFEITOS DA JUSTIÇA NAS ORGANIZAÇÕES

Diferentemente, quando se consideram justiçados, os membros organizacionais respondem com mais satisfação, maior empenhamento no trabalho, mais confiança na organização e nos seus líderes, mais emoções positivas e mais comportamentos de cidadania organizacional. Pronunciam-se mais favoravelmente acerca da empresa, são-lhe mais leais e denotam maior produtividade. Investigações realizadas com líderes apontam no mesmo sentido. Por exemplo, os gestores de topo de subsidiárias de multinacionais que se sentem justiçados desenvolvem maior confiança nos líderes da sede da empresa e empenham-se mais na concretização dos objetivos estratégicos da mesma. Também adotam mais comportamentos de cidadania organizacional (*e.g.*, despendem energia extra no trabalho; exercem iniciativa acrescida; vão além do que lhes é solicitado para que os objetivos traçados para as filiais sejam alcançados).

Os efeitos da (in)justiça são transversais a múltiplos domínios da vida organizacional. Afetam o modo como são encarados os processos de recrutamento e seleção, as decisões de promoção, as avaliações de desempenho, os processos disciplinares e as reduções da força de trabalho. Exemplificando, quando estas reduções são levadas a cabo com justiça e dignidade, a empresa pode ficar mais resiliente e a sua reputação salvaguardada. Tal sucede porque os próprios visados aceitam melhor a saída e denotam menor propensão para processar judicialmente a empresa e/ou pronunciar-se negativamente acerca da mesma. Os *sobreviventes* encaram a medida mais favoravelmente e empenham-se na construção de um *novo futuro*. Diferentemente, quando a injustiça impera, as retaliações podem ocorrer e a força de trabalho que permanece na empresa pode ficar desvitalizada.

AS ROSAS E O PÃO

Quando convidadas a refletir sobre justiça, as pessoas tendem a pensar apenas numa parcela da mesma: os *resultados*. Ou seja, e exemplificando, pensam no resultado da reestruturação laboral, no salário ou incremento salarial, na sanção disciplinar ou na classificação obtida na avaliação de desempenho. Mas a investigação é clara: as pessoas também reagem ao modo como esses resultados são alcançados, assim como à maneira como se sentem tratadas pelos superiores. Daqui emergem três dimensões da justiça:

- A justiça *distributiva* focaliza-se no conteúdo, isto é, na justiça dos fins alcançados ou obtidos. Respeita, por exemplo, aos salários, às classificações obtidas nas avaliações de desempenho, às sanções disciplinares, às promoções, aos lucros distribuídos pelos trabalhadores. Para avaliar a justiça distributiva, as pessoas colocam questões como: (a) O incremento salarial é justo? (b) A sanção que me foi aplicada é justa? (c) A classificação de desempenho que me foi atribuída é justa?
- A justiça *procedimental* focaliza-se no processo, ou seja, na justiça dos meios usados para alcançar os fins/resultados. Concerne, por exemplo, aos

procedimentos usados nos aumentos salariais, nos processos disciplinares, nos sistemas de avaliação de desempenho e nos processos de recrutamento e seleção. As pessoas colocam questões como: (a) Os critérios usados para determinar o aumento salarial são justos? (b) Houve transparência no processo de avaliação de desempenho? (c) Fui devidamente ouvido no processo disciplinar? Posso recorrer se me sentir injustiçado?

- A justiça *interacional* reflete a qualidade da interação com os decisores. Ocorre quando o decisor age com dignidade e respeito, oferece justificações (adequadas, lógicas, genuínas) às pessoas afetadas pelas decisões, é sensível às suas necessidades pessoais e considera os seus direitos. As pessoas colocam questões como: (a) O meu superior trata-me com dignidade e respeito? (b) Explica-me as decisões que me afetam? (c) Mostra interesse genuíno pelos meus direitos?

De modo simples, pode afirmar-se que a justiça distributiva diz respeito aos resultados – ou seja, ao *pão*. A justiça procedimental e a interacional dizem respeito às *rosas*. Naturalmente, as pessoas não se satisfazem com *rosas*. Mas, após garantido o *pão* suficiente, prestam atenção às *flores*.

A IMPORTÂNCIA DAS ROSAS – ENVOLVER, EXPLICAR E CLARIFICAR EXPECTATIVAS

A relevância dos processos associados às *rosas* foi paradigmaticamente ilustradada por W. Chan Kim e Renée Mauborgne (professores no INSEAD e autores do reputado *Blue Ocean Strategy*), através do exemplo de uma empresa composta por duas fábricas. A empresa necessitava de reformular o sistema de fabricação, esperando reduzir custos, elevar o desempenho e incrementar a competitividade. A gestão encetou o processo pela fábrica onde as relações laborais eram pacíficas e na qual a força de trabalho atuava exemplarmente. Os gestores intuíram que, após esta implementação, seria mais fácil implementar o novo sistema na segunda fábrica – com tradições sindicais fortes e na qual se esperava forte oposição à implementação do novo sistema.

A intuição revelou-se *errada*. Os colaboradores da primeira fábrica reagiram desordeira e intempestivamente, daí advindo consequências perversas para os custos e o desempenho. Os gestores da fábrica perderam o controlo do processo. Na segunda fábrica, ocorreu precisamente o inverso. Porque esperavam resistência, os gestores implementaram três princípios fundamentais de um processo justo: *envolvimento* (envolveram as pessoas na implementação da mudança), *explicação* (explicaram o que se pretendia com a nova estratégia) e *clarificação de expectativas* (clarificaram as regras do jogo inerentes à nova estratégia, assim como as expectativas e papéis de cada colaborador). Estes princípios foram negligenciados na primeira fábrica, na qual a gestão esperava uma força de trabalho mais *dócil*.

- A gestão *não envolveu* os empregados. Antes recorreu a uma empresa consultora que foi instruída para trabalhar com celeridade e não perturbar a ação diária. Consequentemente, os empregados depararam-se com *estranhos* na empresa, que tomavam notas e desenhavam gráficos sem interagir com eles. O gestor da fábrica estava frequentemente ausente, deslocando-se à sede para interagir com os consultores, tentando assim evitar perturbações no trabalho diário na fábrica. Começaram então a circular rumores sobre o papel nocivo destes *infiltrados*. E formou-se a convicção (errada) de que ocorreriam despedimentos.
- A gestão também *não explicou* aos empregados os motivos da mudança, nem as implicações daí advenientes para o seu trabalho e as suas carreiras. Quando os empregados indagaram sobre algumas dessas matérias, obtiveram respostas parcas (*e.g., ganhos de eficiência*), que, embora bem intencionadas, não lhes permitiram compreender as razões subjacentes à nova estratégia.
- Finalmente, a gestão *não clarificou* aos empregados o que deles esperava no âmbito do novo sistema. A ausência dos três requisitos suscitou quebras de confiança e, consequentemente, declínio no empenhamento e no desempenho.

A ilação é simples: se as três condições não são satisfeitas, mesmo as estratégias mais valiosas podem ser anuladas por resistências à sua implementação. Ao contrário, quando as três condições são observadas, as pessoas sentem-se reconhecidas como seres intelectual e emocionalmente valiosos e não apenas como meros *recursos* humanos. Desenvolvem confiança e dispõem-se a realizar mais do que aquilo que delas é esperado.

LIDERANÇA

A JUSTIÇA COMO VIRTUDE DOS LÍDERES

O exposto ajuda a compreender como é fundamental que os líderes sejam dotados da virtude da justiça. Em certa medida, as pessoas reagem perante a organização em função do modo como se sentem tratadas pelos líderes – pois consideram-nos uma espécie de *espelho* da organização. Frequentemente, abandonam ou mantêm-se na organização devido ao modo como se sentem tratadas pelos seus líderes. Sendo virtuosamente justos, os líderes estimulam maior empenhamento, lealdade, confiança e produtividade nos liderados. Podem até mitigar reações negativas dos colaboradores a injustiças da organização. Por exemplo, um colaborador que se sente injustiçado com um fraco aumento salarial pode manter-se na organização devido ao modo respeitador e digno como o seu líder lhe explica honesta e respeitosamente a decisão.

Quando verificam que os seus líderes são justos, é também provável que os colaboradores se sintam *psicologicamente mais seguros* para propor ideias novas e criativas – o que pode contribuir para a melhoria dos níveis de inovação e competitividade da organização. Os liderados ficam também mais dispostos a assumirem os erros e a partilhá-los, assim diminuindo os riscos de erros futuros e aumentando as possibilidades de aprendizagem individual e organizacional.

Líderes virtuosos na justiça asseguram o respeito pela dignidade e pelos direitos humanos. São encarados como modelos de atuação pelos seus colaboradores, gerando assim espirais de justiça em toda a organização. Fomentam também os relacionamentos justos com entidades exteriores à organização. Diferentemente, quando os colaboradores sentem que um líder atua reiteradamente de modo injusto, é provável que desenvolvam sentimentos de raiva e revolta, que podem exercer efeitos negativos sobre as suas famílias e outros membros da comunidade. Líderes justos também estabelecem relacionamentos mais duradouros e frutuosos com fornecedores, clientes e parceiros de negócios. São mais sensíveis às necessidades das comunidades onde a empresa se insere, conferindo assim maior legitimidade à empresa para operar.

O NECESSÁRIO REALISMO

Do exposto poder-se-ia extrair a ideia de que a virtude da justiça funciona como uma *varinha de condão* que permite evitar numerosos males organizacionais e obter o *paraíso* organizacional. Convém ser realista, por várias razões. O excesso de preocupação de um líder em ser justo pode conduzi-lo à prática de injustiças indesejadas. Ou pode impeli-lo ao atraso indevido na tomada de decisões. Segunda razão: líderes imparciais e meritocráticos podem ter necessidade de adotar práticas e decisões que ferem alguns interesses, contrariam lógicas nepotistas por vezes profundamente arreigadas e melindram *primas donas* – daí advindo atos retaliatórios. Líderes muito empenhados em justiçar os colaboradores mais esforçados e com mais elevado desempenho podem adotar práticas de compensação que geram grandes diferenciais remuneratórios. Daí podem advir efeitos perversos para a cooperação no seio das equipas. Pense o leitor no que sucede em alguns clubes de futebol nos quais uma ou duas *estrelas* são sobre-remuneradas, impelindo outros jogadores a envidarem menores esforços em prol da equipa.

Líderes muito preocupados com a justiça, mas deficitários em prudência e sabedoria, podem ser alvo de comportamentos oportunísticos da parte de indivíduos que, exímios na gestão de impressões, se aproveitam da *fraqueza* dos líderes. A justiça, sendo por natureza imparcial (a justiça é *cega*), pode impelir um líder a tomar decisões que ferem relacionamentos com interlocutores mais próximos (*e.g.*, amigos e até familiares). Por estas e outras razões, um líder *justo* pode ter dificuldade em tomar decisões justas se não for também dotado de virtudes como a coragem, a integridade, a sabedoria e a prudência. Assim se compreende, pois, como a virtude da justiça necessita da companhia de outras virtudes.

JUSTIÇA E PODER

As pessoas pretendem ser tratadas com dignidade e respeito – pelas organizações e pelos seus líderes. Gostam de ser reconhecidas, não apenas como *recursos* produtivos, mas como pessoas intelectual e emocionalmente valiosas. Quando essa necessidade lhes é cumprida, reagem reciprocamente com atitudes e comportamentos positivos. Quando se sentem injustiçadas, respondem negativamente, acabando por penalizar a organização. Naturalmente, nem todas as *retaliações* são possíveis. Simone de Oliveira pôde alcançar os seus intentos porque detinha poder – o de impedir a realização do espetáculo, algo que, a ocorrer, seria altamente lesivo para o seu *chefe*.

Muitos liderados não dispõem de tal poder, pelo que não podem reagir do mesmo modo que a artista. Por conseguinte, o mais provável é que respondam de forma mais ardilosa – sonegando informação, poupando esforços e denegrindo a imagem da organização e dos seus líderes. Líderes com elevado poder sobre os colaboradores podem dar-se ao luxo de serem menos justos com eles, mas têm mais dificuldade em combater as referidas reações *ardilosas*, dificilmente puníveis.

SE A CASA DO MEU VIZINHO ESTÁ A ARDER...

As pessoas não reagem apenas à (in)justiça que lhes cabe, mas também à aplicada a outras pessoas. São sensíveis ao modo como veem outros membros organizacionais (ou entidades exteriores à organização, como os clientes ou fornecedores) serem tratados. Por exemplo, os *sobreviventes* dos despedimentos respondem de modo mais positivo ou negativo consoante o modo justo ou injusto como veem tratadas as pessoas despedidas. Quando observamos que outro membro organizacional foi preterido injustamente numa promoção, receamos que o mesmo nos possa ocorrer, baixamos o nosso nível de confiança, tornamo-nos mais cínicos e podemos até começar a procurar uma organização alternativa onde nos possamos sentir psicologicamente mais seguros. A nossa reação negativa tenderá a ser tanto mais acentuada quanto mais forte a empatia que sentirmos pelas *vítimas*.

Distintamente, quando observamos a justiça aplicada a outros membros organizacionais, desenvolvemos maior confiança na organização e nos seus líderes, sentimo-nos gratos por trabalhar em tal contexto, experimentamos mais emoções positivas e ficamos mais predispostos a atuar com justiça e a cooperar com outras pessoas. A probabilidade de nos mantermos na organização é maior – algo de que a organização não pode prescindir se formos realmente talentosos!

A JUSTIÇA COMO FONTE DE ENERGIA POSITIVA

Ser justo não é fácil, nem assegura necessariamente bons resultados. Mas aumenta as probabilidades de criar equipas e organizações empenhadas e entusiasmadas. Ao contrário, as práticas injustas reiteradas criam sentimentos de alienação e retaliação, acabando por ferir o desempenho e a competitividade organizacional. Kim e Mauborgne, já referidos, argumentaram que, sem processos justos, até as melhores estratégias estão condenadas ao fracasso, pois as pessoas resistem à implementação da estratégia ou, pelo menos, não se empenham na sua implementação. Em suma: líderes justamente virtuosos podem ser uma fonte de energia positiva, tanto para os beneficiários dos atos de justiça como para aqueles que os observam.

AUTOAVALIAÇÃO
Questionário de justiça

Perguntas que merecem resposta afirmativa	S/N
• Concedo oportunidades aos meus colaboradores para exprimirem os seus pontos de vista?	
• Procuro recompensar devidamente o esforço e o mérito dos meus colaboradores?	
• Sou respeitosamente franco/a e sincero/a com os meus colaboradores?	
• Explico aos meus colaboradores as decisões que lhes dizem respeito ou os afetam?	
• Promovo a transparência das decisões e procedimentos?	
• Mostro preocupação genuína com os direitos dos meus colaboradores?	
• Estou familiarizado com o desempenho dos meus colaboradores e faço avaliações de desempenho apropriadas?	
• Convido os colaboradores a participarem nas decisões?	
• Atuo com imparcialidade?	

Perguntas que merecem resposta negativa	S/N
• Sou parcial no modo como avalio o desempenho dos meus colaboradores?	
• As minhas decisões são pouco transparentes?	
• Tenho dificuldade em ser franco/a e honesto/a no modo como me relaciono com os meus colaboradores?	
• Considero que os direitos dos meus colaboradores não me dizem respeito, bastando-me cumprir a lei?	
• Frequentemente, não recompenso as pessoas de acordo com o seu mérito?	
• Estou mal informado/a acerca do desempenho dos meus colaboradores?	
• Os pedidos e orientações que faculto aos meus colaboradores são frequentemente pouco claros?	
• Não explico aos meus colaboradores as decisões que lhes dizem respeito ou os afetam?	
• Evito convidar os meus colaboradores a participarem nas decisões?	

Perguntas que também merecem resposta negativa	S/N
• A minha preocupação em ser justo/a impede-me de tomar decisões em devido tempo?	
• Sou de tal modo preocupado/a com a justiça dos meus atos que, por vezes, acabo por ser injusto/a?	
• Sabendo que me preocupo com a justiça, alguns colaboradores abusam ou servem-se das minhas boas intenções?	
• A minha preocupação em ser justo/a leva-me a compensar excessivamente as pessoas com elevado mérito, criando diferenciais remuneratórios excessivos?	

CAPÍTULO 18

INTELIGÊNCIA SOCIAL: SINTONIZANDO E GERINDO O TERRENO SOCIAL E DAS EMOÇÕES

«Adaptando o que afirmou Roosevelt, a sugestão é que um "temperamento de primeira classe" pode ser mais importante do que um "intelecto de primeira classe" para lidar com crises e o stresse diário de um alto cargo.»

Theakston (2011).

«Em última análise, contactos significam contratos.»

Ex-diretor do Fórum Económico Mundial, citado por Pfeffer (2010, p. 104).

INTELIGÊNCIA EMOCIONAL, OU A FALTA DELA, EM AÇÃO

EM NOVEMBRO DE 2004, Dominic Midgley escreveu na *Management Today* que Roman Abramovich (o milionário conhecido sobretudo por ser dono do Chelsea Football Club) «gere o seu império com um nível de inteligência emocional capaz de impressionar Daniel Goleman [o guru mundial da inteligência emocional]». Ao contrário, Gordon Brown, ex-primeiro-ministro britânico, foi descrito como deficitário em inteligência emocional. Esta fragilidade pode ajudar a compreender algumas das suas *imprudências* aquando da campanha para as eleições de maio de 2010. Eis como a TVI24 noticiou um evento revelador de imprudência:

A viúva de 66 anos, Gillian Duffy, exprimiu as suas preocupações a Gordon Brown acerca da imigração da Europa de Leste e ambos conversaram de forma aparentemente amigável, noticia o *Telegraph*. O que o primeiro--ministro não sabia é que ainda tinha o microfone ligado enquanto se afastava no carro e vociferava com a sua equipa, por ter permitido aquele encontro, que classificou de «desastre», chamando Gillian de «fanática». A senhora que, inicialmente, se mostrou satisfeita com as respostas do primeiro-ministro, afirmando que «aparentava ser um bom homem», ficou bastante zangada quando ouviu as considerações de Brown. O primeiro--ministro telefonou a Gillian Duffy para se desculpar pessoalmente pelo ocorrido.

Na década de 1980, Jorge Coelho, então no Governo de Macau, subiu a um carro de bombeiros e, falando ao megafone, conseguiu desmobilizar uma manifestação de polícias chineses. Em janeiro de 2010, o próprio referiu à revista *Exame*:

> É nesses momentos difíceis que ganho mais estabilidade emocional e fico com o raciocínio mais seguro. Sou muito lúcido e tenho sangue frio.

Este controlo emocional contrasta com o demonstrado por Luís Felipe Scolari, quando agrediu um jogador adversário após o empate entre Portugal e a Sérvia num desafio de futebol realizado em 29 de setembro de 2007. A ocorrência ficará para os anais do futebol português – não podendo esquecer-se os potenciais riscos que desse gesto advieram para o equilíbrio e o desempenho da equipa nacional. Compare o leitor o estilo do *sargentão* com o de Pep Guardiola, o treinador do Barça, que ganhou o *triplete* (Liga espanhola; Taça do Rei; Liga dos Campeões) logo que se estreou como treinador principal. O *Diário de Notícias – Desporto* referiu-se-lhe do seguinte modo, em 22 de agosto de 2009:

> Guardiola assumiu-se como um exemplo perfeito de «coach» para as multinacionais que atuam em Espanha. Uma espécie de «treinador» de motivações que tira o máximo rendimento dos trabalhadores e potencia a autoconfiança. Segundo os especialistas, o maior mérito de Guardiola foi perceber, desde o primeiro momento, que todos os futebolistas têm

personalidades diferentes, convertendo-se num perfeito gestor de conflitos. A chamada inteligência emocional. (...) O treinador do Barça tem inteligência emocional para controlar as suas próprias emoções, autoconfiança, poder de autogestão, transparência, capacidade de adaptação a situações novas, ambição, otimismo, iniciativa, empatia com os seus jogadores, capacidade organizativa, intuição, influência, capacidade para delegar a sua liderança em campo, habilidade para lidar com o lado humano das pessoas, não criticar publicamente os seus e saber gerir conflitos. Estas são características fundamentais para um líder do mundo empresarial.

Também num texto publicado no *website* da Wharton High School, em 25 de abril de 2011, e cujo título aludia à *liderança tranquila*, Guardiola era assim descrito:

(...) É um indivíduo com enorme capacidade de trabalho, realizando análises profundas acerca dos rivais, e sendo também equilibrado do ponto de vista emocional. Nas reações aos resultados dos jogos, «não se deixa levar pela euforia nem se deixa cair em desespero», refere Cubeiro [presidente da empresa de consultoria Eurotalent e professor da Universidade de Deusto, San Pablo-CEU e da ESADE]. Isto é digno de ser enfatizado porque, como ele nota, «mais de 80% da liderança é inteligência emocional, ou seja, como as emoções são canalizadas e, neste caso, como são depois transmitidas para a equipa». Isto não oculta o facto de que Guardiola desempenha o seu papel com paixão. Mas, quando enfrenta os *media* e o decurso da competição, «sabe a importância do que diz e do modo como o diz. Por essa razão, empenha-se fortemente em transmitir calma».

A liderança do tão *adulado* quanto *odiado* José Mourinho tem sido mais oscilante. Algumas derrotas e os riscos de perda de um trono vencedor, porventura ferindo a autoconfiança e a autoestima da *estrela* portuguesa, podem ajudar a compreender o sucedido aquando do segundo jogo da final da Supertaça de Espanha, em agosto de 2011. O jornal *The Guardian* intitulou do seguinte modo uma peça sobre a matéria: «José Mourinho usou de violência contra o Barça para disfarçar o seu fracasso.» Após o madrileno Marcelo ter sido expulso, Mourinho deu mostras da sua *testosterona*, tendo *agredido* Tito Vilanova, o auxiliar de Guardiola, *colocando* o dedo no olho do rival do Barça. Vilanova (cujo verdadeiro nome Mourinho parece ter simulado *desconhecer*, denominando-o de «Pito Vilanova») respondeu na mesma moeda, dando uma chapada na cara do treinador português. O jornal *The Guardian* sublinhou a *irracionalidade* do ato de Mourinho:

> A perda de autocontrolo de Mourinho (…) foi uma prova da sua incapacidade emocional para aceitar, mais um ano, um papel secundário. Apesar dos milhões de palavras escritas acerca da sua astúcia maquiavélica, esta última travessura expõe alguma parvoíce, assim como indecência, pois Mourinho parece ter esquecido que qualquer ato sorrateiro é agora registado e divulgado em todo o mundo através dos meios digitais.

Perante o caso, Guardiola voltou a dar mostras de controlo emocional e temperança. Apelou à calma e recusou-se a alimentar o conflito, chamando a atenção para os riscos de uma escalada com potenciais efeitos perversos sobre o futebol espanhol e os seus intervenientes. Mourinho terá acabado por mostrar arrependimento, segundo algumas notícias. Em qualquer caso, a sua conduta parece ter prejudicado o próprio e o clube – como o antigo dirigente dos *merengues*, Jorge Valdano, viria a reconhecer.

COMBINANDO A GESTÃO DE SI PRÓPRIO, DAS EMOÇÕES E DOS RELACIONAMENTOS SOCIAIS

Os exemplos expostos ajudam a compreender a relevância da inteligência emocional e, designadamente, uma das suas dimensões: o autocontrolo emocional, que representa uma forma específica de temperança (veja capítulo 13). A inteligência emocional é uma vertente da inteligência social, envolvendo a competência para percecionar e expressar emoções, compreendê-las e usá-las, e geri-las em si próprio e nas outras pessoas. Os indivíduos emocionalmente inteligentes usam a razão para compreender as emoções (as próprias e as dos outros) e lidar com elas, e recorrem às emoções para interpretar o meio envolvente e tomar decisões mais racionais.

A inteligência emocional é, pois, o conjunto de capacidades que tornam a pessoa capaz de percecionar e gerir devidamente as emoções próprias e as alheias, e que lhe permitem atuar de forma adulta e autocontrolada, evitando incorrer em comportamentos regressivos e emocionalmente imaturos. Inclui capacidades como:

- compreender corretamente as emoções próprias e as das outras pessoas;
- manter *cabeça fria* em momentos emocionalmente tensos;
- mostrar empatia, ou seja, a capacidade de se colocar na *pele* dos interlocutores para melhor os conhecer, compreender e gerir/controlar.

A inteligência social é uma competência mais ampla, que envolve a inteligência emocional, a inteligência intrapessoal (capacidade de compreensão de si próprio; capacidade de automotivação e autoencorajamento) e a inteligência interpessoal (capacidade de lidar e gerir as emoções dos outros; capacidade para desenvolver relacionamentos sociais frutuosos). É da inteligência *social* que aqui nos ocupamos.

A INTELIGÊNCIA SOCIAL
E A EFICÁCIA DOS LÍDERES

Os líderes socialmente inteligentes são mais capazes de *sintonizar* as emoções dos liderados e das equipas. Ficam, pois, mais aptos a tomar decisões apropriadas consoante o contexto emocional que observam nos interlocutores. São mais capazes de compreender as frustrações, as necessidades e os problemas que os colaboradores estão a sentir, pelo que ficam mais aptos a atuar apropriadamente e a vencer as respetivas resistências à mudança. Compreendendo o que motiva as outras pessoas, são mais capazes de desenhar estratégias motivadoras e inspiradoras para as mobilizar ou influenciar. São mais recetivos às críticas e discordâncias provindas dos colaboradores, deixando estes mais livres para apresentarem ideias criativas que permitam resolver problemas e aproveitar oportunidades. Sintonizando o *pulso* emocional e social da equipa, são mais capazes de desenhar uma visão e objetivos mobilizadores da mesma. Incentivam a persistência dos colaboradores perante obstáculos. São melhores comunicadores e mais persuasivos. Transmitem mais entusiasmo às equipas.

Sendo capazes de irem para lá do óbvio e de identificar sinais emocionais (de natureza verbal e não-verbal) nos seus interlocutores, os líderes social-

LIDERANÇA

mente inteligentes são também mais eficazes na escolha de pessoas a nomear para cargos específicos. Com maior tato social e emocional, maior empatia e superior autocontrolo emocional, estão mais capacitados para obter apoio de pessoas chave para as suas decisões e projetos. Conhecem melhor as redes e os relacionamentos sociais em seu redor, pelo que ficam mais capacitados para obter apoio, vencer resistências e propagar com sucesso as suas ideias e projetos. São, por conseguinte, mais capazes de desenvolver *networking*, um recurso crucial para criar e desenvolver poder – sendo o poder essencial para agir sobre a realidade organizacional, ter influência e obter resultados. Estão também mais aptos para proporcionar *coaching*, mentoria e oportunidades de desenvolvimento aos seus colaboradores.

Os líderes socialmente inteligentes são também capazes de escutar e compreender as necessidades e idiossincrasias de clientes, fornecedores, autoridades, sindicatos e outros interlocutores, ficando assim mais aptos para vencer barreiras à colaboração e satisfazer as respetivas pretensões. São ainda mais capazes de se autocompreenderem, nos melhores e nos piores momentos. Assim, compreendem qual o momento apropriado para exprimir *versus* calar as suas intenções e sentimentos. Sabem que o estado emocional tenso em que se encontram pode levá-los a decisões menos acertadas e a palavras menos ponderadas. Ao compreenderem-se a si próprios, sabem quando precisam de partilhar dificuldades e problemas, obtendo apoio social e emocional. Compreendem, também, como as emoções positivas de um dado momento podem ser propícias a decisões criativas – mas também os podem conduzir a um excesso de otimismo que os impele a ignorar riscos ou desvalorizar potenciais obstáculos.

Mike Hackworth, cofundador da Cirrus Logic, referiu que uma das práticas que mais o ajudou na carreira foi a capacidade de *se colocar na pele dos outros* – tanto numa negociação como na motivação dos membros de uma equipa para levarem a cabo o trabalho ou realizarem uma tarefa importante num curto espaço de tempo. Do seu ponto de vista, foi a empatia que o ajudou a reforçar a energia dos seus interlocutores, obtendo deles resultados incomuns. Daniel Goleman afirmou, num artigo publicado em 1998 na *Harvard Business Review*:

> O quociente de inteligência e as competências técnicas são importantes para a eficácia dos líderes, mas a condição *sine qua non* é a inteligência emo-

cional. (...) Sem ela, uma pessoa pode ter a melhor instrução do mundo, um pensamento incisivo e analítico e um interminável conjunto de brilhantes ideias, mas não será um grande líder.

BASES NEUROLÓGICAS DA INTELIGÊNCIA SOCIAL

Investigações recentes no domínio da neurociência sugerem que a inteligência social pode ter bases biológicas. Algumas ações dos líderes, designadamente a empatia e a capacidade de sintonizarem as emoções dos outros, podem afetar tanto a química dos seus cérebros como a dos liderados. A química cerebral assim gerada pode, por seu turno, impelir os líderes a adotarem condutas socialmente mais inteligentes, num processo de influência recíproca que não ocorre com líderes desprovidos de inteligência social. Em processos de relacionamento entre líderes e liderados, os neurónios de uns reproduzem as emoções dos outros. Por exemplo, o sorriso e a boa disposição de um líder podem suscitar reações positivas nos liderados porque os neurónios destes captam e são sensibilizados pelas emoções positivas do líder. As reações positivas dos liderados podem, por seu turno, gerar efeitos positivos no líder.

A este propósito, Daniel Goleman e Richard Boyatzis referiram-se do seguinte modo a Herb Kelleher, fundador e ex-CEO da Southwest Airlines, uma companhia área conhecida por ter alcançado sucesso devido à entrega ao trabalho e à boa disposição dos seus colaboradores:

Certa vez, analisámos um vídeo de Herb Kelleher (...) deambulando nos corredores de Love Field, em Dallas, a base da companhia área. Podíamos vê-lo, praticamente, a ativar os neurónios (...) de cada pessoa que encontrava. Oferecia beijos radiantes, apertava a mão a clientes (...) e abraçava empregados à medida que lhes agradecia o bom trabalho. E recebia em troca o que dava. Típica foi a hospedeira cuja face se iluminou quando inesperadamente encontrou o patrão: «Oh, minha doçura», disse ela, cheia de entusiasmo, e deu-lhe um grande abraço. Explicou ela mais tarde: «Toda a gente se sente com ele como se estivesse em família».

LIDERANÇA

APRENDER A DESENVOLVER
A INTELIGÊNCIA SOCIAL

Esta base biológica da inteligência social poderia levar a supor que não estamos em presença de uma *virtude* – mas de algo imutável que os indivíduos são incapazes de desenvolver através de ações virtuosas. Todavia, segundo os especialistas, há razões para supor que a vontade de aprender e a capacidade para mudar hábitos e adotar condutas apropriadas podem alterar os próprios neurónios e, assim, sustentar o desenvolvimento da inteligência social. As pessoas não são necessariamente prisioneiras dos seus genes, antes podem desenvolver redes neuronais se adotarem comportamentos apropriados. Se o leitor está nesta condição, poderá adotar algumas medidas:

- Observe como se comportam as pessoas com elevada inteligência social. Aprenda, com elas, a adotar condutas que o tornem mais empático e capaz de compreender e gerir as suas emoções e as dos outros.
- Vá observando as reações das pessoas com quem se relaciona (superiores, colegas, subordinados, clientes, parceiros de negociação e outros interlocutores) e aprendendo a melhorar condutas.
- Para compreender em que áreas de relacionamento e gestão emocional necessita de melhorar, pode pedir ajuda e conselho a pessoas com as quais se relaciona – e que estejam dispostas a transmitir-lhe um verdadeiro retrato de si próprio.
- Pode também socorrer-se de um *coach* que o ajude a desenvolver as ações apropriadas. Um processo de *coaching* pode começar com uma avaliação de 360 graus, que o ajudará a compreender como as pessoas em seu redor (designadamente superiores, colegas e subordinados) o veem e em que medida essa perspetiva externa coincide com a sua autoavaliação. A ajuda de um mentor pode também ser crucial.

INTELIGÊNCIA SOCIAL
EM DIFERENTES CONTEXTOS

As competências associadas à inteligência social não são identicamente relevantes para todas as lideranças e contextos. Por exemplo, para uma organização em crise, o autocontrolo emocional e o auto-encorajamento dos líderes podem ser mais relevantes do que a empatia. Quando o moral das equipas é baixo, a empatia do líder pode ser mais necessária do que a sua capacidade de compreensão das emoções próprias. Em determinados contextos organizacionais mais *viris* (*e.g.* setor da construção civil), a sensibilidade para as emoções dos outros pode ser encarada menos positivamente – sendo mais *apropriado* adotar condutas *duras* e pouco empáticas. Para líderes que pretendem selecionar outros líderes, esta é uma orientação importante – sugerindo que diferentes missões requerem diferentes combinações de competências emocionais/sociais.

Importa também compreender que a carência de uma dada competência emocional num líder não é impeditiva do seu sucesso. Por exemplo, um líder deficitário em empatia pode rodear-se de alguém detentor dessa competência. Um dos autores deste livro conheceu uma executiva que, consciente das suas limitações empáticas e sociais, incumbiu uma colaboradora de todas as ações sociais que envolvessem maior proximidade social/emocional (*e.g.*, enviar cartões de felicitações no dia do aniversário; transmitir condolências). Líderes competentes tomam consciência das suas fragilidades e rodeiam-se de pessoas que possam suprir essas carências.

TUDO O QUE É DE MAIS É MOLÉSTIA

Nem sempre a inteligência emocional é virtuosa. Alguns líderes podem socorrer-se desta capacidade para manipular os outros e prosseguir finalidades desonestas por meios incorretos. Podem transformar a empatia em mecanismo de *sedução* que lhes permite instrumentalizar e enganar os outros, ferir a sua dignidade e intoxicar o clima social nas equipas e na organização. Rebecca Alexander referiu, na *Management Today*, que o *lado escuro* da inteligência emocional pode ajudar a compreender o *sucesso* de criminosos como Bernie Madoff ou os *coveiros* da Enron (Kenneth Lay) e da Worldcom (Bernie Ebbers). Por conseguinte, é necessário que, além da inteligência social, os líderes sejam dotados de outras forças como a integridade, o sentido de justiça e o respeito genuíno pelos outros.

Importa ainda compreender que a inteligência social é uma força multifacetada, pelo que o défice numa faceta pode tornar perverso o uso de outras facetas. Por exemplo, um líder muito empático e compreensivo das emoções dos seus interlocutores pode enfrentar dificuldades se não denotar autocontrolo emocional. A sua sensibilidade emocional pode impedi-lo de tomar decisões difíceis, mas necessárias (*e.g.*, punir prevaricadores) – e torná-lo *lamechas* e desrespeitado. Um líder com excessivo autocontrolo emocional e desprovido de empatia pode tornar-se emocionalmente *frio* e incapaz de expressar adequada e genuinamente emoções perante os seus interlocutores. Um líder excessivamente *afinado* pelas emoções positivas da equipa pode perder *distância emocional*, ficando incapaz de tomar decisões difíceis que contrariem o estado de espírito da equipa. Ou seja: pode ficar *inebriado* pelo tom emocional positivo da equipa.

Uma última nota é requerida para líderes que atuam em contextos culturais diversos, os quais devem ser cautos com o uso de algumas competências emocionais. Práticas apropriadas num dado país podem ser socialmente rejeitadas noutros locais. Por exemplo, a expressão pública de emoções pode ser socialmente desaprovada em alguns países asiáticos. Se o leitor tem dúvidas, reflita sobre o modo como os Japoneses se expressaram aquando do terrível tsunami ocorrido em 2011. Alguma vez assistiu a imagens televisivas mostrando Japoneses a chorar copiosamente ou mostrando a sua *raiva*?

AUTOAVALIAÇÃO
Questionário de inteligência social

Perguntas que merecem resposta afirmativa	S/N
• Compreendo bem os meus sentimentos e emoções?	
• Compreendo bem as emoções das pessoas com as quais me relaciono?	
• Encorajo-me para fazer o meu melhor?	
• Consigo manter-me calmo/a em situações emocionalmente tensas?	
• Exprimo respeitosa e calmamente os meus pontos de vista?	
• Sou um/a bom/a ouvinte?	
• Consigo colocar-me *na pele* dos outros, mesmo quando não concordo com eles?	

A VIRTUDE ESTÁ NO MEIO

- Compreendo as causas das minhas emoções?
- Normalmente sei se estou ou não feliz?
- Sou sensível aos sentimentos e emoções dos outros?
- Encorajo-me a mim próprio/a?

Perguntas que merecem resposta negativa	S/N
• Deixo-me dominar pelas emoções das pessoas que me rodeiam?	
• Quando me provocam, perco facilmente a calma?	
• Tenho dificuldade em colocar-me na pele das outras pessoas?	
• Sou um/a fraco/a ouvinte?	
• Sou indiferente à felicidade dos outros?	
• Perco facilmente o controlo emocional?	
• Tenho dificuldade em compreender as razões das minhas emoções e sentimentos?	
• Frequentemente, deixo-me vencer pelos obstáculos e desisto?	
• Sou insensível às emoções dos outros?	
• Tenho dificuldade em compreender os sentimentos dos outros?	

Perguntas que também merecem resposta negativa	S/N
• Uso a minha capacidade de compreensão das emoções e sentimentos dos outros para manipulá-los?	
• Aparento ser sensível às emoções dos outros, mas não me interessam?	
• Aparento confiar nos outros, embora seja realmente cínico?	
• Sou indiferente à felicidade dos outros, embora mostre o contrário?	
• Sou um/a manipulador/a de emoções nato/a?	

CAPÍTULO 19

AUTENTICIDADE: NUTRIENTE DA CONFIANÇA

«Quem quer ser diferente, quem quer fazer coisas diferentes, quem quer ter sucesso e viver bem, tem de se conhecer a si próprio. E conhecermo--nòs a nós próprios tem que ver com autoconhecimento. Isso é o princípio de todas as mudanças.»

Filipe Vila Nova, líder da Salsa (2008, p. 40).

«Todas as tolices acerca da "autenticidade" correm o risco de levar os líderes a pensarem que devem dizer toda a verdade, a toda a hora. Mas isso não deve ser feito, tal como o não devem fazer os pais.»

Reeves (2006, p. 29).

CONCURSOS DE AUTENTICIDADE

A AUTENTICIDADE TRANSFORMOU-SE, em alguns contextos, numa moda. Jonathan Guthrie, editor do *Financial Times*, afirmou que ela se tornou uma «arma vital para os *marketeers*». Preconiza-se a autenticidade dos vinhos, da comida, da indumentária, dos costumes – e dos líderes. Algumas campanhas eleitorais são *autênticos* concursos de autenticidade. Rob Goffee e Gareth Jones, da London Business School, argumentaram que os melhores líderes, além de criarem um sentido de comunidade nas organizações, de criarem condições para que as pessoas realizem trabalho com significado e de instilarem um sentido de entusiasmo e alegria no trabalho, também são autênticos. Bill George, ex-CEO da multinacional Medtronic e depois professor em Harvard, quando se interrogou sobre as razões da crise de confiança no mundo dos negócios, identificou um fator-chave: a ausência de liderança autêntica.

A tese fundamental do autor pode ser sumariada em três pontos. Primeiro: precisamos de uma nova liderança para evitar a repetição dos escândalos que têm abalado o mundo empresarial e que têm afetado negativamente milhares de pessoas e prejudicado a credibilidade dos líderes empresariais em geral. Segundo: os líderes mais eficazes orientam-se pelo seu *verdadeiro norte*, são genuínos e autênticos (em vez de emularem outras figuras de liderança) e desenvolvem a autenticidade dos seus interlocutores. Estão mais preocupados em servir os outros do que em nutrir o seu próprio sucesso ou reconhecimento. Terceiro: os líderes e as empresas orientadas por missões *autênticas* trazem mais benefícios para os acionistas do que as empresas financeiramente orientadas.

O QUE É A AUTENTICIDADE

A autenticidade é a tendência dos indivíduos para serem genuínos e verdadeiros consigo próprios e os outros, para assumirem os seus erros e para se responsabilizarem pelas consequências das suas ações. Quando aplicada à liderança, a autenticidade envolve quatro dimensões:

- *Orientação moral* – o líder orienta-se por elevados padrões de conduta ética e moral, e não se deixa tolher por pressões nem pelo desejo de agradar aos outros.
- *Transparência relacional* – o líder apresenta-se de modo genuíno perante os outros, partilha abertamente informação, expressa os seus verdadeiros pensamentos e sentimentos. Deste modo, estimula os outros a apresentarem ideias e opiniões de modo igualmente autêntico/transparente.
- *Auto-consciência* – o líder compreende as suas forças e fraquezas, tem consciência do modo como encara o mundo, é capaz de entender fielmente o modo como os outros o encaram e compreende como ele próprio exerce impacto sobre os outros.

- *Processamento equilibrado da informação* – o líder analisa objetivamente a informação relevante antes de tomar decisões, convida os colaboradores a exporem pontos de vista que possam colidir com a sua própria opinião e concede oportunidade de participação a todas as pessoas (mesmo às que discordam de si).

Os líderes autênticos conhecem-se a si próprios, orientam-se por uma bússola moral (não se deixando tolher por contingências ou pressões externas, como o desejo de agradar ou de aceder a recompensas financeiras), são transparentes na relação com os outros e não são *preconceituosos* quando enfrentam opiniões e perspetivas distintas das suas.

Esta descrição ajuda a compreender por que a pregação da liderança autêntica tem emergido como uma tentativa de resposta à crise moral e de confiança que os escândalos empresariais provocaram. Os líderes empresariais caíram em *má conta* na sociedade em geral. Presume-se que, só atuando autenticamente e observando padrões éticos, os líderes podem restaurar a confiança nos negócios e nas lideranças – e promover o desenvolvimento das organizações, dos seus membros e da comunidade.

QUATRO PONTOS PRÉVIOS

Antes de prosseguir, importa sublinhar quatro pontos. Em primeiro lugar, a autenticidade não é, em sentido estrito, uma virtude – mas uma conjugação de virtudes e forças de caráter. Em segundo lugar, os líderes autênticos não são necessariamente participativos, democráticos ou carismáticos. Podem, até, ser diretivos e governar com *autoridade*. Não são dotados de um estilo único ou predominante, como sublinhou o próprio Bill George:

Compare os três últimos CEO da General Electric: a pose de estadista de Reginald Jones, o dinamismo de Jack Welch e o estilo empoderador de Jeff Immelt. Todos são líderes muito bem sucedidos com estilos de liderança completamente diferentes. Mas a GE organizou-se em torno de cada um deles, adaptou-se aos seus estilos e, dessa maneira, progrediu. O que releva é a autenticidade do líder, não o estilo.

Em terceiro lugar, a liderança autêntica não é a *varinha de condão* para a resolução dos problemas de confiança citados, nem um caminho garantido para o sucesso. Pode ser um facilitador e uma condição importante – mas não assegura, por si só, resultados positivos. O quarto ponto é mais controverso e complexo. E pode ser interpretado a partir de uma descrição feita por Jonathan Guthrie, no *Financial Times* de 29 de dezembro de 2008, acerca da moda em que o tema da autenticidade se tem vindo a transformar:

> Num seminário de liderança para executivos que frequentei recentemente, o formador explicou que a autenticidade era o principal atributo que os presentes deveriam irradiar, incluindo «diferentes tipos de autenticidade para diferentes públicos». Isto significa ser um tecnocrata nas reuniões do conselho de administração, um pragmático entre os gestores intermédios e uma pessoa comum no chão da fábrica.

Como o leitor compreenderá, a descrição encerra uma contradição que convém evitar, pelo menos nos líderes que pretendem ser verdadeiramente autênticos! Mas convém evitar considerações extremadas sobre a matéria, sob pena de a autenticidade não ser virtuosa. A autenticidade virtuosa não significa *dizer tudo o que se pensa*, insensatamente e a coberto da desculpa da *franqueza*. Ser franco, por si só, não é uma virtude.

Para ser virtuoso, um líder autêntico deve também ser sensato e prudente, ponderando as consequências das suas ações, decisões e palavras, e ajustando as suas condutas aos contextos em que atua. Um líder desprovido destas qualidades não pode ser considerado autêntico – mas insensato, imprudente, descontrolado ou néscio. Foi esta exigência, em certa medida paradoxal, que levou Lucy Kellaway, também colunista do *Financial Times*, a enfatizar jocosamente:

> De facto, quanto mais penso no assunto, mais recomendo a todos os líderes que sejam inautênticos. O que os grandes líderes necessitam é de ter muitos diferentes *eus*, entre os quais podem alternar facilmente consoante os requisitos de cada situação. Necessitam de ser vendedores, motivadores, figuras de autoridade, desempenhando bem todos os papéis. Devem agir corretamente e jamais parecerem insinceros. Necessitam de ser capazes de fazer o que não surge naturalmente e parece autêntico.

A VIRTUDE ESTÁ NO MEIO

DE ONDE PROVÉM A AUTENTICIDADE?

Ambientes organizacionais humanamente inclusivos, éticos, zelosos e focalizados nas forças das pessoas podem nutrir ou facilitar a autenticidade dos líderes. A autenticidade pode também provir de influências familiares, do contacto com líderes exemplares ou de desafios vultuosos enfrentados em determinados momentos da vida. Eventos ativadores (tais como mudanças dramáticas nas circunstâncias pessoais, a morte de um familiar, ou experiências profissionais marcantes) podem também ser o estímulo subjacente. Muitos líderes são autênticos porque *transformaram o veneno em remédio* – ou seja, transformaram as adversidades em oportunidade para serem melhores seres humanos e contribuírem para a melhoria dos seus semelhantes e da comunidade humana.

O exemplo de Daniel Vasella, CEO da Novartis, é paradigmático. Tal como referido no capítulo 1, foram as circunstâncias adversas experimentadas em tenra idade (várias doenças, o afastamento dos pais, a morte prematura de familiares) que moldaram o seu caráter. Mas as experiências gratificantes vividas durante os tratamentos hospitalares também foram marcantes. Nas palavras do próprio, os gestos humanos de «perdão, zelo e compaixão» marcaram-no e influenciaram o tipo de pessoa que ele quis ser – e que haveria de alimentar enquanto CEO da Novartis. O caso de Howard Schultz, líder da Starbucks, é também ilustrativo (veja, igualmente, o capítulo 1). Foram as adversidades em tenra idade que moldaram a pessoa que viria a ser e a conduta de liderança que veio a adotar.

LIDERANÇA AUTÊNTICA E EFICÁCIA

Estudos por nós realizados em Portugal sugerem que a liderança autêntica promove várias forças psicológicas (autoconfiança, otimismo, esperança, resiliência), emoções positivas e a criatividade dos colaboradores. Outros estudos sugerem que os líderes autênticos tornam os liderados mais felizes, empenhados e produtivos. Estes efeitos podem ser explicados, sucintamente, do seguinte modo. Os colaboradores identificam-se mais fortemente com o líder e a equipa. Ficam também mais orgulhosos por pertencerem à equipa e trabalharem com um líder autêntico. Consequentemente, experimentam mais emoções positivas e desenvolvem forças psicológicas como a esperança, a autoconfiança e o otimismo. Estas forças e as emoções positivas levam-nos a sentirem que realizam trabalho com significado para as suas vidas, ficando também empenhados no trabalho e mais satisfeitos. Consequentemente, são mais produtivos, adotam mais comportamentos de cidadania organizacional (*e.g.*, ajudam os colegas e os líderes; protegem a reputação da organização) e desenvolvem menor desejo de abandonarem a organização.

Acrescente-se que, ao liderarem pelo exemplo e de acordo com uma bússola moral, os líderes autênticos constroem ambientes organizacionais mais propícios à confiança e à cooperação. Acolhendo pontos de vista diferenciados, mesmo que dissonantes com os seus, ficam mais capacitados para acederem a informação mais rica e, assim, tomarem decisões de melhor qualidade. É mais provável que os colaboradores lhes transmitam a verdade.

Assumindo os erros, os líderes autênticos são também mais capazes de aprender com os mesmos e mudar o curso da ação – em vez de, simplesmente, persistirem no erro. Com líderes autênticos, a organização incorre em menos riscos de se envolver em práticas ilícitas ou de duvidosa legalidade. Por conseguinte, a empresa adquire maior credibilidade junto das autoridades, das comunidades, dos clientes e de outros *stakeholders*. A capacidade de atrair candidatos a emprego talentosos é também maior, assim aumentando o nível de capital humano da organização.

Ao contrário, líderes deficitários em autenticidade minam a confiança no seio das equipas e da organização e ferem os mecanismos de cooperação no trabalho. Os colaboradores receiam transmitir-lhes a verdade desagradável e são menos criativos. A identificação dos liderados com a organização, assim como a entrega ao trabalho, também decrescem. Os riscos de más práticas aumentam, daí advindo custos para a reputação e a credibilidade da organização.

AUTENTICIDADE COM SENSO

A autenticidade, para ser verdadeiramente *virtuosa*, necessita da companhia de outras virtudes. Alguns líderes *autênticos* (ou seja, *transparentes* no modo como agem e pensam) são abrasivos, injustos, desrespeitadores e incompetentes. O facto de serem *autênticos* não os torna menos problemáticos. A autenticidade pode ser colocada ao serviço do bem ou do mal. Ademais, o excesso de *autenticidade* pode impelir um líder a fazer declarações insensatas de que posteriormente se arrepende. Pode levá-lo a fazer afirmações reveladoras de insensibilidade emocional e desrespeitadoras dos outros. Pode ainda impeli-lo a um nível de *transparência* excessivo que o fragiliza perante alguns interlocutores.

Por conseguinte, ainda que o equilíbrio entre diversas virtudes seja frequentemente difícil e complexo, é necessário que os líderes sejam sensatos, prudentes, emocionalmente inteligentes e justos. Quando diversos valores em jogo conflituam, é necessário que um líder opte por compromissos morais – em vez de, cegamente, seguir as convicções próprias e ignorar outros valores relevantes. A coragem pode também ser necessária para *fechar a boca* em circunstâncias específicas, isto é, para *dar descanso* à franqueza. Dizer toda a verdade, a todo o momento, ignorando as consequências, é sintoma de *autenticidade* – mas pode revelar enorme imprudência, cobardia ou mesmo irresponsabilidade.

AUTOAVALIAÇÃO
Questionário de autenticidade

Perguntas que merecem resposta afirmativa	S/N
• As minhas ações respeitam as minhas convicções?	
• Solicito aos meus colaboradores pontos de vista, mesmo que sejam diferentes dos meus?	
• Encorajo as outras pessoas a dizerem o que pensam?	
• Oiço cuidadosamente os diferentes pontos de vista antes de tirar conclusões?	
• Sou verdadeiro/a com os outros?	
• Tomo decisões difíceis, assentes em elevados padrões éticos?	
• Peço aos colaboradores para agirem de acordo com os seus valores fundamentais?	
• Assumo os erros que cometo?	

LIDERANÇA

- Tenho um conhecimento profundo de mim próprio?

- Compreendo como as minhas ações têm impacto nos outros?

- Mostro as emoções que correspondem ao que sinto?

Perguntas que merecem resposta negativa	S/N

- Digo o que os outros querem ouvir?

- Digo o que me é mais conveniente?

- Tomo decisões que colidem com o que é correto fazer-se?

- Sou bastante permeável às pressões das pessoas mais poderosas, tomando decisões que contrariam os meus valores mais importantes?

- Detesto pedir opiniões a pessoas que têm perspetivas diferentes das minhas?

- Evito assumir erros que cometo?

- Por regra, evito mostrar o que sinto?

- Tenho dificuldade em compreender como as minhas ações têm impacto sobre os outros?

- Tenho dificuldade em compreender-me?

Perguntas que também merecem resposta negativa	S/N

- Digo tudo o que penso, quaisquer que sejam as consequências?

- Sou rígido/a no modo como procuro obedecer às minhas convicções, ignorando as convicções e valores que outras pessoas seriamente também preconizam?

- Arrependo-me frequentemente de dizer as duras verdades, sendo acusado/a de me ter precipitado?

- Oiço tantas pessoas e presto atenção a tantas perspetivas antes de tomar decisões que, por vezes, tenho dificuldade em decidir ou adio as decisões?

- Sou de tal modo transparente e autêntico que os outros abusam de mim?

POSFÁCIO

1.

Explicada a importância de cada virtude, importa acrescentar que a boa atuação dos líderes requer o contributo de várias forças e virtudes. Quando essa combinação não ocorre, os efeitos podem ser perversos. Por exemplo, um líder corajoso sem integridade pode fazer negócios rentáveis em contextos corruptos, colocando em risco a reputação e o desempenho da empresa a longo prazo. A coragem sem humildade torna os líderes imprudentes e impetuosos, ficando menos capazes de desenvolverem interações positivas e fluidas na sua rede de relacionamentos. Carly Fiorina foi uma líder corajosa, mas um certo grau de intemperança conduziu-a a uma saída abrupta e indesejada da HP. Um líder com forte sabedoria necessita da coragem e da prudência para colocar essa sabedoria ao serviço de decisões difíceis, mas sábias. Um elevado nível de propósito e transcendência, se não for complementado com prudência, pode dar origem a missões, visões ou objetivos *ingénuos* que fazem perigar a competitividade da empresa.

2.

Se as virtudes são tão relevantes para a liderança e o funcionamento das organizações, da economia e das sociedades, por que têm sido negligenciadas? Retomamos aqui três argumentos que expomos na obra complementar a esta (*Virtues in leaders: Contemporary challenge for global managers;* em coautoria com Stewart Clegg):

- Sobretudo no mundo ocidental, tem prevalecido a crença no *progresso linear* – o presente é melhor do que o passado! Consequentemente, têm sido desvalorizados os *velhos* valores em detrimento de *novos* valores como a competição, o sucesso individual e a riqueza material. Deita-se fora o *velho* para que o *novo* seja consumido. Mas a verdade é que o *novo* não é necessariamente melhor que o *velho*.

- As virtudes são frequentemente associadas a religiosidade. Num mundo (alegadamente) racionalista e secular, a cruzada ateísta levou as pessoas a *deitar fora* as virtudes juntamente com as crenças e práticas religiosas.

- O aumento da dimensão das empresas e a globalização destruíram o sentido de *aldeia* e comunidade que antigamente existia e que criava mecanismos de transparência e controlo. Na velha *aldeia*, onde os empreendedores, negociantes e outros agentes se conheciam mutuamente (nas várias facetas da sua vida pessoal, familiar e comunitária), a sobrevivência no negócio dependia da prática das virtudes. A honestidade era a melhor política. Quando esta não era praticada, o negociante ou empresário era postergado ou escorraçado. Comportamentos viciosos e fraudes eram alvo de reprovação social, e quem quebrava a confiança via o seu negócio (assim como a vida pessoal e familiar) destruído. O anonimato do mundo industrializado, urbano e global fez cair esses controlos sociais – ou, pelo menos, a sua perceção. Pode ser-se um *velhaco* na empresa e, simultaneamente, respeitado na família e/ou na comunidade de vizinhança! Os sinais exteriores de riqueza e alguma ação filantrópica têm ajudado a quebrar a *má* consciência e a conquistar respeitabilidade!

Preste-se atenção, todavia, ao potencial contido na atual *aldeia global*, que as novas tecnologias da comunicação ajudaram a criar. Uma fraude hoje detetada em qualquer parte do mundo rapidamente é divulgada, à escala global, pelas redes sociais e pelos *media* institucionais. O *Wikileaks* representa o epítome desse observatório, por vezes indiscreto e pérfido. O risco de ser apanhado na fraude e rapidamente *destruído* na praça pública aumentou. Se o leitor tem dúvidas, pense na projeção mundial das imagens de Dominique Strauss-Khan às mãos da justiça norte-americana. Veja como a fraude detetada num canto do mundo se dissemina, como fogo num palheiro, por todos os cantos.

3.

Instalou-se a ideia de que, num mundo darwinista, privilégio dos mais fortes, a virtude é uma fraqueza para quem a pratica. Importa todavia compreender que a visão darwinista da vida não explica totalmente a natureza humana. Virtudes como a gratidão e o perdão emergiram como mecanismos de preservação da espécie humana. Por conseguinte, ser virtuoso não é necessariamente uma forma ingénua de conduzir a vida pessoal e empresarial.

Se as virtudes não fossem realmente importantes, porque haveria Jeff Immelt, o CEO da General Electric, de afirmar que gostaria de ver a empresa reconhecida como virtuosa, atraindo os melhores talentos? Porque tantos milhões de pessoas admiram as virtudes de Mandela, Ghandi, Martin Luther King ou Aung San Suu Kyi (a opositora do regime ditatorial de Myanmar e prémio Nobel da Paz em 1991)? Como explicar a aclamação mundial da atribuição do prémio Nobel da Paz, a Muhammad Yunus, o *pai* do microcrédito – uma inovação social virtuosa responsável pelo combate bem sucedido à pobreza?

Como podemos compreender a admiração suscitada por empresas que, além de financeiramente vigorosas, se excedem no serviço à comunidade? Por que não as apreciamos apenas pelo seu sucesso económico-financeiro? Por que tantos líderes *viciosos* fazem questão de afirmar as suas *pretensas* virtudes – em vez de simplesmente assumirem as suas *viciosas* ações? Por que nos identificamos mais, somos mais leais e nos sacrificamos mais quando as organizações em que trabalhamos são virtuosas? E por que tendemos a escapar de chefes e organizações *viciosas*?

4.

São as virtudes o garante do sucesso dos líderes? A resposta é: *não*! Aliás, a pior razão para ser virtuoso é sê-lo por ser vantajoso! A virtude vale pelas suas consequências, mas sobretudo pelos atos virtuosos em si mesmos. Aumentará a liderança virtuosa as probabilidades de viver uma vida *decente* e proporcionar uma vida decente aos outros? A resposta é: *sim*! Há riscos? A resposta é: *há*! Mas os riscos das ações viciosas são provavelmente maiores – como os efeitos perversos dos escândalos empresariais dos últimos anos bem demonstram.

LITERATURA CONSULTADA PARA CADA CAPÍTULO

INTRODUÇÃO

Anjos, M. (2011). Um velho capitalista com aura de rock star. *Expresso Única*, 3 de setembro, 12-16.

Aristóteles (1999). *The Nicomachean ethics* (translated by W. D. Ross). Kitchener ON: Batoche Books.

Boddy, C. R. (2011). The corporate psychopaths theory of the global financial crisis. *Journal of Business Ethics*, pp. 102, 255-259.

Cameron, K. (2003). Organizational virtuousness and performance. In K.S. Cameron, J. E. Dutton & R. E. Quinn (Eds.), *Positive organizational scholarship* (pp. 48-65). São Francisco: Berrett-Koehler.

Csikszentmihaly, M. (2003). *Good business: Leadership, flow and the making of meaning*. Nova Iorque: Viking.

Damon, W. (2004). *The moral advantage*. São Francisco: Berrett-Koehler

Drucker, P. (1954). *The practice of management*. Nova Iorque: Harper & Row.

Espada, J. C. (2011). João Paulo II. *Público*, 2 de maio, 29.

Fort, T. L. & Schipani, C. (2004). *The role of business in fostering peaceful societies*. Cambridge: Cambridge University Press.

Gavin, J. H. & Mason, R. O. (2004). The virtuous organization: The value of happiness in the workplace. *Organizational Dynamics*, 33(4), pp. 379-392.

Gowri, A. (2007). On corporate virtue. *Journal of Business Ethics,* 70, pp. 391-400.

Gunn, R. W, & Gullickson, B. R..(2006). Lucky mud. *Strategic Finance*, 88(1), pp. 8,10.

LIDERANÇA

Hart, P. M. & Cooper, C. L. (2001). Occupational stress: Toward a more integrated framework. In N. Anderson, D. S. Ones, H. K. Sinangil & C. Viswesvaran (Eds.), *Handbook of industrial, work and organizational psychology* (vol. 2, pp. 93-114). Londres: Sage.

Hart, S. L. (2005). *Capitalism at the crossroads.* Filadélfia, PA: Wharton School Publishing.

Kay, J. (2010). *Obliquity.* Londres: Profile Books.

Keough, D. (2008). *The ten commandments of business failure.* Londres: Penguin.

Kets de Vries, M. F. R. (2001). Creating authentizotic organizations: Well-functioning individuals in vibrant companies. *Human Relations,* 54(1), pp. 101-111.

McLean, B. & Elkind, P. (2004). *The smartest guys in the room: The amazing rise and scandalous fall of Enron.* Nova Iorque: Penguin.

Nohria, N. & Khurana, R. (Eds.), *Handbook of leadership theory and practice* (pp. 65-105). Boston: MA: Harvard Business School Press.

Peterson, C., & Seligman, M. E. P (2004). *Character strengths and virtues: A handbook and classification.* Washington: American Psychological Association and Oxford University Press.

Prahalad, C. K. & Hammond, A. (2002). Serving the world's poor, profitability. *Harvard Business Review,* 80(9), pp. 48-58.

Rego, A., Cunha, M. P., & Clegg, S. (no prelo). *Virtues in leaders: contemporary challenge for global managers.* Oxford: Oxford University Press.

Rosenzweig, P. (2007). *The halo effect…and the eight other business delusions that deceive managers.* Nova Iorque: Free Press.

Saraiva, J. A. (2011). Strauss quê? *Sol,* 2 de setembro, 3.

Seligman, M. E. (2011). *Flourish: A visionary new understanding of happiness and well- -being.* Nova Iorque: Free Press.

Sutton, R. I. (2010). *Good boss, bad boss.* Londres: Piatkus.

CAPÍTULO 1 – PERSEVERANÇA

Avolio, B. J., Gardner, W. L., Walumbwa, F. O., Luthans, F. & May, D. R. (2004). Unlocking the mask: A look at the process by which authentic leaders impact follower attitudes and behaviors. *Leadership Quarterly, 15,* pp. 801-823.

Bennis, W., Goleman, D., & O'Toole, J. (Eds.) (2008). *Transparency: Creating a culture of candor* (pp.45-92). São Francisco: Jossey Bass.

Candeias, P. (2011). O senhor milhões. *Expresso*, 12 de fevereiro, 29.

Caza, B. B., & Milton, L. P. (2011). Resilience at work: Building capability in the face of adversity. In K. S. Cameron & G. Spreitzer (Eds.), *Handbook of positive organizational scholarship*. Oxford: Oxford University Press.

Chang, L. (Ed)(2006). *Wisdom for the soul: Five millennia of prescriptions for spiritual healing*. Washington: Gnosophia.

Clair, J. A. & Dufresne, R. L. (2007). Changing poison into medicine: How companies can experience positive transformation from a crisis. *Organizational Dynamics*, 36(1), pp. 63-77.

Collins, J. (2001). Level 5 leadership: the triumph of humility and fierce resolve. *Harvard Business Review*, janeiro, pp. 67-76.

Csikszentmihalyi, M. (2003). *Good business: Leadership, flow and the making of meaning*. Nova Iorque: Viking.

Duckworth, A. L., Peterson, C., Matthews, M. D., & Kelly, D. R. (2007). Grit: Perseverance and passion for long-term goals. *Journal of Personality and Social Psychology*, 92(6), pp. 1087-1101.

George, B., Sims, P., McLean, A. N., & Mayer, D. (2007). Discovering your authentic leadership. *Harvard Business Review*, fevereiro, pp. 129-138.

Gladwell, M. (2008). *Outliers: The story of success*. Boston, MA: Little, Brown and Company.

Keough, D. (2008). *The ten commandments of business failure*. Londres: Penguin.

Luthans, F., Youssef. C. M. & Avolio, B. J.(2007). *Psychological capital: Developing the human competitive edge*. Oxford: Oxford University Press.

Marques, J. F. (2010). Awakened leaders: Born or made? *Leadership & Organization Development Journal*, 31(4), pp. 307-323.

Mendonca, M. (2001). Preparing for ethical leadership in organizations. *Canadian Journal of Administrative Sciences*, 18(4), pp. 266-276.

Nonaka, I. & Takeuchi, H. (2011). The wise leader. *Harvard Business Review*, 89(5), pp. 58-67.

Peterson, C., & Seligman, M. E. P (2004). *Character strengths and virtues: A handbook and classification*. Washington: American Psychological Association and Oxford University Press.

Pfeffer, J. (2010). *Power: Why some people have it, and others don't*. Nova Iorque: Harper Collins.

Powley, E. H. & Cameron, K. S. (2008). Organizational healing: Lived virtuousness amidst organizational crisis. In C. C. Manz, K. S. Cameron, K. P. Manz, & R.

LIDERANÇA

D. Marx (Eds). *The virtuous organization: Insights from some of the world's leading management thinkers* (pp. 21-44). Singapura: World Scientific.

Rockoff, J. D. (2010). Pfizzer CEO Kindler resigns. *Wall Street Journal* (Europa) 7 de dezembro, p. 18.

Rosanoff, M. A. (1932). Edison in his laboratory. *Harper's Magazine*, setembro (http://www.harpers.org/archive/1932/09/0018333)

Seligman, M. E. (2011). *Flourish: A visionary new understanding of happiness and well--being*. Nova Iorque: Free Press.

Spreitzer, G. M., Lam, C. F. & Quinn, R. W. (2011). Human energy in organizations: Implications for POS from six interdisciplinary streams. In K. S. Cameron & G. Spreitzer (Eds.), *The Oxford handbook of positive organizational scholarship*. Oxford: Oxford University Press.

Stephenson, C. (2010).The role of leadership in managing risk. *Ivey Business Journal Online, November-December.*

Sutton, R. I. (2010). *Good boss, bad boss*. Londres: Piatkus.

The Economist (2003). Lula comes under friendly fire. *The Economist,* 17 de julho, 41.

Zúquete, J. P. (2011). The flight of the eagle: The charismatic leadership of Sá Carneiro in Portugal's transition to democracy. *Leadership Quarterly*, 22(2), pp. 295-306.

CAPÍTULO 2 – AUTOCONFIANÇA

Ancona, D., Malone, T. W., Olikowski, W. J. & Senge, P. M. (2007). In praise of the incomplete leader. *Harvard Business Review*, fevereiro, pp. 92-100.

Anderson, D., Krajewski, Goffin, R., & Jackson, D. (2008). A leadership self-efficacy taxonomy and its relation to effective leadership. *Leadership Quarterly*, 19(5), pp. 595--608.

Baron, L., & Morin, L. (2010). The impact of executive coaching on self-efficacy related to management soft-skills. *Leadership & Organization Development Journal*, 31(1), pp. 18-38.

Black, C. (2011). Murdoch, like Napoleon, is a great bad man. *Financial Times*, 14 de julho, 11

D'Alessandro, D. (2008). On leadership. *Ivey Business Journal Online*, 72(6).

De Cremer, D., & van Knippenberg, D. (2004). Leader self-sacrifice and leadership effectiveness: The moderating role of leader self-confidence. *Organizational Behavior and Human Decision Processes*, 95(2), pp. 140-155.

Fitzgerald, S., & Schutte, N. S. (2010). Increasing transformational leadership through enhancing self-efficacy. *Journal of Management Development*, 29(5), pp. 495-505.

George, B. (2007). *True north: Discover your authentic leadership*. S. Francisco, CA: Jossey-Bass.

Heifetz, R. & Laurie, D. (1997). The work of leadership. *Harvard Business Review*, janeiro-fevereiro, pp. 124-134.

Hollenbeck, G. P., & Hall, D. T. (2004). Self-confidence and leader performance. *Organizational Dynamics*, 33(3), pp. 254-269.

Luthans, F., Youssef, C. M., & Avolio, B. J. (2007). *Psychological capital*. Oxford: Oxford University Press.

McCormick, M. J. (2001). Self-efficacy and leadership effectiveness: Applying social cognitive theory to leadership. *Journal of Leadership & Organizational Studies*, 8(1), pp. 22-33.

Moen, F., & Allgood, E. (2009). Coaching and the effect on self-efficacy. *Organization Development Journal*, 27(4), pp. 69-82.

Paglis, L. L. (2010). Leadership self-efficacy: Research findings and practical applications. *Journal of Management Development*, 29(9), pp. 771-782.

Paglis, L. L. & Green, S.G. (2002). Leadership self-efficacy and managers' motivation for leading change. *Journal of Organizational Behavior*, 23, pp. 215-35.

Peterson, C., & Seligman, M. E. P (2004). *Character strengths and virtues: A handbook and classification*. Washington: American Psychological Association and Oxford University Press.

Pfeffer, J. (2010). *Power: Why some people have it, and others don't*. Nova Iorque: Harper Collins

Pilkington, E. (2009). What's driving Steve Jobs. *Guardian*, 23 de junho (http://www.guardian.co.uk/technology/2009/jun/23/steve-jobs-liver-transplant).

Prata, B. (2011). O menino da Foz e o gaiato de Leça. *Público*, 18 de maio, 6.

Rego, A. Sousa, F., Marques, S., & Cunha, M. P. C. (no prelo). Authentic leadership promoting employees' psychological capital and creativity. *Journal of Business Research*.

Rego, A., Cunha, M. P., Marcelino, R. & Oliveira, C. (2007). *Coaching para executivos*. Escolar Editora.

Sivanathan, N., Arnold, K. A., Turner, N. & Barling, J. (2004). Leading well: Transformational leadership and well-being. Positive psychology in practice. In P. A. Linley & S. Joseph (Eds.), *Positive psychology in practice* (pp. 241-255). Hoboken, NJ: Wiley.

LIDERANÇA

The Economist (2011). Great bad men as bosses. *The Economist*, 23 de julho, p. 59.

Wang, L., Hinrichs, K., Prieto, L., & Black, J. (2010). The effect of followers' behavior on leader efficacy. *Journal of Business and Management*, 16(2), pp. 139-151.

CAPÍTULO 3 – CORAGEM

Baldoni, J.. (2011). Putting courage into action for others and yourself. *Leader to Leader*, 2011(59), pp. 24-26.

Beck, M. (1982). The Tylenol scare. *Newsweek*, 11 de outubro, pp. 32-39.

Bennis, W., Goleman, D., & O'Toole, J. (Eds.) (2008). *Transparency: Creating a culture of candor* (pp. 45-92). São Francisco: Jossey Bass.

Caminiti, S. (2005). The people company. *NYSE Magazine*. Janeiro-fevereiro, pp. 12-16.

Cavanagh, G. F, & Bandsuch, M. R. (2002). Virtue as a benchmark for spirituality in business. *Journal of Business Ethics*, 38(1/2), pp. 109-117.

Chang, L. (ed). (2006). *Wisdom for the soul: Five millennia of prescriptions for spiritual healing*. Washington: Gnosophia.

Collins, J. (2009). *How the mighty fall: And why some companies never give in*. Londres: Random House.

Daft, R. L., & Lengel, R. H. (1998). *Fusion leadership*. São Francisco, CA: Berrett-Koehler.

Edmondson, A. (1999). Psychological safety and learning behavior in work teams. *Administrative Science Quarterly*, 44, pp. 350–383.

George, B. (2009). *Seven lessons for leading in crisis*. São Francisco: Jossey Bass.

Gunn, R. W, & Gullickson, B. R. (2006). Lucky ud. *Strategic Finance*, 88(1), 8,10.

Hagemann, A. (2011). *Nelson Mandela*. Lisboa: Editorial Sol90.

Kennedy, J. F. (2004). *Profiles in courage*. Nova Iorque: Perennial Classics.

Ketchen Jr., D., Adams, G. L. & Shook, C. L. (2008). Understanding and managing CEO celebrity. *Business Horizons*, 51(6), pp. 529-534.

Kilmann, R., O'Hara, L., & Strauss, J.. (2010). Developing and validating a quantitative measure of organizational courage. *Journal of Business and Psychology*, 25(1), pp. 15-23.

King Jr., M. L. (2010). *Strength to love*. Minneapolis, MN: Fortress Press..

Lucero, M., Kwang, A. T. T. & Pang, A. (2009). Crisis leadership: When should the CEO step up? *Corporate Communications*, 14(3), pp. 234-248.

Maak, T. (2008). Undivided corporate responsibility: Towards a theory of corporate integrity. *Journal of Business Ethics*, 82(2), pp. 353-368.

Malloch, T. R. (2010). Spiritual capital and practical wisdom. *Journal of Management Development*, 29(7/8), pp. 755-759.

Peterson, C., & Seligman, M. E. P. (2004). *Character strengths and virtues: A handbook and classification*. Washington: American Psychological Association and Oxford University Press.

Posener, A. (2011). *John F. Kennedy*. Lisboa: Editorial Sol90.

Potter, R.. (2010). Realizing our potential: making a difference in a cause bigger than ourselves. *Leader to Leader*, 58, pp. 22-28.

Powley, E. H. & Cameron, K. S. (2008). Organizational healing: Lived virtuousness amidst organizational crisis. In C. C. Manz, K. S. Cameron, K. P. Manz, & R. D. Marx (Eds.), *The virtuous organization: Insights from some of the world's leading management thinkers* (pp. 21-44). Singapura: World Scientific.

Shrivastava. P., Mitroff. I. I., Miller. D., & Miglani, A. (1988). Understanding industrial crises. *Journal of Management Studies*, 25, pp. 285-303.

Solomon, R. C. (1999). *A better way to think about business*. Nova Iorque: Oxford University Press.

Stengel, R. (2008). Mandela: His 8 lessons of leadership. *Time,* 9 de julho (http://www.time.com/time/magazine/article/0,9171,1821659,00.html)

Sutton, R. I. (2010). *Good boss, bad boss*. Londres: Piatkus.

Traüffer, H. C. V, Bekker, C, Bocârnea, M., & Winston, B. E. (2010). A three-factor measure of discernment. *Leadership & Organization Development Journal*, 31(3), pp. 263-284

Treasurer, B. (2009). Courageous leadership: Modeling the way. *Leader to Leader*, 52, pp. 13-17.

Worline, M. C. (2011). Courage in organizations: An integrative review of the «difficult virtue». In K. S. Cameron & G. Spreitzer (Eds.), *The Oxford handbook of positive organizational scholarship*. Oxford: Oxford University Press.

Worline, M. C., Wrzesniewski, A., & Rafaeli, A. (2002). Courage and work: Breaking routines to improve performance. In R. G. Lord, R. J. Klimoski & R. Kanfer (Eds.), *Emotions in the workplace: Understanding the structure and role of emotions in organizational behavior*. São Francisco, CA: Jossey-Bass.

Zúquete, J.P. (2011). The flight of the eagle: The charismatic leadership of Sá Carneiro in Portugal's transition to democracy. *Leadership Quarterly*, 22(2), pp. 295-306.

LIDERANÇA

CAPÍTULO 4 – OTIMISMO

Avey, J.B., Hughes, L.W., Norman, S.M. & Luthans, K.W. (2008). Using positivity, transformational leadership and empowerment to combat employee negativity. *Leadership & Organization Development Journal*, 29(2), pp. 110-126.

Avolio, B. J., Gardner, W. L., Walumbwa, F. O., Luthans, F. & May, D. R. (2004). Unlocking the mask: A look at the process by which authentic leaders impact follower attitudes and behaviors. *Leadership Quarterly*, 15, pp. 801-823.

Bennis, W. (1999). *The leadership advantage. Leader to Leader*, 12 (http://www.hr--newcorp.com/articles/bennis_Leaders.pdf)

Chang, L. (ed). (2006). *Wisdom for the soul: Five millennia of prescriptions for spiritual healing*. Washington: Gnosophia.

Clapp-Smith, R., Vogelgesang, G. R. & Avey, J. B. (2009). Authentic leadership and positive psychological capital: The mediating role of trust at the group level of analysis. *Organizational Studies*, 15(3), pp. 227-240.

Gabris, G. T., Maclin, S. A., & Ihrke, D. M. (1998). The leadership enigma: Toward a model of organizational optimism. *Journal of Management History*, 4(4), pp. 334--349.

Gardner, John W. (1990). Leadership and the future. *The Futurist*, 24(3), pp. 8-12.

Lopes, M., Cunha, M. P., & Rego, A. (2011). Integrating positivity and negativity in management research: The case of paradoxical optimists. *Management Research*, 9(2), pp. 97-117.

Luthans, F., & Youssef, C. (2004). Human, social, and now positive psychological capital management: Investing in people for competitive advantage. *Organizational Dynamics*, 33(2), pp. 143-160.

Luthans, F., Youssef. C. M. & Avolio, B. J. (2007). *Psychological capital: Developing the human competitive edge*. Oxford: Oxford University Press.

Noer, D. (2010). Six crucial leadership competencies for an era of downsizing. *Leader to Leader*, 56, pp. 8-11.

Norris, M. (1992). Warren Bennis on rebuilding leadership. *Planning Review*, 20(5), pp. 13-15.

Peterson, C., & Seligman, M. E. P. (2004). *Character strengths and virtues: A handbook and classification*. Washington: American Psychological Association and Oxford University Press.

Peterson, S. J., Balthazard, P. A., Waldman, D. A. & Thatcher, R. W. (2008). Neuroscientific implications of psychological capital: Are the brains of optimistic, hopeful, confident, and resilient leaders different? *Organizational Dynamics*, 37(4), pp. 342-353.

Peterson, S., Walumbwa, F., Byron, K., & Myrowitz, J. (2009). CEO Positive psychological traits, transformational leadership, and firm performance in high-technology start-up and established firms. *Journal of Management*, 35(2), pp. 348-368.

Rego, A. Sousa, F., Marques, S., & Cunha, M. P. (2011). Optimism predicting employees' creativity: the mediating role of positive affect and the positivity ratio. *European Journal of Work and Organizational Psychology*, DOI: 10.1080/ 1359432X.2010.550679.

Rego, A. Sousa, F., Marques, S., & Cunha, M. P. (no prelo). Authentic leadership promoting employees' psychological capital and creativity. *Journal of Business Research*.

Rego, A., Marques, C., Leal, S., Sousa, F. & Cunha, M. P. (2010). Psychological capital and performance of civil servants: Exploring neutralizers in the context of an appraisal system. *International Journal of Human Resources Management*, 21(9), pp. 1531-1552.

Seligman, M. E. (2011). *Flourish: A visionary new understanding of happiness and well--being*. Nova Iorque: Free Press.

Seligman, M. E. P. (1990). *Learned optimism*. Nova Iorque: Pocket Books.

Weber, S. (2008). The dark side of optimism. *The Conference Board Review*, janeiro--fevereiro, pp. 30-36.

Weick, K. E. & Sutcliffe, K. M. (2007). *Managing the unexpected*. São Francisco: Jossey-Bass.

CAPÍTULO 5 – VITALIDADE

Bostic, T. J., McGartland, D. & Hood, M. (2000). A validation of the subjective vitality scale using structural equation modelling. *Social Indicators Research*, pp. 313--324.

Caminiti, S. (2005). The people company. *NYSE Magazine*. janeiro-fevereiro, pp. 12-16.

DeFrank, R. S., Konopaske, R. & Ivancevich, J. M. (2000). Executive travel stress: Perils of the road warrior. *Academy of Management Executive*, 14(2), pp. 58-71.

Fritz, C., Lam, C.F. & Spreitzer, G. (2011). It's the little things that matter: An examination of knowledge workers' energy management. *Academy of Management Perspectives*, agosto, pp. 28-39.

George, B. (2003). *Authentic leadership: Rediscovering the secrets to creating lasting value.* São Francisco, CA: Jossey Bass.

Martine Cannon. (2011). Do leaders really need to be tired? A sustainable view of leadership development and the vital leader. *Industrial and Commercial Training,* 43(5), pp. 307-313.

Owen, D. (2011). *Na doença e no poder. Os problemas de saúde dos grandes estadistas nos últimos cem anos.* Lisboa: Dom Quixote.

Pereira, A. (2008). O desporto de competição desperta em nós o gosto de ganhar. *Executive Wealth & Fitness,* março (http://executivehw.com/PDF/1.pdf)

Pereira, J. M. (2010). 13 percursos que fazem um CEO. *Exame,* janeiro, pp. 58-64.

Peterson, C., & Seligman, M. E. P. (2004). *Character strengths and virtues: A handbook and classification.* Washington: American Psychological Association and Oxford University Press.

Pfeffer, J. (2010). *Power: Why some people have it, and others don't.* Nova Iorque: Harper Collins

Posener, A. (2011). *John F. Kennedy.* Lisboa: Editorial Sol90.

Powley, E. H. & Cameron, K. S. (2008). Organizational healing: Lived virtuousness amidst organizational crisis. In C. C. Manz, K. S. Cameron, K. P. Manz, & R. D. Marx (Eds). *The virtuous organization: Insights from some of the world's leading management thinkers* (pp. 21-44). Singapura: World Scientific.

Smith, W. S. (2009). Vitality in business: executing a new strategy at Unilever. *Journal of Business Strategy,* 30(4), pp. 31-41.

Taylor, W. C. (2011). Are you «humbitious» enough to lead? *Leader to leader,* 61, pp. 23-28.

World Bank. (2000). *Stress, the business traveler and corporate health: An international travel health symposium* (http://www-hsd.worldbank.org/symposium/427-2-
-ivancevich.htm)

CAPÍTULO 6 – VOCAÇÃO E PAIXÃO

Anjos, M. (2011). Um velho capitalista com aura de rock star. *Expresso Única,* 3 de setembro, pp. 12-16.

Candeias, P. (2011). O senhor milhões. *Expresso,* 12 de fevereiro, p. 29.

Collins, J. (2009). *How the mighty fall: And why some companies never give in.* Arrow.

Delimbeuf, K. (2011). Adrià, o mágico. *Única,* 19 fevereiro, pp. 38-46.

Den Hartog, D. N. & Verburg, R. M. (1997). Charisma and rhetoric: Communicative techniques of international business leaders. *Leadership Quarterly*, 8(4), pp. 355-391.

Entine, J. (2002) Body Shop's packaging starts to unravel. *Australian Financial Review*, 18 de dezembro (http://www.jonentine.com/reviews/Body_Shop_AFR.htm)

Entine, J. (2004) The strange-than-truth story of the Body Shop, in Wallis, D. (2004) *Killed: Great Journalism Too Hot To Print*, Nova Iorque: Nation Books.

Kantabutra, S., & Vimolratana, P. (2010). Vision-based leaders and their followers in retail stores: relationships and consequences in Australia. *Journal of Applied Business Research*, 26(6), pp. 123-134.

Karakas, F. (2010). Exploring value compasses of leaders in organizations: Introducing nine spiritual anchors. *Journal of Business Ethics: Supplement*, 93, pp. 73-92.

Kay, J. (2010). *Obliquity*. Londres: Profile Books.

Keough, D. (2008). *The ten commandments of business failure*. Londres: Penguin.

Kets de Vries, M. (2007). *Cirque du Soleil: Attaining "extreme creativity"*. INSEAD case study (06/2007-5411).

Khan, O. (2009). Liberating passion: How the world's best leaders produce winning results. *Leader to Leader*, 52, pp. 18-22.

Fernando, M., Beale, F., & Geroy, G. D. (2009). The spiritual dimension in leadership at Dilmah Tea. *Leadership & Organization Development Journal*, 30(6), pp. 522-539.

Markoff, J. (2008). The passion of Steve Jobs. *New York Times*, 15 de janeiro (http://bits.blogs.nytimes.com/2008/01/15/the-passion-of-steve-jobs/)

Pereira, J. M. (2011). A arte de bem gerir. *Exame*, julho, pp. 28-42.

Pertulla, K. H. & Cardon, M. S. (2011). Passion. In K. S. Cameron & G. Spreitzer (Eds.), *The Oxford handbook of positive organizational scholarship*. Oxford: Oxford University Press.

Peterson, C., & Seligman, M. E. P (2004). *Character strengths and virtues: A handbook and classification*. Washington: American Psychological Association and Oxford University Press.

Pratt, M. G. & Ashforth, B. E. (2003). Fostering meaningfulness in working and at work. In K. S. Cameron, J. E. Dutton & R. E. Quinn (Eds.), *Positive organizational scholarship* (pp. 309-327). São Francisco: Berrett Koehler.

Purkayastha, D. & Fernando, R. (2007) *The Body Shop: Social Responsibility or Sustained Greenwashing (http://www.oikos-international.org/fileadmin/oikos-international/international/Case_competition/Inspection_copy_ICFAI2007.pdf;* acedido a 20 de julho, 2011)

Rego, A., Clegg, S. & Cunha, M. P. (2011). The positive power of character strengths and virtues for global leaders. In K. S. Cameron & G. Spreitzer (Eds.), *The Oxford Handbook of Positive Organizational Scholarship* (pp. 366-384). Oxford: Oxford University Press.

Seligman, M. E. (2011). *Flourish: A visionary new understanding of happiness and well--being*. Nova Iorque: Free Press.

Sparrow, J. (2009). Helping employees do more with less at Sony Europe. *Strategic Communication Management*, 13(3), pp. 32-35.

Stengel, R. (2008). Mandela: His 8 lessons of leadership. *Time*, 9 de julho (http://www.time.com/time/magazine/article/0,9171,1821659,00.html)

Sukin, D. (2009). Leadership in challenging times: It starts with passion. *Frontiers of Health Services Management*, 26(2), pp. 3-8.

Sutton, R. I. (2007). *The no asshole rule: Building a civilized workplace and surviving one that isn't*. Nova Iorque: Business.

Wrzesniewski, A. (2011). Callings. In K. S. Cameron & G. Spreitzer (Eds.), *The Oxford Handbook of Positive Organizational Scholarship*. Oxford: Oxford University Press.

CAPÍTULO 7 – CURIOSIDADE E AMOR PELA APRENDIZAGEM

Adler, N.J. (2002). Global companies, global society: There is a better way. *Journal of Management Inquiry*, 11(3), pp. 255-260.

Axtell, R. E. (1998). *Gestures: The do's and taboos of body language around the world*. Nova Iorque: John Wiley.

Calaprice, A. (2011). *The ultimate quotable Einstein*. Princeton University Press.

Csikszentmihalyi, M. (2003). *Good business: Leadership, flow and the making of meaning*. Nova Iorque: Viking.

Damon, W. (2004). *The moral advantage*. São Francisco: Berrett-Koehler.

Day, G., & Schoemaker, P. (2008). Are you a «vigilant leader»? *MIT Sloan Management Review*, 49(3), pp. 43-51.

Gadiesh, O., & Dowling, D. W. (2009). Conversation: Bain & Company chairman Orit Gadiesh on the importance of curiosity. *Harvard Business Review*, 87(9), p. 23.

Ge, G., & Ding, D. (2008). A strategic analysis of surging Chinese manufacturers: The case of Galanz. *Asia Pacific Journal of Management*, 25(4), pp. 667-683.

Greger, K. R, & Peterson, J. S. (2000). Leadership profiles for the new millennium. *Cornell Hotel and Restaurant Administration Quarterly,* 41(1), pp. 16-29.

Gregersen, H. B., Morrison, A.J., & Black, J.S. (1998). Developing leaders for the global frontier. *Sloan Management Review,* outono, pp. 21-32.

Harrison, S. (2011). In Organizing the cat? Generative aspects of curiosity in organizational life. In K. S. Cameron & G. Spreitzer (Eds.), *The Oxford handbook of positive organizational scholarship.* Oxford: Oxford University Press.

Hart, S. L. & Christensen, C. M. (2002). The great leap: Driving innovation from the base of the pyramid. *MIT Sloan Management Review,* 44(1), pp. 51-56.

Jornal de Negócios (2011). Derovo, Metalusa, Frezite e COTESI vencem os "Prémios Exportação & Internacionalização", 18 de julho (http://www.jornaldenegocios.pt/home.php?template=SHOWNEWS_V2&id=496543)

Kambil, A. (2010). Developing the next generation of leaders. *Journal of Business Strategy,* 31(2), pp. 43-45.

Kantor, S., Kram, K., & Sala, F. (2008). Change factor: Making the case for executive adaptability. *Leadership in Action,* 27(6), pp. 8-12.

Merritt, E. (1925). Carving the scientific possum. *Scientific Monthly,* 21, pp. 452-456.

Peterson, C., & Seligman, M. E. P (2004). *Character strengths and virtues: A handbook and classification.* Washington: American Psychological Association and Oxford University Press.

Sutton, R. I., & Hargadon, A. (1996). Brainstorming in groups context: Effectiveness in a product design firm. *Administrative Science Quarterly,* 41(4), pp. 685-718.

CAPÍTULO 8 – GRATIDÃO

Anjos, M. (2011). Um velho capitalista com aura de rock star. *Expresso Única,* 3 de setembro, pp. 12-16.

Beck, M. (2010). Giving thanks benefits your well-being. *Wall Street Journal,* 24 novembro, p. 27.

Buffett, W. (2011). Stop coddling the super-rich. *New York Times,* 14 de agosto (http://www.nytimes.com/2011/08/15/opinion/stop-coddling-the-super-rich.html)

Child, J. (2002). The international crisis of confidence in corporations. *Academy of Management Executive,* 16(3), pp. 142-144.

Collins, J. (2001). Level 5 leadership: the triumph of humility and fierce resolve. *Harvard Business Review,* janeiro, pp. 67-76.

Danner, D. D., Snowdon, D. A., & Friesen, W. V. (2001). Positive emotions in early life and longevity: Finding from the nun study. *Journal of Personality and Social Psychology*, 80, pp. 804-813.

DePree, M. (1989). *Leadership is an art*. Nova Iorque: Dell Publishing.

Emmons, R. A. (2003). Acts of gratitude in organizations. In K.S. Cameron, J. E. Dutton & R. E. Quinn (Eds.), *Positive organizational scholarship* (pp. 81-93). São Francisco: Berrett-Koehler.

Emmons, R. A., McCullough, M. E., & Tsang, J. (2003). The assessment of gratitude. In S. J. Lopez & C. R. Snyder (Eds.), *Handbook of positive psychology assessment* (pp. 327-341). Washington, DC: American Psychological Association.

Fisher, C. D. (2010). Happiness at work. *International Journal of Management Reviews*, 12, pp. 384-412.

Gunn, B. (2002). Leading with compassion. *Strategic Finance*, 83(12), pp. 10-12.

Ketchen Jr., D., Adams, G. L. & Shook, C. L. (2008). Understanding and managing CEO celebrity. *Business Horizons*, 51(6), pp. 529-534.

Loomis, C. J. (2006). Warren Buffett gives it away. *Fortune*, 10 de julho, pp. 31-43.

McCullough, M. E., Emmons, R. A., & Tsang, J. (2002). The grateful disposition: A conceptual and empirical topography. *Journal of Personality and Social Psychology*, 82, pp. 112-127.

Peterson, C., & Seligman, M. E. P (2004). *Character strengths and virtues: A handbook and classification*. Washington: American Psychological Association and Oxford University Press.

Polak, E., & McCullough, M. E. (2006). Is gratitude an alternative to materialism? *Journal of Happiness Studies*, 7, pp. 343-360.

Rego, A., Cunha, M. P. & Gomes, D. (2010). *Porque não gosto do meu chefe*. Lisboa: Edições Sílabo.

Schwass, J., & Lief, C. (2008). About family, business and philanthropy. *Perspectives for Managers*, 165, pp. 1-4.

Seligman, M. E. (2011). *Flourish: A visionary new understanding of happiness and well- -being*. Nova Iorque: Free Press.

Sutton, R. I. (2010). *Good boss, bad boss*. Londres: Piatkus.

Thompson, A. D., Grahek, M., Phillips, R. E. & Fay, C. L. (2008). The search for worthy leadership. *Consulting Psychology Journal: Practice and Research*, 60(4), pp. 366- -382.

Townsend, P., & Gebhardt, J. (2002). Simple quality for smaller organizations. *Quality Progress*, 35(10), pp. 76-80.

Townsend, R. (2007). *Up the organization: How to stop the corporation from stifling people and strangling profits.* Jossey-Bass.

CAPÍTULO 9 – PROPÓSITO E TRANSCENDÊNCIA

Boddy, C. R. (2011). The corporate psychopaths theory of the global financial crisis. *Journal of Business Ethics*, 102, pp. 255-259

Borden, M. & Kamenetz, A. (2008). Timberland's Jeff Swartz on corporate responsibility. *Fast Company*, 1 de setembro (http://www.fastcompany.com/magazine/128/the-prophet-ceo.html?page=0%2C2)

Conlin, M. (1999). Religion in the workplace. *Business Week*, 3653, pp. 150-158.

Csikszentmihalyi, M. (2003). *Good business: Leadership, flow and the making of meaning.* Nova Iorque: Viking.

Cunha, M.P., Rego, A. & D'Oliveira, T. (2006). Organizational spiritualities: An ideology-based typology. *Business & Society*, 45, pp. 211-234.

Damon, W. (2004). *The moral advantage.* São Francisco: Berrett-Koehler

Den Hartog, D. N. & Verburg, R. M. (1997). Charisma and rhetoric: Communicative techniques of international business leaders. *Leadership Quarterly*, 8(4), pp. 355--391.

Driscoll, C., & McKee, M. (2007). Restoring a culture of ethical and spiritual values: A role for leader storytelling. *Journal of Business Ethics*, 73(2), pp. 205-217.

Driver, M. (2005). From empty speech to full speech? Reconceptualizing spirituality in organizations based on a psychoanalytically-grounded understanding of the self. *Human Relations*, 58, pp. 1091-1110.

Entine, J. (2002) Body Shop's Packaging Starts to Unravel, *Australian Financial Review*, 18 de dezembro, acedido em 21 de julho em http://www.jonentine.com/reviews/Body_Shop_AFR.htm

Entrevista de Luis Portela à revista *Health & Welness*, janeiro de 2009.

Entrevista de Luis Portela, Presidente da Bial, ao *Jornal de Notícias* de 8 de novembro de 2004.

Entrevista de Luís Vila Nova à *Exame*, junho de 2008, pp. 38-46.

Fry, L. W., & Slocum Jr, J. W. (2008). Maximizing the triple bottom line through spiritual leadership. *Organizational Dynamics*, 37(1), pp. 86-96.

George, B. (2003). *Authentic leadership: Rediscovering the secrets to creating lasting value.* São Francisco, CA: Jossey Bass.

Gladwell, M. (2008). *Outliers: The story of success*. Boston, MA: Little, Brown and Company.

Gunther, M. & Neal, J. (2008). *Fortune* Sr. Writer Marc Gunther on «the role of virtuous in spiritual leadership». In C. C. Manz, K. S. Cameron, K. P. Manz, & R. D. Marx (Eds). *The virtuous organization: Insights from some of the world's leading management thinkers* (pp. 259-278). Singapura: World Scientific.

Hancock, P. G. (1997). Citizenship or vassalage? Organizational membership in the age of unreason. *Organization*, 4(1), pp. 93-111.

Kay, J. (2010). *Obliquity*. Londres: Profile Books.

Levy, R. B. (2000). My experience as participant in the course on spirituality for executive leadership. *Journal of Management Inquiry*, 9(2), pp. 129-131.

Lips-Wiersma, M. S., Lund Dean, K. & Fornaciari, C. J. (2009). Theorizing the dark side of the workplace spirituality movement. *Journal of Management Inquiry*, 8(4), pp. 288-300.

Miller, B. (2000). Spirituality for business leadership. *Journal of Management Inquiry*, 9(2), pp. 132-133.

Nonaka, I. & Takeuchi, H. (2011). The wise leader. *Harvard Business Review*, 89(5), pp. 58-67.

Pereira, J. M. (2010). 13 percursos que fazem um CEO. *Exame*, janeiro, pp. 58--64.

Peterson, C., & Seligman, M. E. P (2004). *Character strengths and virtues: A handbook and classification*. Washington: American Psychological Association and Oxford University Press.

Podolny, J. M., Khurana, R., & Besharov, M. L. (2010). Revisiting the meaning of leadership. In N. Nohria & R. Khurana (Eds.), *Handbook of leadership theory and practice* (pp. 65-105). Boston: MA: Harvard Business School Press.

Presler, G. (2011). *Martin Luther King*. Lisboa: Editorial Sol90.

Purkayastha, D. & Fernando, R. (2007) *The Body Shop: social responsibility or sustained greenwashing* (http://www.oikos-international.org/fileadmin/oikos-international/ international/Case_competition/Inspection_copy_ICFAI2007.pdf; acedido em 20 de julho, 2011)

Reave, L. (2005). Spiritual values and practices related to leadership effectiveness. *Leadership Quarterly*, 16(5), pp. 655-687.

Steger, M. F., Frazier, P., Oishi, S., & Kaler, M. (2006). The meaning in life questionnaire: Assessing the presence of and search for meaning in life. *Journal of Counselling Psychology*, 53(1), pp. 80-93

Strack, G., Fottler, M. D., Wheatley, M. J., Sodomka, P. (2002). Spirituality and effective leadership in healthcare: Is there a combination? *Frontiers of Health Services Management*, 18(4), pp. 3-17.

CAPÍTULO 10 – HUMOR

Avolio, B., Howell, J., & Sosik, J. (1999). A funny thing happened on the way to the bottom line: Humor as a moderator of leadership style effects. *Academy of Management Journal*, 42(2), pp. 219-227.

Bates, S. (2007). The eight most frequent mistakes people make in front of an audience. *Business Strategy Series*, 8(4), pp. 311-317.

Bennis, W. (1996). The leader as storyteller. *Harvard Business Review*, 74(1), pp. 154--160.

Box, T., & Byus, K. (2009). Southwest Airlines 2007. *Journal of the International Academy for Case Studies*, 15(1), pp. 21-27.

Branson, R. (1998). *Losing my virginity: How I've survived, had fun, and made a fortune doing business my way*. Nova Iorque: Three Rivers Press.

Chang, L. (Ed). (2006). *Wisdom for the soul: Five millennia of prescriptions for spiritual healing*. Washington: Gnosophia.

Cooper, C. D. & Sosik, J. J. (2011). The laughter advantage: Cultivating high quality connections and workplace outcomes through humor. In K. S. Cameron & G. Spreitzer (Eds.), *The Oxford handbook of positive organizational scholarship*. Oxford: Oxford University Press.

Dearlove, D. (2007). *Richard Branson way: 10 secrets of the world greatest brand builder*. Chichester: Capstone.

Hagstrom, R. G. (2005). *The Warren Buffet way*. Englewood Cliffs, NJ: Wiley.

Hill, D. (2008). Leaders and followers: How to build greater trust and commitment. *Ivey Business Journal Online*, 72(1).

Hof, R. D., Rebello, K., & Burrows, P. (1996). Scott McNealy's rising sun. *Business Week*, 22 de janeiro, pp. 66-73.

Hudson, K. M. 2001. Transforming a conservative company: One laugh at a time. *Harvard Business Review*, 79(7), pp. 45–53.

Hughes, L. (2009). Leader levity: The effects of a leader's humor delivery on followers' positive emotions and creative performance. *Journal of Behavioral and Applied Management*, 10(3), pp. 415-432.

LIDERANÇA

Katz, J. (1996). Is this the perfect place to work? *Los Angeles Times Magazine*, 9 de junho, p. 32.

Kets de Vries, M. F. R. (1990). The organizational fool: Balancing a leader's hubris. *Human Relations*, 43(8), pp. 751-770.

Kets de Vries, M. F. R. (2006). *The leadership mystique*. Englewood Cliffs, NJ: Prentice Hall.

Martin, R. A., Puhlik-Doris, P., Larsen, G., Gray, J., & Weir, K. (2003). Individual differences in interpersonal and intrapersonal functions of humor: Development of the humor styles questionnaire. *Journal of Research in Personality*, 47, pp. 145-155.

McManus, T., & Delaney, D. (2007). Dave Delaney's useful advice for your development as a manager. *Journal of Management Development*, 26(5), pp. 468-474.

Pereira, J. M. (2010).13 percursos que fazem um CEO. *Exame*, janeiro, pp. 58-64.

Pereira, J. M. (2011). A arte de bem gerir. *Exame*, julho, pp. 28-42.

Peterson, C., & Seligman, M. E. P (2004). *Character strengths and virtues: A handbook and classification.* Washington: American Psychological Association and Oxford University Press.

Portugal, P. (2011). «Gostaria de ter sido um grande músico». *Sol Tabu*, 2 de setembro, pp. 32-36.

Priest, R., & Swain, J. (2002). Humor and its implications for leadership effectiveness. Humor: International *Journal of Humor Research*, 15(2), pp. 169-189.

Romero, E. J., & Cruthirds, K. W. (2006). The use of humor in the workplace. *Academy of Management Perspectives*, 20(2), pp. 58-69.

Vaillant, G. E. (1977). *Adaptation to life.* Boston, MA: Little Brown.

Vecchio, R., Justin, J., & Pearce, C. (2009). The influence of leader humor on relationships between leader behavior and follower outcomes. *Journal of Managerial Issues*, 21(2), pp. 171-194.

Wickert, A. (2011). *Albert Einstein*. Lisboa: Editorial Sol90.

Wilson, C. (2008). Performance coaching and training in the workplace. *British Journal of Administrative Management*, Janeiro pp. 26-27.

Wong, A. (2009). The essays of Warren Buffett: Lessons for investors and managers. *Journal of Accountancy,* 208(3), p. 70.

CAPÍTULO 11 – PRUDÊNCIA

Bauman, D. (2011). Evaluating ethical approaches to crisis leadership: Insights from unintentional harm research. *Journal of Business Ethics*, 98(2), pp. 281-295.

A VIRTUDE ESTÁ NO MEIO

Brenkert, G. (2009). Google, human rights, and moral compromise. *Journal of Business Ethics*, 85(4), pp. 453-478.

Cameron, K. (2010). Five keys to flourishing in trying times. *Leader to Leader*, 55, pp. 45-51.

Chang, L. (Ed). (2006). *Wisdom for the soul: Five millennia of prescriptions for spiritual healing*. Washington: Gnosophia.

Eden, R. (2010). BP oil spill: Tony Hayward's yacht sets sail again. *Telegraph.co.uk*, 4 de julho (http://www.telegraph.co.uk/finance/newsbysector/energy/oiland-gas/7870345/BP-oil-spill-Tony-Haywards-yacht-sets-sail-again.html; acedido em 14 de setembro, 2010).

Efacec (2008). Relatório de gestão e contas consolidadas e individuais. (http://www.efacec.pt/PresentationLayer/ResourcesUser/Relat%C3%B3rios/Relat%C3%B3rio%202008_Relat%C3%B3rio%20de%20Gest%C3%A3o.pdf).

Faria, L.M. (2011). Um australiano que não olha a meios. *Expresso*, 16 de julho, p. 26.

Gontijo, A. (2009: Um audacioso com prudência. *Revista Transporte Moderno* (http://www.revistatransportemoderno.com.br/edicoes/6/22/download/gontijo.pdf)

Guerrera, F. (2008). Upbeat GE seeks targets in credit squeeze, *Financial Times*, 19 de janeiro, p. 8.

Holmes, S. (2005). The affair that grounded Stonecipher. *Business Week*, 8 de março, (http://www.businessweek.com/bwdaily/dnflash/mar2005/nf2005038_5360_db035.htm)

Lebell, S. (1995). *The art of living: The classical manual on virtue, happiness, and effectiveness*. Nova Iorque: Harper Collins.

Macfarlane, Bruce. (1993). Business ethics and the role of pride. *Management Education and Development*, 24(4), pp. 309-315.

Mandela, N. (1995). *Long walk to freedom*. Boston: Back Bay Books.

Mason, R. & Roberts, L. (2010). BP oil spill: Tony Hayward pulls out of oil conference. *Telegraph.co.uk*, 22 de junho (http://www.telegraph.co.uk/finance/newsby-sector/energy/oilandgas/7845790/BP-oil-spill-Tony-Hayward-pulls-out-of-oil-conference.html; acedido em 14 de setembro, 2010).

Mendonca, M. (2001). Preparing for ethical leadership in organizations. *Canadian Journal of Administrative Sciences*, 18(4), pp. 266-276.

Nanus, B. (1992). Visionary leadership: How to re-vision the future. *The Futurist*, 26(5), pp. 20-25.

Pereira, J.M. (2010). 13 percursos que fazem um CEO. *Exame*, janeiro, pp. 58-64.

Peterson, C., & Seligman, M. E. P (2004). *Character strengths and virtues: A handbook and classification*. Washington: American Psychological Association and Oxford University Press.

Pinto, P. C. (2010). Ensitel enxovalhada nas redes sociais. *Expresso*, 28 de dezembro (http://aeiou.expresso.pt/ensitel-enxovalhada-nas-redes-sociais=f623158)

Solomon, R. C. (1999). *A better way to think about business*. Nova Iorque: Oxford University Press.

Streeter, W. W. (2005). What's a decade? *American Bankers Association. ABA Banking Journal*, 97(5), p. 4.

Swartz, J. (2010). Timberland's CEO on standing up to 65.000 angry activists. *Harvard Business Review*, 88(9), pp. 39-43.

Takeuchi, H., Osono, E. & Shimizu, N. (2008). The contradictions that drive Toyota's success. *Harvard Business Review*, junho, pp. 96-104.

The Economist (2010). BP and golden parachutes: The wages of failure. *The Economist*, 29 de julho (http://www.economist.com/node/16693567?story_id=16693567; acedido em 14 de setembro, 2010).

TSF (2010). Dias da Cunha diz que Bettencourt «está a jeito de levar facada nas costas». *TSF*, 14 de dezembro (http://www.tsf.pt/PaginaInicial/Desporto/Interior. aspx?content_id=1734767)

CAPÍTULO 12 – HONESTIDADE E INTEGRIDADE

Avolio, B. J., Gardner, W. L., Walumbwa, F. O., Luthans, F. & May, D. R. (2004). Unlocking the mask: A look at the process by which authentic leaders impact follower attitudes and behaviors. *The Leadership Quarterly*, 15, pp. 801-823.

Black, C. (2011). Murdoch, like Napoleon, is a great bad man. *Financial Times*, 14 de julho, p. 11

Boddy, C. R. (2011). The corporate psychopaths theory of the global financial crisis. *Journal of Business Ethics*, 102, pp. 255-259

Brenkert, G. (2009). Google, human rights, and moral compromise. *Journal of Business Ethics*, 85(4), pp. 453-478.

Burgess, K. (2008). Ten of the world's greatest frauds. *Times online*. 15 de dezembro (http://business.timesonline.co.uk/tol/business/industry_sectors/banking_and_ finance/article5346211.ece)

Carr, A. (1989). Is business bluffing ethical? In K. R. Andrews (Ed.), *Ethics in practice: Managing the moral corporation* (pp. 99-109). Boston, MA: Harvard Business

School Press [o texto foi publicado na *Harvard Business Review*, em janeiro-
-fevereiro de 1968].

Chang, L. (Ed). (2006). *Wisdom for the soul: Five millennia of prescriptions for spiritual healing*. Washington: Gnosophia.

Craig, S.B., & Gustafson, S.B. (1998). Perceived leader integrity scale: An instrument for assessing employee perceptions of leader integrity. *Leadership Quarterly*, 9(2), pp. 127-45.

Cunha, M. P., Guimarães-Costa, N., Rego, A. & Clegg, S. R. (2010). Leading and following (un)ethically in limen. *Journal of Business Ethics*, 97, pp. 189--206.

Damon, W. (2004). *The moral advantage*. SãoFrancisco: Berrett-Koehler

Dineen, B. R., Lewicki, R. J. & Tomlinson, E. C. (2006). Supervisory guidance and behavioral integrity: Relationships with employee citizenship and deviant beha-viour. *Journal of Applied Psychology*, 91, pp. 622-635.

George, B. (2003). *Authentic leadership: Rediscovering the secrets to creating lasting value*. São Francisco, CA: Jossey Bass.

George, B., Sims, P., McLean, A. N., & Mayer, D. (2007). Discovering your authentic leadership. *Harvard Business Review*, fevereiro, pp. 129-138.

Ghoshal, S. (2003). Business schools share the blame for Enron. *Financial Times*, 17 de julho.

Ghoshal, S. (2005). Bad management theories are destroying good management prac-tices. *Academy of Management Learning and Education*, 4(1), pp. 75-91.

Glynn, M. & Jamerson, H. (2006). Principled leadership: A framework for action. In E. D. Hess & K. S. Cameron (Eds.), *Leading values: Positivity, virtue, and high performance* (pp. 151-171). Cambridge: Cambridge University Press.

Gwynne, P. (2010). Google's experience raises doubts about high-tech business in China. *Research Technology Management*, 53(3), pp. 2-3.

Information Management Journal (2010). Google, China in Internet Scuffle. *Infor-mation Management Journal*, março-abril, 44(2), p. 6.

Johnson, L. (2008). The incalculable appeal of good service. *Financial Times*, 26 de março, p. 16.

Kay, J. (2010). *Obliquity*. Londres: Profile Books.

McLean, B. & Elkind, P. (2004). *The smartest guys in the room: The amazing rise and scandalous fall of Enron*. Nova Iorque: Penguin.

Miline, R. (2008). Siemens scandal leads to new board departure. *Financial Times*, 24 de abril, p. 26.

Morrison, A. (2001). Integrity and global leadership. *Journal of Business Ethics*, 31(1), pp. 65-76.

Nonaka, I. & Takeuchi, H. (2011). The wise leader. *Harvard Business Review*, 89(5), pp. 58-67.

Peterson, C., & Seligman, M. E. P. (2004). *Character strengths and virtues: A handbook and classification*. Washington: American Psychological Association and Oxford University Press.

Potter, R. (2010). Realizing our potential: Making a difference in a cause bigger than ourselves. *Leader to Leader*, 58, pp. 22-28.

Rego, A., Cunha, M. P., Guimarães, N., Cardoso, C. C., & Gonçalves, H. (2006). *Gestão ética e socialmente responsável*. Lisboa: RH Editora.

Simons, T., Friedman, R., Liu, L. A. & McLean Parks, J. (2007). Racial differences in sensitivity to behavioral integrity: Attitudinal consequences, in-group effects, and 'trickle down' among black and non-black employees. *Journal of Applied Psychology*, pp. 92, 650-665.

Simons, T., Tomlinson, E. C., & Leroy, H. (2011). Research on behavioral integrity: A promising construct for positive organizational scholarship. In K. S. Cameron & G. Spreitzer (Eds.), *The Oxford Handbook of Positive Organizational Scholarship*. Oxford: Oxford University Press.

The Economist (2011). Great bad men as bosses. *The Economist*, 23 de julho, 59.

Zupan, M. A. (2010). An economic perspective on leadership. In N. Nohria & R. Khurana (Eds.), *Handbook of leadership theory and practice* (pp. 265-290). Boston: MA: Harvard Business School Press.

CAPÍTULO 13 – TEMPERANÇA

Baetz, J. (2011). German insurer says it organized orgy for salesmen. *Associated Press*, maio (http://www.deseretnews.com/article/700136804/German-insurer-says-it-organized-orgy-for-salesmen.html?s_cid=rss-14)

Barlow, C. B., Jordan, M. & Hendrix, W. H. (2003). Character assessment: An examination of leadership levels. *Journal of Business and Psychology*, 17(4), pp. 563-584.

Baumeister, R. F., & Alquist, J. L. (2009). Is there a downside to good self-control? *Self and Identity*, 2/ 3, pp. 115-130.

Black, C. (2011). Murdoch, like Napoleon, is a great bad man. *Financial Times*, 14 de julho, p. 11

Chang, L. (Ed). (2006). *Wisdom for the soul: Five millennia of prescriptions for spiritual healing.* Washington: Gnosophia.

Collins, J. (2009). *How the mighty fall: And why some companies never give in.* Arrow.

Dauer, U. (2011). Update: Munich Re's Ergo lifts corporate governance at sales unit. *The Wall Street Journal.* 8 de junho (http://online.wsj.com/article/BT-CO-20110608-710705.html).

Dunlap, A. J. & Andelman, B. (1996). *Mean business: How I save bad companies and make good companies great.* Nova Iorque: Fireside.

Gailliot, M. T., & Baumeister, R. F. (2007). The physiology of willpower: Linking blood glucose to self-control. *Personality and Social Psychology Review*, 11, pp. 303--327.

George, B. (2003). *Authentic leadership: Rediscovering the secrets to creating lasting value.* São Francisco, CA: Jossey Bass.

Goffee, R. & Jones, G. (2006). *Why should anyone be led by you?* Boston, MA: Harvard Business School Press.

Heifetz, R. A. & Linsky, M. (2002). *Leadership on the line: Staying alive through the dangers of leading.* Boston, MA: Harvard Business School Press.

Kay, J. (2010). *Obliquity.* Londres: Profile Books.

Kellerman, B. (2004). *Bad leadership.* Boston, MA: Harvard Business School Press.

Keough, D. (2008). *The ten commandments of business failure.* Londres: Penguin.

Kurtzman, J. (2010). Fitting in: The foundation for successful leaders. *Leader to leader*, 58, pp. 17-21.

Lourenço, C. (2011). Económica, executiva e ... tolices. *Jornal de Negócios*, 27 de junho, p. 32.

Marques, N. (2011). O tarado mora ao lado? *Expresso Única*, 21 de maio, pp. 64-66.

Mead, N. L., Baumeister, R. F., Gino, F., Schweitzer, M. E., & Ariely, D. (2009). Too tired to tell the truth: Self-control resource depletion and dishonesty. *Journal of Experimental Social Psychology*, 45, pp. 594-597.

Mendonca, M. (2001). Preparing for ethical leadership in organizations. *Canadian Journal of Administrative Sciences*, 18(4), pp. 266-276.

Peterson, C., & Seligman, M. E. P (2004). *Character strengths and virtues: A handbook and classification.* Washington: American Psychological Association and Oxford University Press.

Pfeffer, J. (2010). *Power: Why some people have it, and others don't.* Nova Iorque: Harper Collins

Público (2011). Seguradora alemã premiou agentes com orgia em Budapeste. *Público*, 20 de maio (http://digital.publico.pt/Mundo/seguradora-alema-premiou-agentes--com-orgia-em-budapeste_1495117)

Ribeiro, D. (2011). A queda de um sedutor. *Expresso*, 21 de maio, p. 24.

Ryan, C. & Jethá, C. (2010). *Sex at dawn: The prehistoric origins of modern sexuality*. Nova Iorque: Harper Collins.

Sutton, R. I. (2010). *Good boss, bad boss*. Londres: Piatkus.

Tangney, J. P., Baumeister, R. F., & Boone, A. L. (2004). High self-control predicts good adjustment, less pathology, better grades, and interpersonal success. *Journal of Personality*, 72, pp. 271-324.

The Economist (2010). The will to power: Why some people have power over companies and others don't. *The Economist*, 9 de setembro (http://www.economist.com/node/16990691)

The Economist (2011). Decoding DSK. *The Economist*, 19 de maio (http://www.economist.com/research/articlesBySubject/PrinterFriendly.cfm?story_id=18713896).

The Economist (2011). Great bad men as bosses. *The Economist*, 23 de julho, p. 59.

Wright, T., & Goodstein, J. (2007). Character is not «dead» in management research: A review of individual character and organizational-level virtue. *Journal of Management*, 33(6), pp. 928-958.

CAPÍTULO 14 – PERDÃO

Abramson, N., & Senyshyn, Y. (2010). Effective punishment through forgiveness: Rediscovering Kierkegaard's knight of faith in the Abraham story. *Organization Studies*, 31(5), pp. 555-581.

Abramson, N., & Senyshyn, Y. (2010). Punishment and forgiveness: A phenomenological analysis of archetypal leadership patterns and the implications for educational practice. *Interchange*, 40(4), pp. 373-402.

Aquino, K., Grover, S., Goldman, B., & Folger, R. (2003). When push doesn't come to shove: The role of interpersonal forgiveness in organizations. *Journal of Management Inquiry*, 12, pp. 209-216.

Bright, D. S. & Exline, J. J. (2011). Forgiveness at four levels: Intrapersonal, relational, organizational and collective-group. In K. S. Cameron & G. Spreitzer (Eds.), *The Oxford handbook of positive organizational scholarship*. Oxford: Oxford University Press.

Bright, D. S. (2006). Forgiveness as an attribute of leadership. In E. D. Hess & K. S. Cameron (Eds.), *Leading with values* (pp. 172-193). Cambridge: Cambridge University Press.

Bright, D. S., Fry, R. E., & Cooperrider, D. L. (2008). Forgiveness from the perspectives of three response modes: Begrudgment, pragmatism, and transcendence. In C. C. Manz, K. S. Cameron, K. P. Manz, & R. D. Marx (Eds.), *The virtuous organization: Insights from some of the world's leading management thinkers* (pp. 67-95). Singapura: World Scientific.

Bright, D., Cameron, K., & Caza, A. (2006). The amplifying and buffering effects of virtuousness in downsized organizations. *Journal of Business Ethics*, 64, pp. 249--269.

Caldwell, C., & Dixon, R. (2010). Love, forgiveness, and trust: Critical values of the modern leader. *Journal of Business Ethics*, 93(1), pp. 91-101.

Cameron, K. S. (2007). Forgiveness in organizations. In D. L. Nelson & C. L. Cooper (Eds.), *Positive organizational behavior* (pp. 128-142). Londres: Sage.

Cameron, K. S., Bright, D. & Caza, A. (2004). Exploring the relationships between organizational virtuousness and performance. *American Behavioral Scientist*, 47(6), pp. 766-790.

Covey, S. (2006). The strong leader «habit». *Training*, 43(3), p. 80.

Fredrickson, B. L. (2001). The role of positive emotions in positive psychology: The broaden-and-built theory of positive emotions. *American Psychologist*, 56(3), pp. 218-226.

Gobodo-Madikizela, P. (2003). *A Human Being Died That Night: A South African Story of Forgiveness*. Houghton Mifflin Harcourt.

Grant, K. (2008). Imperfect people leading imperfect people: Creating environments of forgiveness. *Interbeing*, 2(2), pp. 11-17.

Hagemann, A. (2011). *Nelson Mandela*. Lisboa: Editorial Sol90.

Latham, G. (2001). The importance of understanding and changing employee outcome expectancies for gaining commitment to an organizational goal. *Personnel Psychology*, 54, pp. 707-716.

Lewis, J. & Adler, J. (2004). Forgive and let live. *Newsweek*, 4 de outubro, p. 54.

Little, L. M., Simmons, B. L., & Nelson, D. L. (2007). Health among leaders: Positive and negative affect, engagement and burnout, forgiveness and revenge. *Journal of Management Studies*, 44(2), pp. 243-260.

Lourenço, R. (2011). Rob Summers, paraplégico americano voltou a andar. *Expresso*, 28 de maio, p. 32.

LIDERANÇA

Mandela, N. (1995). *Long walk to freedom.* Boston: Back Bay Books

McCullough, M. E. (2000). Forgiveness as human strength: Theory, measurement, and links to well-being. *Journal of Social and Clinical Psychology,* 19(1), pp. 43--55.

McCullough, M. E., Pargament, K. I. & Thoresen, C. E., (Eds). (2000), *Forgiveness: Theory, research, and practice.* New CT: Guilford Press.

Peterson, C. & Seligman, M. E. P (2004). *Character strengths and virtues: A handbook and classification.* Washington: American Psychological Association and Oxford University Press.

Pfeffer, J. (2007). *What were they thinking?* Boston, MA: Harvard Business School Press.

Rye, M. S., Loiacono, D. M., Folck, C. D., Olszewski, T. A. H. & Madia, B. P. (2001). Evaluation of the psychometric properties of two forgiveness scales. *Current Psychology,* 20(3), pp. 260-277.

Weick, K. E. & Sutcliffe, K. M. (2007). *Managing the unexpected.* São Francisco: Jossey-Bass.

CAPÍTULO 15 – HUMILDADE

Bright, D. S. (2006). Forgiveness as an attribute of leadership. In E. D. Hess & K. S. Cameron (Eds.), *Leading with values* (pp. 172-193). Cambridge: Cambridge University Press.

Caminiti, S. (2005). The people company. *NYSE Magazine,* janeiro-fevereiro, pp. 12-16.

Chang, L. (Ed). (2006). *Wisdom for the soul: Five millennia of prescriptions for spiritual healing.* Washington: Gnosophia.

Collins, J. (2009). *How the mighty fall: And why some companies never give in.* Nova Iorque: Harper.

Cunha, M. P., Rego, A. & Cunha, R. C. (2004). Executivos voluntários. *Exame,* dezembro, p. 258.

Damon, W. (2004). *The moral advantage.* São Francisco: Berrett-Koehler

Delbecq, A. L. (2008). The spiritual challenges of power humility, and love as offsets to leadership hubris. In C. C. Manz, K. S. Cameron, K. P. Manz, & R. D. Marx (Eds.), *The virtuous organization: Insights from some of the world's leading management thinkers* (pp. 97-112). Singapura: World Scientific.

Dennis, R. S., & Bocarnea, M. (2005). Development of the servant leadership assessment instrument. *Leadership & Organization Development Journal*, 26(7/8), pp. 600-615.

Ebener, D., & O'Connell, D. (2010). How might servant leadership work? *Nonprofit Management and Leadership*, 20(3), pp. 315-335.

Elliot, J. C. (2010). *Humility: Development and analysis of a scale*. Tese de doutoramento, University of Tennessee (http://trace.tennessee.edu/utk_graddiss/795)

Ferch, S. R. (2004). Servant-leadership, forgiveness, and social justice. In L. C. Spears & M. Lawrence (Eds.), *Practicing servant leadership: Succeeding through trust, bravery, and forgiveness* (pp. 225–239). São Francisco, CA: Jossey-Bass.

George, B. (2009). *Seven lessons for leading in crisis*. São Francisco: Jossey Bass.

Glynn, M. & Jamerson, H. (2006). Principled leadership: A framework for action. In E. D. Hess & K. S. Cameron (Eds.), *Leading values: Positivity, virtue, and high performance* (pp. 151-171). Cambridge: Cambridge University Press.

Goffee, R., & Jones, G. (2006). Getting personal on the topic of leadership: Authentic self-expression works for those at the top. *Human Resource Management International Digest*, 14(4), pp. 32-34.

Hagemann, A. (2011). *Nelson Mandela*. Lisboa: Editorial Sol90.

Hart, S. L. (2005). *Capitalism at the crossroads*. Filadélfia, PA: Wharton School Publishing.

Humility in Organizations. In K. S. Cameron & G. Spreitzer (Eds.), *The Oxford Handbook of Positive Organizational Scholarship*. Oxford: Oxford University Press.

IBM (2011). IBM destaca equipa 100 do Corporate Service Corps para Gana, África (http://www.ibm.com/news/pt/pt/2011/03/01/f577189x06407u59.html)

Ip, M. (2007). Consumer protection in China: An examination of the Toshiba notebook case from an Australian Perspective. *Asian Journal of Comparative Law*, 2(1), pp. 1-25.

Kay, J. (2010). *Obliquity*. Londres: Profile Books.

Kellerman, B. (2004). *Bad leadership*. Boston, MA: Harvard Business School Press.

Keough, D. (2008). *The ten commandments of business failure*. Londres: Penguin.

Ketchen Jr., D., Adams, G. L. & Shook, C. L. (2008). Understanding and managing CEO celebrity. *Business Horizons*, 51(6), pp. 529-534.

Kets de Vries, M. F. R.. (1990). The organizational fool: Balancing a leader's hubris. *Human Relations*, 43(8), pp. 751-770.

Liden, R., Wayne, S., Zhao, H., & Henderson, D. (2008). Servant leadership: Development of a multidimensional measure and multi-level assessment. *Leadership Quarterly*, 19(2), pp. 161-177.

Mendenhall, M. E. Jensen, R. J., Black, J. S. & Gregersen, H. B. (2003). Seeing the elephant: Human resource management challenges in the age of globalization. *Organizational Dynamics*, 32(3), pp. 261-274.

Nonaka, I. & Takeuchi, H. (2011). The wise leader. *Harvard Business Review*, 89(5), pp. 58-67.

Oliveira, J. J. (2011). Ser um negócio global. *Expresso Economia*, 18 de junho, 22.

Owens, B. P., Rowatt, W. C. & Wilkins, A. L. (2011). Exploring the relevance and implications of humility in organizations. In K. Cameron and G. Spreitzer (Eds.), *The Oxford handbook of positive organizational scholarship*. Oxford: Oxford University Press.

Pereira, J. M. (2010).13 percursos que fazem um CEO. *Exame*, janeiro, pp. 58-64.

Peterson, C., & Seligman, M. E. P (2004). *Character strengths and virtues: A handbook and classification*. Washington: American Psychological Association and Oxford University Press.

Pfeffer, J. (2010). *Power: Why some people have it, and others don't*. Nova Iorque: Harper Collins.

Prahalad, C. K. & Hammond, A. (2002). Serving the world's poor, profitability. *Harvard Business Review*, 80(9), pp. 48-58.

Pu, H. & Que, Y. (2004). Why have some transnational corporations failed in China? *China & World Economy*, 12(5), pp. 67-79.

Sutton, R. I. (2010). *Good boss, bad boss*. Londres: Piatkus.

Taylor, W. C. (2011). Are you «humbitious» enough to lead? *Leader to leader*, 61, pp. 23-28.

Vera, D., & Rodriguez-Lopez, A. (2004). Strategic virtues: Humility as a source of competitive advantage. *Organizational Dynamics*, 33(4), pp. 393-406.

CAPÍTULO 16 – HUMANIDADE

Autry, J. A. (1991). *Love and profit: The art of caring leadership*. Nova Iorque: Avon Books.

Bauman, D. (2011). Evaluating ethical approaches to crisis leadership: Insights from unintentional harm research. *Journal of Business Ethics*, 98(2), pp. 281-295

Caldwell, C., & Dixon, R. (2010). Love, forgiveness, and trust: Critical values of the modern leader. *Journal of Business Ethics*, 93(1), pp. 91-101.

Cameron, K. (2010). Five keys to flourishing in trying times. *Leader to Leader*, 55, pp. 45-51.

Cavanagh, G. F., & Bandsuch, M. R. (2002). Virtue as a benchmark for spirituality in business. *Journal of Business Ethics*, 38(1/2), pp. 109-117.

Csikszentmihalyi, M. (2003). *Good business: Leadership, flow and the making of meaning*. Nova Iorque: Viking.

Damon, W. (2004). *The moral advantage*. São Francisco: Berrett-Koehler.

Dennis, R. S., & Bocarnea, M. (2005). Development of the servant leadership assessment instrument. *Leadership & Organization Development Journal*, 26(7/8), pp. 600-615.

DePree, M. (1989). *Leadership is an art*. Nova Iorque: Dell Publishing.

Donalson, T., & Dunfee, T. W. (1999). When ethics travel: The promise and peril of global business ethics. *California Management Review*, 41(4), pp. 45-63.

Drucker, P. F. (2002). They're not employees, they're people. *Harvard Business Review*, fevereiro, pp. 70-77

Entine, J. (2002) Body Shop's packaging starts to unravel. *Australian Financial Review*, 18 de dezembro (from http://www.jonentine.com/reviews/Body_Shop_AFR.htm)

Entine, J. (2004) The strange-than-truth story of the Body Shop, in Wallis, D. (2004) *Killed: Great journalism too hot to print*. Nova Iorque: Nation Books.

George, B. (2003). *Authentic leadership: Rediscovering the secrets to creating lasting value*. São Francisco, CA: Jossey Bass.

Goffee, R. & Jones, G. (2006). *Why should anyone be led by you?* Boston, MA: Harvard Business School Press.

Gunn, B. (2002). Leading with compassion. *Strategic Finance*, 83(12), pp. 10-12.

Kark, R. (2011). Workplace intimacy in leaders-follower relationships. In K. S. Cameron & G. Spreitzer (Eds.), *Handbook of positive organizational scholarship*. Oxford: Oxford University Press.

Kellaway, L. (2011). Unrequited love and journeys into corporate idiocy. *Financial Times*, 11 de julho, 12.

Kouzes, J. M., & Posner, B.Z. (1992). Ethical leaders: An essay about being in love. *Journal of Business Ethics*, 11, pp. 479-484.

Lilius, J. M., Kanov, J., Dutton, J. E., Worline, M. C. & Maitlis, S. (2011). Compassion revealed: What we know about compassion at work (and where we need to know more). In K. S. Cameron & G. Spreitzer (Eds.), *The Oxford Handbook of Positive Organizational Scholarship*. Oxford: Oxford University Press.

Nirenberg, J. (2001). Leadership: A practitioner's perspective on the literature. *Singapore Management Review*, 23(1), pp. 1-34.

O'Toole, J. (1995). *Leading change.* São Franscisco: Jossey-Bass

Peterson, C., & Seligman, M. E. P (2004). *Character strengths and virtues: A handbook and classification.* Washington: American Psychological Association and Oxford University Press.

Pfeffer, J. (2007). *What were they thinking?* Boston, MA: Harvard Business School Press.

Pfeffer, J. (2010). Building sustainable organizations: The human factor. *Academy of Management Perspectives*, fevereiro, pp. 34-45.

Pfeffer, J. (1998). *The human equation: Building power by putting people first.* Cambridge, MA: Harvard Business School Press.

Purkayastha, D. & Fernando, R. (2007) *The Body Shop: social responsibility or sustained greenwashing* (http://www.oikos-international.org/fileadmin/oikos-international/international/Case_competition/Inspection_copy_ICFAI2007.pdf; acedido em 20 de julho, 2011)

Reave, L. (2005). Spiritual values and practices related to leadership effectiveness. *Leadership Quarterly*, 16(5), pp. 655-687.

Rego, A., Cunha, M. P. & Gomes, D. (2010). *Porque não gosto do meu chefe.* Lisboa: Edições Sílabo.

Rego, A., Ribeiro, N. & Cunha, M. P. (2010). Perceptions of organizational virtuousness and happiness as predictors of organizational citizenship behaviors. *Journal of Business Ethics*, 93(2), pp. 215-225.

Rego, A., Ribeiro, N., Cunha, M. P. & Jesuino, J. C. (2011). How happiness mediates the organizational virtuousness and affective commitment relationship. *Journal of Business Research*, 64, pp. 524-532.

Rhoades, D.L. (2006). Growth, customer service and profitability Southwest style. *Managing Service Quality*, 16(5), pp. 538-47.

Solomon, R. C. (1999). *A better way to think about business.* Nova Iorque: Oxford University Press.

Sutton, R. I. (2010). *Good boss, bad boss.* Londres: Piatkus.

Townsend, P. L. (1982). Love and leadership. *Marine Corps Gazette*, fevereiro, p. 24.

Traüffer, H. C. V, Bekker, C, Bocârnea, M., & Winston, B. E. (2010). A three-factor measure of discernment. *Leadership & Organization Development Journal*, 31(3), pp. 263-284.

Websites de

Best workplaces to work for (http://www.greatplacetowork.com/);

Best companies for working mothers (http://www.workingmother.com/research-
-library/working-mother-100-best-companies)

Psychologically Healthy Workplace Award (http://www.phwa.org/awards/)

CAPÍTULO 17 – JUSTIÇA

Bright, D., Cameron, K., & Caza, A. (2006). The amplifying and buffering effects of virtuousness in downsized organizations. *Journal of Business Ethics*, 64, pp. 249-269

Carmeli, A., & Gittell, J. (2009). High-quality relationships, psychological safety, and learning from failures in work organizations. *Journal of Organizational Behavior*, 30(6), pp. 709-729.

Ceylan, A., & Sulu, S. (2011). Organizational injustice and work alienation. *Ekonomie a Management* (2), pp. 65-78.

Chang, L. (Ed). (2006). *Wisdom for the soul: Five millennia of prescriptions for spiritual healing*. Washington: Gnosophia.

Cho, J., & Dansereau, F. (2010). Are transformational leaders fair? A multi-level study of transformational leadership, justice perceptions, and organizational citizenship behaviors. *Leadership Quarterly*, 21(3), pp. 409-421.

Colquitt, J. A., & Greenberg, J. (2003). Organizational justice: A fair assessment of the state of the literature. In J. Greenberg (Ed.), *Organizational behavior: The state of the science* (pp. 165 – 210). Mahwah, NJ: Lawrence Erlbaum Associates.

Colquitt, J. A., Conlon, D. E., Wesson, M. J., Porter, O. L. H. & Ng, K. Y. (2001). Justice at the millennium: A meta-analytic review of 25 years of organizational justice research. *Journal of Applied Psychology*, 86, pp. 425-445.

Cowherd, D. & D. Levine (1992), Product quality and pay equity between lower-level employees and top management: An investigation of distributive justice theory. *Administrative Science Quarterly*, 37, pp. 302-320.

Edmondson, A. (1999). Psychological safety and learning behavior in work teams. *Administrative Science Quarterly*, 44, pp. 350-383.

Edmondson, A. C. (2008). The competitive imperative of learning. *Harvard Business Review*, julho-agosto, pp. 60-67.

Fassina, N. E., Jones, D. A., & Uggerslev, K. L. (2008). Meta-analytic tests of the relationships between organizational justice and citizenship behavior: Testing agent-system, agent-dominance, and shared-variance. *Journal of Organizational Behavior*, 29, pp. 805-828.

Fort, T. L. & Schipani, C. (2004). *The role of business in fostering peaceful societies.* Cambridge: Cambridge University Press.

Greenberg, J. (2009). Everybody talks about organizational justice, but nobody does anything about it. *Industrial and Organizational Psychology*, 2, pp. 181-195.

Kim, C. W. & Mauborgne, R. A. (1993). Procedural justice, attitudes, and subsidiary top management compliance with multinationals' corporate strategic decisions. *Academy of Management Journal*, 36(3), pp. 502-526.

Kim, W. Chan & Mauborgne, R. A. (1997). Fair process: Managing in the knowledge economy. *Harvard Business Review*, 75(4), pp. 65-75.

Kim, W. C. & Mauborgne, R. (1991). Implementing global strategies: The role of procedural justice. *Strategic Management Journal*, 12, pp. 125-143.

Kim, W.C. & Mauborgne, R.A. (1996). Procedural justice and managers' in-role and extra-role behavior: The case of the multinational. *Management Science*, 42(4), pp. 499-515.

Loureiro, C. (2011). Cuidado com eles. *Expresso Única*, 15 de janeiro, pp. 66-69.

Maak, T. & Pless, N. M. (2009). Business leaders as citizens of the world. Advancing humanism on a global scale. *Journal of Business Ethics*, 88(3), pp. 537-550.

Martin, J. & Harder, J. W. (1994). Bread and roses: Justice and the distribution of financial and socioemotional rewards in organizations. *Social Justice Research*, 7(3), pp. 241-264.

Meyer, D. M. (2011). A positive lens on organizational justice: Toward a moral, constructive, and balanced approach to reactions to third-party (in)justice. In K. Cameron & G. Spreitzer (Eds.), *The Oxford handbook of positive organizational scholarship*. Nova Iorque: Oxford University Press.

Moorman, R.H. (1991). Relationship between organizational justice and organizational citizenship behaviors: Do fairness perceptions influence employee citizenship? *Journal of Applied Psychology*, 76, pp. 845-855.

Peterson, C., & Seligman, M. E. P (2004). *Character strengths and virtues: A handbook and classification.* Washington: American Psychological Association and Oxford University Press.

Porter, M. E. & Kramer, M. R. (2011). Creating shared value. *Harvard Business Review*, janeiro-fevereiro, pp. 62-77.

Rego, A. & Cunha, M. P. (2005). *Downsizing* e despedimentos: Uma perspectiva crítica. *Revista Portuguesa e Brasileira de Gestão*, 4(3), pp. 30-40.

Rego, A. & Cunha, M. P. (2010). Organizational justice and citizenship behaviors: A study in the Portuguese cultural context. *Applied Psychologhy: An International Review*, 59(3), pp. 404-430.

Rego, A. (2000). *Justiça e cidadania nas organizações – uma abordagem sem tabus*. Lisboa: Edições Sílabo.

Rego, A., Cunha, M. P., & Clegg, S. (2012). *Virtues in leaders: contemporary challenge for global managers*. Oxford: Oxford University Press.

Rupp, D. E. & Aquino, K. F. (2009). Nothing so practical as a good justice theory. *Industrial and Organizational Psychology*, 2, pp. 205-210.

San, G., & Jane, W. (2008). Wage dispersion and team performance: Evidence from the small size professional baseball league in Taiwan. *Applied Economics Letters*, 15(11), pp. 883-886.

Sutton, R. I. (2010). *Good boss, bad boss*. Londres: Piatkus.

van Knippenberg, D., De Cremer, D., & van Knippenberg, B. (2007). Leadership and fairness: The state of the art. *European Journal of Work and Organizational Psychology*, 16, pp. 113-140.

Viswesvaran, C. & Ones, D. S. (2002). Examining the construct of organizational justice: A meta-analytic evaluation of relations with work attitudes and behaviors. *Journal of Business Ethics*, 38(3), pp. 193-203.

W. Chan Kim & Renée Mauborgne (2005). *Blue ocean strategy*. Boston, MA: Harvard Business School Press.

Wong, Y-T., & Lui, H-K. (2007). How to improve employees' commitment to their line manager: A practical study in a Chinese joint venture. *Journal of General Management*, 32(3), pp. 61-77.

CAPÍTULO 18 – INTELIGÊNCIA SOCIAL

Alexander, R. (2011). The dark side of emotional intelligence. *Management Today*, abril, pp. 46-47, 49-50.

Austin, E. J., Farrelly, D., Black, C., & Moore, H. (2007). Emotional intelligence, Machiavellianism and emotional manipulation: does EI have a dark side? *Personality and Individual Differences*, 43, pp. 179-189.

Brown, F. W. & Moshavi, D. (2005). Transformational leadership and emotional intelligence: a potential pathway for an increased understanding of interpersonal influence. *Journal of Organizational Behavior*, 26, pp. 867-871.

LIDERANÇA

Csikszentmihalyi, M. (2003). *Good business: Leadership, flow and the making of meaning*. Nova Iorque: Viking.

De Raad, B. (2005). The trait-coverage of emotional intelligence. *Personality and Individual Differences*, 38, pp. 673-687.

Dougherty, D. S. & Krone, K. J. (2002). Emotional intelligence as organizational communication. *Communication Yearbook*, 26(1), pp. 202-229.

George, J. M. (2000). Emotions and leadership: the role of emotional intelligence. *Human Relations*, 53(8), pp. 1027-1055.

Goleman, D, Boyatzis, R. & McKee, A. (2001). Primal leadership: The hidden driver of great performance. *Harvard Business Review*, dezembro, pp. 42--51.

Goleman, D. & Boyatzis, R. (2008). Social intelligence and the biology of leadership. *Harvard Business Review*, setembro, pp. 74-81.

Goleman, D. (2000). Leadership that gets results. Harvard Business Review, março--abril: pp. 78-90.

Goleman, D. (1998). What makes a leader? *Harvard Business Review*, novembro--dezembro: pp. 93-102.

Grewal, D. & Salovey, P. (2005). Feeling smart: The science of emotional intelligence. *American Scientist*, julho-agosto, pp. 330-339.

Grieve, R. & Mahar, D. (2010). The emotional manipulation-psychopathy nexus: Relationships with emotional intelligence, alexithymia and ethical position. *Personality and Individual Differences*, 48(8), pp. 945-950.

Hayward, P. (2011). José Mourinho turned to violence against Barça to mask his own failure. *The Guardian*, 18 de agosto (http://www.guardian.co.uk/football/blog/2011/aug/18/jose-mourinho-violence-barca-failure)

Hopkins, M. M., & Bilimoria, D. (2008). Social and emotional competencies predicting success for male and female executives. *Journal of Management Development*, 27(1), pp. 13-35.

Jornal de Notícias (2009). Guardiola já é objecto de estudo. (http://www.dn.pt/desporto/Interior.aspx?content_id=1342103)

Lindebaum, D., & Cartwright, S. (2010). A critical examination of the relationship between emotional intelligence and transformational leadership. *Journal of Management Studies*, 47, pp. 1317-1342.

Lindebaum, D., & Cartwright, S. (2011). Leadership effectiveness: The costs and benefits of being emotionally intelligent. *Leadership and Organizational Development Journal*, 32(3), pp. 281-290.

Mayer, J. D. & Salovey, P. (1997). What is emotional Intelligence? In P. Salovey & D. Sluyter (Eds.), *Emotional development and emotional intelligence: Implications for educators* (pp. 3-31). Nova Iorque: Basic Books.

Midgley, D. (2004). Being Roman Abramovich. *Management Today*, novembro, pp. 76-83.

Pereira, J. M. (2010). 13 percursos que fazem um CEO. *Exame*, janeiro, pp. 58-64.

Peters, T.. (2010, April). Classic Leaders. *Leadership Excellence*, 27(4), pp. 3-4

Peterson, C., & Seligman, M. E. P. (2004). *Character strengths and virtues: A handbook and classification*. Washington: American Psychological Association and Oxford University Press.

Pfeffer, J. (2010). *Power: Why some people have it, and others don't*. Nova Iorque: Harper Collins.

Rego, A., Godinho, L., McQueen, A. & Cunha, M. P. (2010). Emotional intelligence and caring behaviour in nursing. *Service Industries Journal*, 30(9), pp. 1419-1437.

Rego, A., Sousa, F., Cunha, M. P., Correia, A. & Saur, I. (2007). Leader self-reported emotional intelligence and perceived employee creativity: An exploratory study. *Creativity and Innovation Management Journal*, 16(3), pp. 250-264.

Riggio, R. E., & Reichard, R. J. (2008). The emotional and social intelligences of effective leadership: An emotional and social skill approach. *Journal of Managerial Psychology*, 23(2), pp. 169-185.

Salovey, P. & Grewal, D. (2005). The science of emotional intelligence. *Current Directions in Psychological Science*, 14(6), pp. 281-285.

Theakston, K.. (2011). Gordon Brown as prime minister: Political skills and leadership style. *British Politics*, 6(1), 78-100.

TVI 24 (2010). Gordon Brown chama «fanática» a eleitora. (http://www.tvi24.iol.pt/portal-iol/tvi24-primeiro-ministro-ingles-fanatica-campanha-gordon--brown/1158586-5281.html).

TVI 24 (2011). Valdano: «Agressão de Mourinho não orgulha ninguém» (http://www.tvi24.iol.pt/jose-mourinho/barcelona-real-madrid-mourinho-tito-vilanova--valdano-espanha/1274229-3776.html).

Walter, F., Cole, M., & Humphrey, R. (2011). Emotional Intelligence: Sine Qua Non of Leadership or Folderol? *Academy of Management Perspectives*, 25(1), pp. 45--59.

Wharton High School (2011). *Winning Spanish coach Josep Guardiola: A quiet leadership* (http://kwhs.wharton.upenn.edu/2011/04/winning-spanish-coach-josep--guardiola-a-quiet-leadership/).

Wong, C., & Law, K. S. (2002). The effects of leader and follower emotional intelligence on performance and attitude: An exploratory study. *Leadership Quarterly*, 13, pp. 243-274.

Ying Hong, Catano, V. M. & Liao, H. (2011). Leader emergence: The role of emotional intelligence and motivation to lead. *Leadership & Organization Development Journal*, 32(4), pp. 320-343.

Zhou, J. & George, J. M. (2003). Awakening employee creativity: The role of leader emotional intelligence. *The Leadership Quarterly*, 14, pp. 545-568.

CAPÍTULO 19 – AUTENTICIDADE

Avolio, B. J. & Mhatre, K. H. (2011). Advances in theory and research on authentic leadership. In K. S. Cameron & G. Spreitzer (Eds.), *The Oxford handbook of positive organizational scholarship*. Oxford: Oxford University Press.

Avolio, B. J., Gardner, W. L., Walumbwa, F. O., Luthans, F. & May, D. R. (2004). Unlocking the mask: A look at the process by which authentic leaders impact follower attitudes and behaviors. *Leadership Quarterly*, 15, pp. 801-823.

Avolio, B. J., Walumbwa, F. O. & Weber, T. J. (2009). Leadership: Current theories, research, and future directions. *Annual Review of Psychology*, 60, pp. 421--449.

Avolio, B., & Gardner, W. (2005). Authentic leadership development: Getting to the root of positive forms of leadership. *Leadership Quarterly*, 16(3), pp. 315-338.

Caza, A. & Jackson, B. (2011). Authentic leadership. In A. Bryman, D. Collinson, K. Grint, B. Jackson, & M. Uhl-Bien (Eds.), *The Sage handbook of leadership* (pp. 352-364). Londres: Sage.

Chang, L. (Ed). (2006). *Wisdom for the soul: Five millennia of prescriptions for spiritual healing*. Washington: Gnosophia.

Clair, J. A. & Dufresne, R. L. (2007). Changing poison into medicine: How companies can experience positive transformation from a crisis. *Organizational Dynamics*, 36(1), pp. 63-77.

Gardner, W. L., Avolio, B. J., Luthans, F., May, D. R. & Walumbwa, F. (2005). "Can you see the real me?" A self-based model of authentic leader and follower development. *Leadership Quarterly*, 16, pp. 343-372.

George, B. (2003). *Authentic leadership: Rediscovering the secrets to creating lasting value*. São Francisco, CA: Jossey Bass.

George, B. (2004). The journey to authenticity. *Leader to Leader*, 31, pp. 29-35.

George, B., Sims, P., McLean, A. N., & Mayer, D. (2007). Discovering your authentic leadership. *Harvard Business Review*, fevereiro, pp. 129-138.

Goffee, R. & Jones, G. (2005). Managing authenticity: The paradox of great leadership. *Harvard Business Review*, dezembro, pp. 86-94.

Goffee, R. & Jones, G. (2006). *Why should anyone be led by you?* Boston, MA: Harvard Business School Press.

Guthrie, J. (2009). If you can fake it, you will make it. *Financial Times*, 29 de dezembro, p. 7.

Kay, J. (2010). *Obliquity*. Londres: Profile Books.

Kellaway, L. (2004). So I need to be more like me? That's a dreadful idea. *Financial Times*, 8 de março, p. 10.

Kernis, M.H. (2003). Toward a conceptualization of optimal self-esteem. *Psychological Inquiry*, 14(1), pp. 1-26.

Peterson, C., & Seligman, M. E. P (2004). *Character strengths and virtues: A handbook and classification*. Washington: American Psychological Association and Oxford University Press.

Reeves, R. (2006). When lying is acceptable. *Management Today*, maio, p. 29.

Rego, A. Sousa, F., Marques, S., & Cunha, M. P. (no prelo). Authentic leadership promoting employees' psychological capital and creativity. *Journal of Business Research*.

Rego, A. Sousa, F., Marques, S., & Cunha, M. P. (no prelo). Hope and positive affect mediating the authentic leadership and creativity relationship. *Journal of Business Research*.

Stern, S. (2006). Leaders should just be themselves – but with more skill. *Financial Times*, 14 de março, p. 10.

Stern, S. (2010). Especially now, leaders must live up to their promises. *Financial Times*, 27 de janeiro, p. 2.

POSFÁCIO

Alvey, J. E. (2005). Economics and religion: Globalization as the cause of secularization as viewed by Adam Smith. *International Journal of Social Economics*, 32(3), pp. 249-267.

Bruce, S. (2002). *God is dead: Secularization in the West*. Malden, MA: Blackwell.

Collins, J. (2001). Level 5 leadership: the triumph of humility and fierce resolve. *Harvard Business Review*, Janeiro, pp. 67-76.

LIDERANÇA

Ecklund, E., Park, J., & Veliz, P. (2008). Secularization and religious change among elite scientists. *Social Forces*, 86(4), pp. 1805-1839.

Fort, T. L. & Schipani, C. (2004). *The role of business in fostering peaceful societies*. Cambridge: Cambridge University Press.

Fuller, S. (1997). The secularization of science and a new deal for science policy. *Futures*, 29(6), pp. 483-503.

Gorski, P., & Altinordu, A. (2008). After secularization? *Annual Review of Sociology*, 34, pp. 55-85.

Hayek, F. A. (1988). *The fatal conceit: The errors of socialism*. Chicago. University of Chicago Press.

Hruschka, D. J., & Henrich, J. (2006). Friendship, cliquishness, and the emergence of cooperation. *Journal of Theoretical Biology*, 239, pp. 1-15.

Kanter, R. M. (2008). The corporate conduct continuum: From 'do not harm' to 'do lots of good». In C. C. Manz, K. S. Cameron, K. P. Manz, & R. D. Marx (Eds.), *The virtuous organization: Insights from some of the world's leading management thinkers* (pp. 279-286). Singapura: World Scientific.

Malone, M. S. (2007). *Bill & Dave: How Hewlett and Packard built the worlds' greatest company*. Nova Iorque: Portfolio.

McCullough, M. E., Kilpatrick, S. D., Emmons, R. A., & Larson, D. B. (2001). Is gratitude a moral affect? *Psychological Bulletin*, 127, pp. 249-266.

Newton, L. H. (2006). *Permission to steal: Revealing the roots of corporate scandal*. Malden, MA: Blackwell.

O' Hear, A. (1997). *Beyond evolution: Human nature and the limits of evolutionary explanation*. Oxford: Clarendon Press.

Polak, E., & McCullough, M. E. (2006). Is gratitude an alternative to materialism? *Journal of Happiness Studies*, 7, pp. 343-360.

Rhee, S.-Y., Dutton, J. E., & Bagozzi, R. P. (2008). Making sense of organizational actions with virtues frames and its links to organizational attachment. In C. C. Manz, K. S. Cameron, K. P. Manz, & R. D. Marx (Eds.), *The virtuous organization: Insights from some of the world's leading management thinkers* (pp. 45-65). Singapura: World Scientific.

Smith, C. (Ed.) (2003). *The secular revolution: Power, interests and conflict in the secularization of American public life*. Berkeley, CA: University of California Press.

Vera, D., & Rodriguez-Lopez, A. (2004). Strategic virtues: Humility as a source of competitive advantage. *Organizational Dynamics*, 33(4), pp. 393-406.